新能源汽车技术 300 问

崔胜民　编著

·北京·

内容简介

本书对新能源汽车的技术人员、管理人员以及爱好者所关心的问题进行了精心汇集和分类，内容包括新能源汽车概述、新能源汽车动力电池系统技术、新能源汽车电驱动系统技术、纯电动汽车技术、混合动力电动汽车技术、燃料电池电动汽车技术、新能源汽车故障诊断技术等所涉及的各种典型问题。

全书图文并茂，用简单易懂的文字和图的形式对新能源汽车技术的300个重点问题进行了全面解答，通过对本书的阅读，可以让更多的人更快、更好地掌握新能源汽车技术，也可以快速查询所关心的问题和答案。

图书在版编目（CIP）数据

新能源汽车技术300问/崔胜民编著.—北京：化学工业出版社，2022.6
ISBN 978-7-122-40959-1

Ⅰ.①新… Ⅱ.①崔… Ⅲ.①新能源-汽车-问题解答 Ⅳ.① U469.7-44

中国版本图书馆 CIP 数据核字（2022）第 042547 号

责任编辑：陈景薇　　　　　　　　　　　文字编辑：冯国庆
责任校对：刘曦阳　　　　　　　　　　　装帧设计：王晓宇

出版发行：化学工业出版社（北京市东城区青年湖南街13号　邮政编码100011）
印　　装：三河市延风印装有限公司
710mm×1000mm　1/16　印张18¾　字数339千字　2022年8月北京第1版第1次印刷

购书咨询：010-64518888　　　　　　　　售后服务：010-64518899
网　　址：http://www.cip.com.cn
凡购买本书，如有缺损质量问题，本社销售中心负责调换。

定　价：88.00元　　　　　　　　　　　　　　　　　　版权所有　违者必究

前言 PREFACE

石油短缺、环境污染、气候变暖是全球汽车产业面临的共同挑战，新能源汽车已经成为汽车工业的新发展方向，也是实现碳达峰、碳中和目标的重要途径。国家多次出台政策，鼓励发展新能源汽车，已经取得较好成效。根据国家制定的新能源汽车发展规划，到 2025 年，我国新能源汽车将占汽车总销量的 20%；到 2035 年，新能源汽车将占汽车总销量的 50%。

随着新能源汽车产销量和保有量的快速增长，也促进了新能源汽车技术不断发展，需要了解新能源汽车知识和技术的人也不断增加，各大汽车企业都把发展新能源汽车作为战略转型，不断推出新能源汽车产品；从事传统汽车开发的技术人员和管理人员迫切需要了解新能源汽车技术，欲购买新能源汽车的用户想了解新能源汽车知识，各高校车辆工程相关专业也都开设了新能源汽车课程。

本书以问答的形式全面系统地介绍了关于新能源汽车技术的 300 个重点问题，其中新能源汽车概述性问题 15 个，新能源汽车动力电池系统技术问题 90 个，新能源汽车电驱动系统技术问题 30 个，纯电动汽车技术问题 60 个，混合动力电动汽车技术问题 50 个，燃料电池电动汽车技术问题 25 个，新能源汽车故障诊断技术问题 30 个。本书涉及的这些问题既有新能源汽车技术的基础知识，也有新能源汽车的前沿技术和未来发展方向，是一本非常实用的新能源汽车技术工具书。

由于笔者学识有限，书中不足之处在所难免，恳盼读者给予指正。

编著者

目录 CONTENTS

第1章 新能源汽车技术概述

1. 能源是如何分类的? ·········· 1
2. 什么是新能源汽车? ·········· 2
3. 为什么要大力发展新能源汽车? ·········· 2
4. 发展新能源汽车与碳达峰、碳中和有什么关系? ·········· 3
5. 新能源汽车有哪些类型? ·········· 3
6. 新能源汽车的技术体系是怎样的? ·········· 5
7. 新能源汽车的关键零部件主要有哪些? ·········· 5
8. 新能源汽车的共性关键技术主要有哪些? ·········· 6
9. 新能源汽车的核心关键技术主要有哪些? ·········· 6
10. 新能源汽车的产业链是怎样的? ·········· 7
11. 新能源汽车的市场情况是怎样的? ·········· 8
12. 新能源汽车的发展趋势是怎样的? ·········· 9
13. 为什么说新能源汽车是自动驾驶的最佳载体? ·········· 10
14. 未来新能源汽车应具有哪些特征? ·········· 10
15. 新能源汽车的标准体系是怎样的? ·········· 11

第2章 新能源汽车动力电池系统技术

16. 电池主要有哪些类型? ·········· 12
17. 什么是动力电池? ·········· 13
18. 新能源汽车对动力电池有哪些要求? ·········· 13
19. 什么是电池电压? ·········· 14
20. 什么是电池容量? ·········· 15
21. 什么是电池能量? ·········· 15
22. 什么是电池密度? ·········· 16
23. 什么是电池功率? ·········· 16
24. 什么是电池内阻? ·········· 17

25	什么是电池放电电流？	17
26	什么是电池荷电状态？	18
27	什么是电池自放电率？	19
28	什么是电池效率？	19
29	什么是电池使用寿命？	19
30	什么是电池放电？	20
31	动力蓄电池有哪些结构类型？	20
32	动力蓄电池组合方式有哪些？	21
33	动力蓄电池的布局主要有哪几种方式？	23
34	什么是铅酸蓄电池？	24
35	铅酸蓄电池的工作原理是怎样的？	25
36	铅酸蓄电池有什么特点？	26
37	什么是金属氢化物镍蓄电池？	27
38	金属氢化物镍蓄电池的工作原理是怎样的？	28
39	金属氢化物镍蓄电池有什么特点？	29
40	什么是锂离子蓄电池？	29
41	根据形状锂离子蓄电池分哪几种？	30
42	根据正极材料锂离子蓄电池分哪几种？	32
43	磷酸铁锂电池和三元锂电池各有什么特点？	34
44	锂离子蓄电池的工作原理是怎样的？	34
45	锂离子蓄电池有什么特点？	36
46	什么是固态电池？	36
47	什么是锂硫电池？	37
48	什么是金属空气电池？	38
49	什么是石墨烯电池？	38
50	动力蓄电池的匹配原则是什么？	39
51	什么是电池管理系统？	39
52	电池管理系统应具备哪些功能？	40
53	电池管理系统的工作模式有哪些？	41
54	动力蓄电池荷电状态的估算方法有哪些？	42
55	如何利用卡尔曼滤波法对动力蓄电池荷电状态进行估算？	44

56 动力蓄电池如何进行冷却? ……………………………47
57 什么是动力蓄电池的不一致性? …………………49
58 缩小动力蓄电池不一致性的途径有哪些? ………50
59 锂离子蓄电池配组方法有哪些? …………………50
60 什么是动力蓄电池梯次利用? ……………………51
61 动力蓄电池梯次利用的方向有哪些? ……………52
62 动力蓄电池梯次利用要对哪些项目进行分析? …53
63 动力蓄电池的发展目标是什么? …………………53
64 什么是燃料电池? …………………………………54
65 燃料电池与蓄电池有什么区别? …………………55
66 燃料电池有什么特点? ……………………………56
67 什么是碱性燃料电池? ……………………………57
68 碱性燃料电池有什么特点? ………………………57
69 什么是磷酸燃料电池? ……………………………58
70 磷酸燃料电池有什么特点? ………………………59
71 什么是熔融碳酸盐燃料电池? ……………………59
72 熔融碳酸盐燃料电池有什么特点? ………………60
73 什么是固体氧化物燃料电池? ……………………60
74 固体氧化物燃料电池有什么特点? ………………61
75 什么是直接甲醇燃料电池? ………………………62
76 直接甲醇燃料电池有什么特点? …………………63
77 质子交换膜燃料电池的定义与特点是什么? ……63
78 质子交换膜燃料电池的基本结构是怎样的? ……64
79 质子交换膜燃料电池的工作原理是怎样的? ……65
80 质子交换膜的类型主要有哪些? …………………66
81 质子交换膜的作用是什么? ………………………67
82 质子交换膜的要求有哪些? ………………………68
83 质子交换膜的性能指标主要有哪些? ……………68
84 催化剂的类型有哪些? ……………………………70
85 催化剂的作用是什么? ……………………………70
86 催化剂的要求有哪些? ……………………………71
87 如何降低燃料电池铂的用量? ……………………72

88	催化剂的性能指标主要有哪些?	72
89	气体扩散层的材料类型有哪些?	73
90	气体扩散层的作用是什么?	74
91	气体扩散层的材料要求有哪些?	74
92	气体扩散层材料的性能指标主要有哪些?	75
93	膜电极的组成是怎样的?	76
94	膜电极的作用是什么?	77
95	燃料电池对膜电极的要求有哪些?	78
96	膜电极的性能指标主要有哪些?	78
97	双极板的类型有哪些?	79
98	双极板的作用是什么?	80
99	燃料电池对双极板的要求有哪些?	80
100	双极板的性能指标主要有哪些?	81
101	燃料电池的单电池主要由哪几部分组成?	82
102	燃料电池堆由哪几部分组成?	83
103	什么是燃料电池堆体积功率密度?	85
104	燃料电池发电系统的类型有哪些?	86
105	典型车载燃料电池系统由哪几部分组成?	88

第3章 新能源汽车电驱动系统技术

106	什么是电驱动系统?	90
107	电动汽车驱动电机的类型主要有哪些?	91
108	电动汽车对驱动电机有哪些要求?	92
109	驱动电机的主要性能指标有哪些?	93
110	什么是驱动电机的外特性?	94
111	直流电机有哪些类型?	96
112	直流电机的结构是怎样的?	97
113	直流电机的工作原理是怎样的?	98
114	直流电机的控制方法有哪些?	99
115	异步电机的结构是怎样的?	99
116	异步电机的工作原理是怎样的?	100
117	异步电机的控制方法有哪些?	101

- 118 永磁同步电机的类型有哪些？ ………………………… 103
- 119 永磁同步电机的结构是怎样的？ ……………………… 105
- 120 永磁同步电机的工作原理是怎样的？ ………………… 106
- 121 永磁同步电机的控制方法有哪些？ …………………… 106
- 122 什么是永磁同步电机的功角特性？ …………………… 107
- 123 开关磁阻电机的结构是怎样的？ ……………………… 108
- 124 开关磁阻电机的工作原理是怎样的？ ………………… 109
- 125 开关磁阻电机的控制方法有哪些？ …………………… 110
- 126 轮毂电机的结构是怎样的？ …………………………… 111
- 127 驱动电机的匹配原则是什么？ ………………………… 112
- 128 电机控制器的主要功能是什么？ ……………………… 113
- 129 电机控制器由哪几部分组成？ ………………………… 114
- 130 电机控制器的工作原理是怎样的？ …………………… 115
- 131 电机控制器中的绝缘栅双极晶体管功率模块有什么作用和要求？ …………………………………………… 117
- 132 电机控制器中的电容器有什么作用？ ………………… 117
- 133 驱动电机与控制器的匹配关系是怎样的？ …………… 118
- 134 纯电动汽车与燃油汽车使用的变速器有什么不同？ …………………………………………………… 119
- 135 驱动电机系统的发展目标是什么？ …………………… 120

第4章 纯电动汽车技术

- 136 纯电动汽车主要的结构是怎样的？ …………………… 121
- 137 纯电动汽车的工作原理是怎样的？ …………………… 122
- 138 纯电动汽车的驱动形式有哪几种？ …………………… 122
- 139 纯电动汽车有什么特点？ ……………………………… 124
- 140 纯电动汽车最高车速的定义及试验方法是怎样的？ …………………………………………………… 125
- 141 纯电动汽车加速能力的定义及试验方法是怎样的？ …………………………………………………… 126
- 142 纯电动汽车爬坡能力的定义及试验方法是怎样的？ …………………………………………………… 126

143	什么是纯电动汽车的续驶里程?	128
144	纯电动汽车的循环工况主要有哪几种?	129
145	什么是纯电动汽车的单位里程能量消耗率?	132
146	如何匹配纯电动汽车的动力蓄电池参数?	132
147	如何匹配纯电动汽车的驱动电机参数?	134
148	如何匹配纯电动汽车的传动系统传动比?	136
149	如何估算纯电动汽车的最高车速?	137
150	如何估算纯电动汽车的加速时间?	138
151	如何估算纯电动汽车的最大爬坡度?	139
152	如何估算纯电动汽车 NEDC 循环工况的单位里程能量消耗率?	139
153	如何估算纯电动汽车的续驶里程?	141
154	动力蓄电池对纯电动汽车续驶里程有何影响?	142
155	整车控制器由哪几部分组成?	143
156	整车控制器的控制原理是怎样的?	144
157	整车控制器有哪些功能?	145
158	整车控制器设计有哪些技术要求?	148
159	纯电动汽车整车工作模式有哪些?	149
160	什么是纯电动汽车的低压系统?	151
161	什么是纯电动汽车的高压系统?	151
162	纯电动汽车高压系统的电压等级是多少?	152
163	高压配电箱由哪几部分组成?	153
164	什么是 DC/DC 变换器?	154
165	什么是 DC/AC 变换器?	154
166	什么是 AC/DC 变换器?	155
167	纯电动汽车的空调系统有什么特点?	156
168	什么是制动能量回收系统?	156
169	制动能量回收系统的组成与原理是怎样的?	157
170	影响制动能量回收的因素有哪些?	158
171	常见制动能量回收控制策略有哪些?	159
172	纯电动汽车对充电设备有什么要求?	160
173	什么是非车载充电机?	161

174 非车载充电机的技术参数是怎样的? ………… 162
175 什么是车载充电机? ………………………… 163
176 车载充电机的技术参数是怎样的? ………… 163
177 什么是车载双向充电机? …………………… 164
178 什么是交流充电桩? ………………………… 164
179 什么是直流充电桩? ………………………… 164
180 什么是交直流充电桩? ……………………… 165
181 纯电动汽车充电系统是怎样的? …………… 165
182 纯电动汽车常规充电方法有哪些? ………… 166
183 纯电动汽车快速充电方法有哪些? ………… 166
184 什么是纯电动汽车的直流快充? …………… 168
185 直流快充有什么特点? ……………………… 168
186 什么是纯电动汽车的交流慢充? …………… 169
187 交流慢充方式有什么特点? ………………… 169
188 交流慢充和直流快充的充电接口有什么不同? ……170
189 什么是纯电动汽车电池更换方式? ………… 171
190 什么是纯电动汽车无线充电? ……………… 172
191 什么是纯电动汽车移动充电? ……………… 172
192 什么是纯电动汽车光伏充电? ……………… 173
193 纯电动汽车充电需要注意哪些事项? ……… 173
194 纯电动汽车在充电过程中如何防止过充? ……174
195 充电基础设施发展目标是怎样的? ………… 174

第5章 混合动力电动汽车技术

196 什么是混合动力系统? ……………………… 176
197 混合动力系统能产生哪些工作模式? ……… 176
198 混合动力电动汽车主要类型有哪些? ……… 177
199 什么是微混合型混合动力电动汽车? ……… 179
200 什么是轻度混合型混合动力电动汽车? …… 179
201 什么是重度混合型混合动力电动汽车? …… 180
202 什么是插电式混合动力电动汽车和油电混合
    动力汽车? …………………………………… 181

- 203 串联式混合动力电动汽车的结构是怎样的? …… 181
- 204 串联式混合动力电动汽车的工作模式是怎样的? …… 182
- 205 串联式混合动力电动汽车有什么特点? …… 184
- 206 串联式混合动力电动汽车的构型是怎样的? …… 185
- 207 并联式混合动力电动汽车的结构是怎样的? …… 187
- 208 并联式混合动力电动汽车的工作模式是怎样的? …… 188
- 209 并联式混合动力电动汽车有什么特点? …… 190
- 210 并联式混合动力电动汽车的构型是怎样的? …… 191
- 211 混联式混合动力电动汽车的结构是怎样的? …… 194
- 212 混联式混合动力电动汽车的工作模式是怎样的? …… 195
- 213 混联式混合动力电动汽车有什么特点? …… 197
- 214 什么是增程式电动汽车? …… 197
- 215 增程式电动汽车的结构是怎样的? …… 198
- 216 增程式电动汽车的工作模式是怎样的? …… 199
- 217 增程式电动汽车有什么特点? …… 201
- 218 什么是增程器? …… 202
- 219 如何匹配增程器参数? …… 202
- 220 什么是奥托循环发动机? …… 203
- 221 什么是压缩比和膨胀比? …… 203
- 222 什么是米勒循环发动机? …… 204
- 223 什么是阿特金森循环发动机? …… 204
- 224 什么是 BSG 电机? …… 205
- 225 48V 轻混系统有哪些优势? …… 205
- 226 如何匹配混合动力电动汽车发动机和驱动电机参数? …… 206
- 227 如何匹配混合动力电动汽车的动力蓄电池参数? …… 207
- 228 混合动力电动汽车的动力耦合系统具有哪些功能? …… 208

229 什么是混合动力电动汽车的转矩耦合? ……… 208
230 什么是混合动力电动汽车的转速耦合? ……… 210
231 什么是混合动力电动汽车的功率耦合? ……… 212
232 什么是 E-CVT？ ……… 213
233 混合动力电动汽车能量管理策略是怎样的? ……… 213
234 丰田普锐斯混合动力系统的组成是怎样的? ……… 214
235 丰田普锐斯混合动力电动汽车工作模式是怎样的? ……… 215
236 别克君越 30H 车混合动力系统的组成是怎样的? ……… 217
237 别克君越 30H 车混合动力系统的工作模式是怎样的? ……… 218
238 荣威 E550 混合动力系统的组成是怎样的? ……… 220
239 荣威 E550 混合动力系统的工作模式是怎样的? ……… 221
240 上汽名爵 6 混合动力系统的组成是怎样的? ……… 225
241 上汽名爵 6 混合动力系统的工作模式是怎样的? ……… 226
242 比亚迪秦混合动力系统的组成是怎样的? ……… 229
243 比亚迪秦混合动力系统的工作模式是怎样的? ……… 229
244 比亚迪唐混合动力系统的组成是怎样的? ……… 232
245 比亚迪唐混合动力系统的工作模式是怎样的? ……… 233

第 6 章 燃料电池电动汽车技术

246 燃料电池电动汽车有哪些类型? ……… 235
247 燃料电池电动汽车由哪几部分组成? ……… 237
248 燃料电池电动汽车的工作原理是怎样的? ……… 238
249 燃料电池电动汽车有哪些特点? ……… 239
250 燃料电池热管理系统设计应遵循什么原则? ……… 240
251 如何匹配燃料电池电动汽车驱动电机参数? ……… 240
252 如何匹配燃料电池电动汽车燃料电池输出功率? ……… 242

253	如何匹配燃料电池电动汽车辅助动力源参数?	243
254	如何匹配燃料电池电动汽车传动系统传动比?	244
255	氢如何分类?	245
256	氢气具有哪些主要特性?	245
257	燃料氢气的技术指标是怎样的?	246
258	氢气的制备方法主要有哪些?	246
259	氢气的储存方法主要有哪些?	250
260	氢气的输送方法主要有哪些?	250
261	车载储氢系统由哪几部分组成?	251
262	储氢罐主要有哪些类型?	252
263	储氢罐有什么特点?	253
264	储氢罐具有哪些要求?	254
265	加氢站的类型有哪些?	254
266	加氢站的主要设备有哪些?	255
267	加氢站的基本要求是什么?	256
268	加氢机由哪几部分组成?	257
269	加氢口是怎样的?	257
270	加氢枪有哪些类型?	257

第7章 新能源汽车故障诊断技术

271	新能源汽车高压防护用品主要有哪些?	259
272	新能源汽车高压系统维护与检修专用工具主要有哪些?	260
273	新能源汽车高压系统检修有哪些安全防护要求?	260
274	新能源汽车检修时要注意哪些事项?	261
275	新能源汽车高压线缆维修保养有哪些要求?	261
276	新能源汽车高压连接器维修保养有哪些要求?	262
277	举例说明新能源汽车高压系统检测项目有哪些?	262
278	动力蓄电池系统故障如何分级?	264
279	单体蓄电池主要故障及处理办法有哪些?	265
280	电池管理系统主要故障及处理办法有哪些?	266

281 动力蓄电池系统的线路或连接件主要故障及处理办法有哪些? ……………………………………… 267
282 驱动电机系统的故障是如何分类的? ………… 267
283 驱动电机系统的故障模式是什么? …………… 268
284 驱动电机系统的致命故障主要有哪些? ……… 268
285 驱动电机系统的严重故障主要有哪些? ……… 270
286 驱动电机系统的一般故障主要有哪些? ……… 271
287 驱动电机系统轻微故障主要有哪些? ………… 272
288 驱动电机系统常见故障及处理方法有哪些? … 272
289 电机控制器常见故障及处理方法有哪些? …… 274
290 整车控制系统的故障是如何分级的? ………… 275
291 整车控制器的常见故障有哪些? ……………… 276
292 电动汽车充电系统的故障如何分类? ………… 278
293 电动汽车充电系统的常见故障及处理方法有哪些? …………………………………………… 279
294 如何对电动汽车慢充系统的故障进行检查? … 279
295 如何对电动汽车快充系统的故障进行检查? … 280
296 混合动力电动汽车基本故障诊断策略是怎样的? ……………………………………… 280
297 混合动力电动汽车常见故障灯的原因及诊断方法是怎样的? ……………………………… 281
298 混合动力电动汽车故障诊断前应注意哪些事项? …… 283
299 混合动力电动汽车故障诊断前如何禁用高压系统? ……………………………………… 283
300 混合动力电动汽车故障诊断的基本步骤是什么? ……………………………………… 284

参考文献

第1章 新能源汽车技术概述

1 能源是如何分类的?

能源是可以直接或经转换提供给人类所需的光、热、动力等任一形式能量的载能体资源。凡是能被人类利用以获得有用能量的各种来源通常都可以称为能源。根据不同的分类方式,能源可分为不同的类型,见表1-1。同一种能源可能属于不同类型,例如石油属于一次能源、燃料型能源、污染型能源、常规能源、非再生能源。

表1-1 能源的分类

分类方式	能源类型	举例
按能源的来源分类	来自地球外部天体的能源	太阳能
	地球本身蕴藏的能源	地热能
	地球和其他天体相互作用而产生的能源	潮汐能
按能源的产生方式分类	一次能源,即天然能源	石油、天然气、煤炭
	二次能源,即人工能源	汽油、柴油、电力
按能源的性质分类	燃料型能源	木材、石油、天然气
	非燃料型能源	风能、水能、海洋能
按能源消耗后是否造成环境污染分类	污染型能源	煤炭、汽油、柴油
	清洁型能源	太阳能、电能、风能
按能源使用的类型分类	常规能源	煤炭、石油、天然气
	新型能源	太阳能、风能、电能
按能源是否能够再生分类	再生能源	风能、太阳能、海洋能
	非再生能源	煤炭、石油、天然气

全球经济的发展对能源的需求日益增加，各国都非常重视对再生能源、清洁型能源及新型能源的开发与研究。随着科学技术的不断进步，人类会不断开发与研究出更多新能源来替代现有能源，以满足全球经济发展与人类生存对能源的高需求。

2 什么是新能源汽车？

新能源汽车是指采用非常规的车用燃料作为动力来源（或使用常规的车用燃料、采用新型车载动力装置），综合车辆的动力控制和驱动方面的先进技术，形成的技术原理先进、具有新技术和新结构的汽车。非常规的车用燃料指除汽油、柴油、天然气、液化石油气、乙醇汽油、甲醇、二甲醚等之外的燃料；新型车载动力装置主要是指以电机为驱动的动力装置。

3 为什么要大力发展新能源汽车？

汽车已经成为当今社会的重要交通工具，它极大地缩短了人与人之间的空间距离，方便了人类的生活。但汽车保有量的快速增长，已带来石油短缺、环境污染和气候变暖等负面问题，而发展新能源汽车是实现碳达峰和碳中和目标的重要途径。

（1）石油短缺

当前已探明世界石油储量可供全球消费约 50 年。我国是一个石油消费大国，对外依存度已超过 70%。

（2）环境污染

据统计，全球大气污染超过 40% 源于交通车辆产生的污染。随着城市汽车数量的快速增长，汽车排气污染已成为城市大气污染的主要贡献者，汽车排放污染已对城市大气污染构成了严重威胁。

（3）气候变暖

能源的大量消耗带来温室气体排放问题。二氧化碳是最重要的温室气体，是造成气候变化的主要原因，而它主要来自化石燃料的燃烧。

（4）碳达峰和碳中和

我国制定了到 2030 年达到碳达峰、2060 年达到碳中和的目标，要实现碳达峰和碳中和的目标，必须大幅度减少化石能源的使用，大量使用清洁能源，发展新能源汽车是实现碳达峰和碳中和目标的重要途径。

新能源汽车是解决这些负面问题的有效途径，代表着汽车的发展方向。发展新能源汽车是我国从汽车大国迈向汽车强国的必由之路，是应对气候变化、推动绿色发展的战略举措。新能源汽车融合新能源、新材料和互联网、大数据、人工智能等多种变革性技术，推动汽车从单纯的交通工具向移动智能终端、储能单元和数字空间的转变，带动能源、交通、信息、通信基础设施改造跃升，对促进能源消费结构优化、交通体系和城市运行智能化水平提升具有重大战略意义。另外，经济与社会的可持续发展迫切要求汽车产业转型升级，新一轮科技革命催生产业变革与重塑，百年汽车产业正面临着前所未有的发展机遇与挑战，因此，我国要大力发展新能源汽车，培育汽车产业转型升级新动能。新能源汽车正在成为全球汽车产业转型发展的主要方向和促进未来世界经济持续增长的重要引擎。

4 发展新能源汽车与碳达峰、碳中和有什么关系？

碳达峰是指某个地区或行业年度二氧化碳排放量达到历史最高值，然后经历平台期进入持续下降的过程，是二氧化碳排放量由增转降的历史拐点；碳中和是指企业、团体或个人测算在一定时间内直接或间接产生的温室气体排放总量，然后通过植树造林、节能减排等形式，抵消自身产生的二氧化碳排放量，实现二氧化碳"零排放"。我国二氧化碳排放要在2030年实现碳达峰，2060年实现碳中和。

发展新能源汽车的重要任务是解决我国石油对外依存度过高问题，解决汽车二氧化碳排放问题，解决我国燃煤发电占比过大、大气污染严重问题，也助推我国如期实现碳达峰、碳中和的目标。《节能与新能源汽车技术路线图2.0》提出，汽车产业碳排放于2028年提前实现碳达峰，2035年碳排放总量较峰值下降20%以上。

新能源和新能源汽车两大产业的兴起，为实现国家从化石能源为主导向可再生能源为主导转型、为实现碳减排创造了两大先决条件。上游有了以光电、风电为主的充足的可再生能源，下游有了可以大幅度消纳可再生能源的新能源汽车。

要实现碳达峰、碳中和的目标，必须走碳减排之路。实现碳减排的主要方法之一就是减少石油能源的使用。因为新能源汽车可以大幅度减少石油能源的使用，增加非石油能源的使用，所以发展新能源汽车是实现碳达峰、碳中和目标的重要途径。

5 新能源汽车有哪些类型？

新能源汽车主要包括纯电动汽车、混合动力电动汽车和燃料电池电动汽车，其中混合动力电动汽车又包括插电式混合动力电动汽车和增程式电动汽车，如图1-1所示。

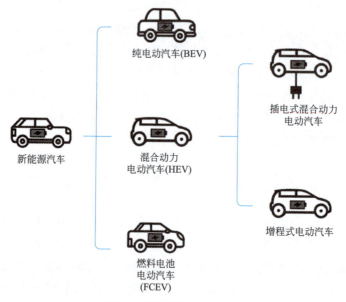

图1-1　新能源汽车的分类

（1）纯电动汽车（Battery Electric Vehicle，BEV）

纯电动汽车是指驱动能量完全由电能提供的、由电机驱动的汽车。电机的驱动电能来源于车载动力蓄电池。

（2）混合动力电动汽车（Hybrid Electric Vehicle，HEV）

混合动力电动汽车是指能够至少从两类车载储存的能量（可消耗的燃料、可再充电能/能量储存装置）中获得动力的汽车。插电式混合动力电动汽车是指正常使用情况下可从非车载装置中获取电能量的混合动力电动汽车；增程式电动汽车是一种特殊的混合动力电动汽车，在纯电动模式下可以达到其所有的动力性能，而当车载可充电储能系统无法满足续驶里程要求时，可以打开车载辅助供电装置为动力系统提供电能，以延长续驶里程。不可外接充电式混合动力汽车属于节能汽车。

（3）燃料电池电动汽车（Fuel Cell Electric Vehicle，FCEV）

燃料电池电动汽车是以燃料电池作为动力源或主动力源的汽车，通过氢气和氧气的化学作用产生的电能驱动车辆行驶。与传统汽车相比，燃料电池电动汽车增加了燃料电池和储氢罐，其电能来自氢气燃烧，所以只需要加氢气。

6 新能源汽车的技术体系是怎样的?

新能源汽车的技术体系是"三纵三横"式,如图 1-2 所示。"三纵"是指纯电动汽车、插电式混合动力(含增程式)电动汽车和燃料电池电动汽车,布局整车技术创新链;"三横"是指动力电池与管理系统、驱动电机与电力电子、网联化与智能化技术,构建关键零部件技术供给体系。其中网联化与智能化技术表示新能源汽车要向智能网联汽车方向发展。

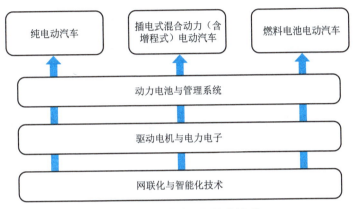

图 1-2 新能源汽车的技术体系

7 新能源汽车的关键零部件主要有哪些?

我国新能源汽车的关键零部件到 2025 年要达到表 1-2 所示的目标。

表 1-2 我国新能源汽车关键零部件到 2025 年要达到的目标

关键零部件	目标
驱动电机	研发与商品化能力达到国际先进水平,乘用车驱动电机 20s 有效比功率超过 4kW/kg,商用车 30s 有效比转矩超过 19N·m/kg
电机控制器	实现功率密度不低于 25kW/L,综合性能达到国际先进水平,自主率达到 60% 以上
动力电池系统	电池单体比能量达到 400W·h/kg 以上,成本降至 0.8 元/(W·h);系统成本降至 1 元/(W·h)
增程式发动机	增程式发动机最低比油耗降至 225g/(kW·h) 以下,自主化率达到 80%
机电耦合装置	纯电驱动系统最高传动效率达到 93% 以上,机电耦合变速器实现高集成度专用化

续表

关键零部件	目标
燃料电池堆及系统	冷启动温度达到 -30℃以下，体积比功率达到 3kW/L，寿命超过 5000h，燃料电池系统产能超过 10 万套
高压总成	DC/DC 变换器、充电器系统传统效率达到 95% 以上，高压继电器、熔断器实现小型化、低成本；高压铝导线实现大批量应用
整车控制器	具备与 3S① 系统相结合的智能行驶控制功能，整车控制系统自主化率达到 80%，自主实时操作系统应用率达到 50%
轻量化车身	实现复合材料/混合材料技术突破，降低成本，在新能源汽车上的应用率达到 30%，自主率超过 50%

① 3S 是遥感技术（Remote Sensing，RS）、地理信息系统（Geography Information Systems，GIS）和全球定位系统（Global Positioning Systems，GPS）的统称。

 新能源汽车的共性关键技术主要有哪些？

新能源汽车的共性关键技术见表 1-3。

表 1-3　新能源汽车的共性关键技术

共性关键技术	突破目标
整车集成技术	突破融合多信息、以能量管理为核心的整车智能控制技术，高集成度的动力系统电动化等技术难题，开发太阳能电池整车集成应用技术
电驱动技术	突破电机与传动装置、逆变器集成，高集成电驱动系统专用变速器等技术难题
能量存储技术	突破宽温度、长寿命、全固态电池，低成本、高集成化电池管理等技术难题
燃料电池技术	突破高可靠性膜、催化剂及双极板，高可靠性供给系统及其关键部件等技术难题
高压电气技术	突破无线充电、高耐压等级薄壁绝缘层等技术难题

9 新能源汽车的核心关键技术主要有哪些？

（1）动力电池技术

要实施电池技术的突破，应开展正负极材料、电解液（又称电解质）、隔膜等关键核心技术研究，加强高强度、轻量化、高安全、低成本、长寿命的动力电池和燃料电池系统短板技术攻关，加快固态动力电池技术研发及产业化；动力电池技术要努力满足电驱动汽车的需求，包括能量型、能量功率兼顾型和功率型；要考虑市场需求的多样性，提出普及型、商用型与高端型三种类别，而不是单一的高能量密度主导；坚持安全第一的原则，兼顾性能、成本与寿命等指标；开发新体系动力电池；努力构筑完整的动力电池全产业链，如系统集成、关键材料、制造技术及关键装备、测试评价及回收利用等。

(2) 电驱动技术

电驱动系统是未来汽车工业产业链的重中之重，"电驱动化"的标志是所有类型汽车驱动系统"电动化"，电驱动系统是实现"电动化"的关键技术基础，它涵盖驱动电机、电机控制器以及机电耦合装置；而我国在电驱动系统技术上存在明显的短板，机电耦合技术落后，因此要加大电驱动系统的自主研发与产业发展，要重视关键材料、核心零部件/元器件与主控芯片及软件架构的研发，形成自主可控的产业链。

(3) 智能网联技术

新能源汽车是智能网联技术最佳的应用载体，新能源汽车的发展必须智能化和网联化，实施智能网联技术创新工程。支持企业跨界协同，研发复杂环境融合感知、智能网联决策与控制、信息物理系统架构设计、智能网联安全和多模式评价测试等关键技术，突破车载智能计算平台、云控平台、高精度地图与定位、V2X、车载高速网络、关键传感器、智能车载终端、线控执行系统等核心技术与产品。

(4) 基础核心技术

实施新能源汽车基础技术提升工程。突破车规级芯片、车载操作系统、新型电子电气架构、高效高密度驱动电机系统等关键技术和产品，攻克氢能储运、加氢站、车载储氢等氢燃料电池汽车应用支撑技术；支持基础元器件、关键生产装备、高端试验仪器、开发工具、高性能自动检测设备等基础共性技术研发创新，攻关新能源汽车智能制造海量异构数据组织分析、可重构柔性制造系统集成控制等关键技术。

10 新能源汽车的产业链是怎样的？

新能源汽车产业链涉及上游、中游、下游及后市场，如图1-3所示。产业链上游是资源类企业，主要为新能源汽车提供原始材料；产业链中游涉及新能源汽车核心技术——电控系统、电池系统、电机系统、充电配套设备以及驾驶辅助系统、智能传感器、变速器、智能座舱等；产业链下游主要从事整车制造；后市场主要从事销售、维修保养、充电设施等服务。随着新能源汽车技术的发展，特别是新能源汽车智能化、网联化的发展，新能源汽车的产业链将不断扩展和完善。

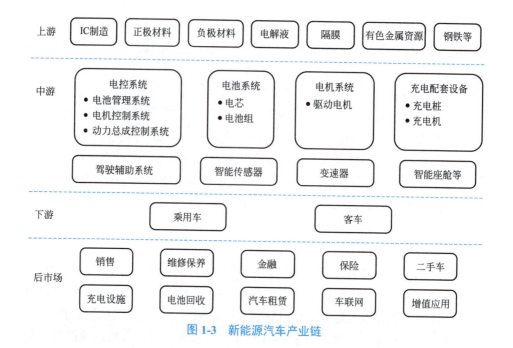

图 1-3 新能源汽车产业链

11 新能源汽车的市场情况是怎样的？

从全球新能源汽车市场看，2021年全球新能源汽车销量为675万辆，其中我国约占50%，欧洲约占33%，美国约占10%，其他国家约占7%。从产品结构看，纯电动汽车和插电式混合动力电动汽车是主导产品，燃料电池电动汽车占比相对较小。

从我国新能源汽车市场看，2021年我国新能源汽车销量为352.1万辆，同比增长1.6倍，连续7年位居全球第一。其中纯电动汽车销量为291.6万辆，同比增长1.6倍，约占新能源汽车销量的82.82%；插电式混合动力电动汽车销量为60.3万辆，同比增长1.4倍，约占新能源汽车销量的17.13%；燃料电池电动汽车销量为0.2万辆，同比增长2倍，约占新能源汽车销量的0.05%。因此，我国新能源汽车市场以纯电动汽车为主，其次是插电式混合动力电动汽车，燃料电池电动汽车属于起步阶段。目前，纯电动汽车以乘用车为主，其驱动形式以前驱和四驱为主；动力蓄电池以锂离子蓄电池为主；驱动电机以永磁同步电机为主。

智能网联汽车技术的加持和商业模式的创新，将在很大程度上促进新能源汽车的普及，尤其是"双碳"目标的实施，国际油价的快速增长，更加速了燃油汽车向电动汽车的转型进度。2025年新能源汽车占汽车总销量的20%有望提前实现。

12 新能源汽车的发展趋势是怎样的?

对于新能源汽车，要继续坚持向智能化和网联化的发展方向，按照"三纵三横"的总体布局，开展新能源汽车关键技术研发，助推新能源汽车产业高质量发展。

(1) 加强基础研究和前沿颠覆性技术创新

提升原始创新能力，努力实现更多从 0 到 1 的突破。特别是在动力电池方面，将重点布局新一代锂离子蓄电池材料体系，全固态锂电池或锂离子蓄电池、金属锂电池、多价金属（具有可变价态的金属）与反应材料体系等，为产业未来的发展奠定基础。

(2) 支持行业共性关键技术突破

开发模块化、轻量化、分布式、纯电动底盘平台以及新型电子电气架构，研究高安全与长寿命动力电池产业技术解决方案，开发高性能、低成本的燃料电池堆及关键材料，突破网联化与智能化技术，攻克车辆智能控制操作系统、复杂环境感知、智能决策规划、V2X（主要是指 V2V、V2I）云控平台等技术。

(3) 加强新能源汽车的安全研究并促进新能源汽车健康可持续发展

当前新能源汽车安全问题较为突出，但总体可防可控。提升新能源汽车安全性是一项系统工程，需要持续加强全产业链安全技术研究，从设计、制造、使用、维护保养到回收利用，在全生命周期内建立"本体安全、主动安全、被动安全、过程安全"的防控体系，加强软件远程更新和大数据技术应用，制定和执行严格的安全技术标准，开展全产业链的质量提升行动，为消费者提供安全可靠的产品和出行体验。

(4) 推动产业融合发展

电动化、智能化、网联化叠加发展，加速融合，产业链不断拓展，急需汽车与能源、交通、信息、通信、城市规划等行业更紧密地跨界协同，共同构建产业新生态。汽车行业将积极加强新能源汽车与电网技术应用，推动构建"绿色、智能"的新型能源体系；加快人工智能、大数据和新一代信息通信技术的应用，拓展智能网联汽车的商业化应用场景，扩大共享出行服务规模，推动与智能交通系统和智慧城市的融合发展。

(5) 加强公共基础设施建设

加强充换电、加氢等基础设施建设，加快形成以快充为主的高速公路和城乡公共充电网络。对作为公共设施的充电桩建设给予财政支持，鼓励开展换电模式应用。

13 为什么说新能源汽车是自动驾驶的最佳载体？

（1）新能源汽车的特点正好和自动驾驶技术相契合

首先，新能源汽车的电气化程度更高，能源的利用效率更高。自动驾驶技术的重要能量来源就是电力，而新能源汽车不用再像传统汽车一样经过油转电的过程，对于电力的保障更完善。其次，纯电动汽车的动力效率更高，内燃机效率的提升有限。自动驾驶技术对于电力的需求较大，新能源汽车从能源效率上来说更适合自动驾驶技术。

（2）新能源汽车的可控性更强

传统汽车的内燃机依靠燃料燃烧输出动力，然后通过变速器传递动力，可能会出现动力延迟、不能精确控制动力输出的情况。而新能源汽车采用电机驱动，可以通过控制电流的大小精确控制电机的转速，同时转速可以做到线性变化。相比内燃机而言，电机更加可控，方便实现更多功能。

（3）新能源汽车的可塑性更强

传统汽车整体的架构已经比较固定，车内也挤不出太多的空间来容纳自动驾驶技术的传感器等组件。但是新能源汽车的可塑性较强，车身结构更加模块化，可以更方便地加入自动驾驶技术所需要的硬件。

14 未来新能源汽车应具有哪些特征？

- 采用清洁电能。目前的电力多数通过火力发电，煤是电力的主要来源，先通过燃烧煤产生电，接着给电动汽车充电，然后由电能再转化成动力，二次转化效率低，而且采煤、烧煤对环境一定是有负面影响的。因此，新能源汽车必须采用清洁电能，如风能、水能、太阳能、氢能等。
- 动力电池技术满足用户使用方便的要求。要突破动力电池的储能和充电技术，新能源汽车使用的方便性要接近现在的燃油汽车。
- 新能源汽车是自动驾驶的最佳载体，智能化和网联化都能体现在新能源汽车上。
- 新能源汽车是一个移动的智能终端，乘车人可以在车里看书、上网、购物、办公等；新能源汽车也是一个移动能源，可以对外输出电能。
- 未来新能源汽车发展的终极目标是无人驾驶。

15 新能源汽车的标准体系是怎样的？

新能源汽车标准体系具有以下作用。
- 规范和统一新能源汽车产品。
- 引导新能源汽车技术发展，促进新能源汽车技术交流。
- 促进新能源汽车产业发展，提升新能源汽车产品质量。
- 支撑政府管理。

目前，我国已经形成较为完善的新能源汽车标准体系框架，框架定义为"基础标准""整车标准""关键系统及部件标准""接口及设施标准""充电基础设施标准"五个部分，如图 1-4 所示，其中充电基础设施属于新能源汽车的外部要素。

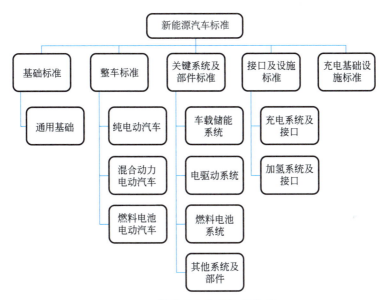

图 1-4 新能源汽车的标准体系

第2章 新能源汽车动力电池系统技术

16 电池主要有哪些类型？

电池是能量的存储装置，它分为化学电池、物理电池和生物电池，见表2-1。

表2-1 电池的类型与定义

类型	定义	举例
化学电池	利用物质的化学反应发电的电池	铅酸蓄电池、镍铬蓄电池、金属氢化物镍蓄电池、锂离子蓄电池、燃料电池等
物理电池	利用光、热、物理吸附等物理能量发电的电池	飞轮电池、超级电容、太阳能电池等
生物电池	利用生物化学反应发电的电池	微生物电池、酶燃料电池、生物太阳能电池等

应用最广泛的电池是化学电池。化学电池有多种分类方法，按工作性质不同分为原电池、蓄电池、燃料电池和储备电池，见表2-2。

表2-2 化学电池的类型与定义

类型	定义	举例
原电池	电池放电后不能用简单的充电方法使活性物质复原而继续使用的电池	锌-二氧化锰干电池、锂锰电池、一次锌银电池等
蓄电池	电池放电后可以通过充电的方法使活性物质复原而继续使用的电池	铅酸蓄电池、镍铬蓄电池、金属氢化物镍蓄电池、锂离子蓄电池等
燃料电池	参加反应的活性物质从电池外部连续不断地输入电池，电池就连续不断地工作而提供电能	质子交换膜燃料电池、碱性燃料电池、磷酸燃料电池、熔融碳酸盐燃料电池、固体氧化物燃料电池等

续表

类型	定义	举例
储备电池	电池正负极与电解质在储存期间不直接接触，使用前注入电解液或者使用其他方法使电解液与正负极接触，此后电池进入待放电状态的电池	镁电池、热电池等

化学电池按电解质不同分为酸性电池、碱性电池、中性电池、有机电解质电池、非水无机电解质电池、固体电解质电池等；化学电池按电池的特性不同分为高容量电池、密封电池、高功率电池、免维护电池、防爆电池等；化学电池按正负极材料不同分为锌锰电池系列、镍镉镍氢电池系列、铅酸电池系列、锂电池系列等。

17 什么是动力电池？

动力电池是指为新能源汽车或其他电动车辆动力系统提供能量的电池，动力电池的类型与电动汽车的类型、性能要求密切相关。目前，纯电动汽车的动力电池以锂离子蓄电池为主；混合动力电动汽车的动力电池以锂离子蓄电池或金属氢化物镍蓄电池为主；燃料电池电动汽车的动力电池以燃料电池为主；其他电动汽车的动力电池有的以铅酸蓄电池为主，有的以锂离子蓄电池为主。

18 新能源汽车对动力电池有哪些要求？

（1）比能量高

为了提高新能源汽车的续驶里程，要求新能源汽车上的动力电池能储存尽可能多的能量，但新能源汽车又不能太重，其安装动力电池的空间也有限，这就要求动力电池具有高的比能量。

（2）比功率大

为了使新能源汽车在加速行驶、爬坡和负载行驶等方面能与燃油汽车相竞争，要求动力电池具有大的比功率。

（3）循环寿命长

循环寿命越长，则动力电池支撑新能源汽车行驶的里程数就越多，有助于降低车辆使用期内的运行成本。

（4）均匀一致性好

新能源汽车动力电池组的工作电压大多要求达到数百伏，这就要求有几十到上百个单体电池串联；为达到设计容量的要求，有时甚至需要更多的单体电池并联,总的单体电池达到数千个。由于电池组的使用性能会受到性能最差的某些单体电池的制约,因此设计上要求各单体电池在容量、内阻、功率特性和循环特性等方面具有高度的均匀一致性。

(5) 高低温性能好、环境适应性强

新能源汽车作为一种交通工具,要求动力电池既要在北方冬天极冷的环境下长期稳定地工作,又要在南方夏天炎热的环境中长期稳定地工作。在最恶劣的气候条件下,动力电池的工作温度可能要从 -40℃ 变到 60℃,甚至 80℃。因此,要求动力电池应当具有良好的高低温特性。

(6) 安全性好

动力电池应能够有效避免因泄漏、短路、撞击、颠簸等引起火灾或爆炸等危险事故发生,确保新能源汽车在各种行驶工况下的安全。

(7) 性价比高

动力电池要求材料来源丰富,制造成本低,性能满足要求,以降低整车价格,提高新能源汽车的市场竞争力。

(8) 绿色环保

动力电池的制作材料要求与环境友好,无二次污染,并可再生利用。

目前,满足上述要求的动力电池主要以锂离子蓄电池为主。

19 什么是电池电压?

电池电压见表 2-3。

表 2-3 电池电压

电池电压	定义
标称电压	电池在标准规定条件下工作时应达到的电压,也称为额定电压
端电压	电池正极与负极之间的电位差
开路电压	电池在开路状态下的端电压,即电池在没有负载情况下的端电压
负载电压	电池接通负载后处于放电状态下的端电压,也称为工作电压
充电终止电压	电池正常充电时允许达到的最高电压
放电终止电压	电池正常放电时允许达到的最低电压

铅酸蓄电池的标称电压为 2V,镍氢蓄电池的标称电压为 1.2V,磷酸铁锂离子蓄电池的标称电压为 3.2V,锰酸锂离子蓄电池的标称电压为 3.7V;铅酸蓄电池的充电终止电压为 2.7～2.8V,镍氢蓄电池的充电终止电压为 1.5V,锂离子蓄电

池的充电终止电压为 4.25V；铅酸蓄电池的放电终止电压为 1.6～1.9V，其值是随放电电流不同而不同的，镍氢蓄电池的放电终止电压为 1.0V，锂离子蓄电池的放电终止电压为 3.0V。各种蓄电池的标称电压、充电终止电压和放电终止电压等，以企业给出的具体数值为标准。

20 什么是电池容量？

电池容量是指完全充满电的蓄电池在规定条件下所释放的总电量，单位为 A·h 或 kA·h。1A·h 就是电池能在 1A 的电流下放电 1h。电池容量见表 2-4。

表 2-4 电池容量

电池容量	定义
额定容量	在室温下完全充满电的蓄电池以 1 小时率放电电流放电，达到终止电压时所放出的容量，额定容量由制造商标明
n 小时率容量	完全充满电的蓄电池以 n 小时率放电电流放电，达到规定终止电压时所释放的容量
理论容量	将蓄电池活性物质的质量按法拉第定律计算而得到的最高理论值
实际容量	蓄电池在一定条件下所能输出的电量，它等于放电电流与放电时间的乘积，其值小于理论容量
剩余容量	在规定条件下使用（或放电或储存）后蓄电池中余留的容量

实际容量反映了蓄电池实际存储电量的大小，蓄电池容量越大，新能源汽车的续驶里程就越远。在使用过程中，蓄电池的实际容量会逐步衰减。国家标准规定新出厂的蓄电池实际容量大于额定容量的为合格蓄电池。

21 什么是电池能量？

电池能量是指在一定放电制度下电池所能输出的电能，单位为 W·h 或 kW·h，它影响新能源汽车的续驶里程。电池能量见表 2-5。

表 2-5 电池能量

电池能量	定义
总能量	电池在其寿命周期内电能输出的总和
理论能量	电池理论容量与额定电压的乘积，是指在一定标准所规定的放电条件下，电池所输出的能量

续表

电池能量	定义
实际能量	电池实际容量与平均工作电压的乘积，表示在一定条件下电池所能输出的能量
比能量	从蓄电池的单位质量或单位体积所获取的电能，从蓄电池的单位质量所获取的电能称为质量比能量；从蓄电池的单位体积所获取的电能称为体积比能量
充电能量	通过充电机输入蓄电池的电能
放电能量	蓄电池放电时输出的电能

电池的比能量是蓄电池的综合性指标，它反映了蓄电池的质量水平。电池的比能量影响新能源汽车的整车质量和续驶里程，是评价新能源汽车是否满足预定的续驶里程的重要指标。

22 什么是电池密度？

电池密度包括能量密度和功率密度，能量密度又分为质量能量密度和体积能量密度；功率密度又分为质量功率密度和体积功率密度，见表2-6。

表2-6 电池密度

电池密度	定义
能量密度	从蓄电池的单位质量或单位体积所获取的电能，单位为 W·h/kg、W·h/L
质量能量密度	从蓄电池的单位质量所获取的电能，单位为 W·h/kg，也称为质量比能量
体积能量密度	从蓄电池的单位体积所获取的电能，单位为 W·h/L，也称为体积比能量
功率密度	从蓄电池的单位质量或单位体积所获取的输出功率，单位为 W/kg、W/L
质量功率密度	从蓄电池的单位质量所获取的输出功率，单位为 W/kg，也称为质量比功率
体积功率密度	从蓄电池的单位体积所获取的输出功率，单位为 W/L，也称为体积比功率

23 什么是电池功率？

电池功率是指电池在一定放电制度下，单位时间内所输出能量的大小，单位为 W 或 kW。电池功率决定了新能源汽车的加速性能和爬坡能力。电池功率见表2-7。

表2-7 电池功率

电池功率	定义
峰值放电功率	蓄电池在特定时间（一般不大于30s）内能够放电的最大功率

续表

电池功率	定义
峰值充电功率	蓄电池在特定时间内以规定条件能够充电的最大功率
高温启动功率	蓄电池系统SOC（荷电状态）在20%或制造商允许的最低SOC时，在40℃下恒压放电（可根据制造商提供的参数设定放电电流上限）输出的功率
低温启动功率	蓄电池系统SOC在20%或制造商允许的最低SOC时，在-20℃下恒压放电（可根据制造商提供的参数设定放电电流上限）输出的功率
比功率	从蓄电池的单位质量或单位体积所获取的输出功率
质量比功率	从蓄电池的单位质量所获取的输出功率
体积比功率	从蓄电池的单位体积所获取的输出功率

24 什么是电池内阻？

电池内阻是指电流通过蓄电池内部时所受到的阻力，它包括欧姆内阻和极化内阻。

（1）欧姆内阻

欧姆内阻主要由电极材料、电解液、隔膜的电阻以及各组件的接触电阻组成。此外，蓄电池的欧姆内阻还与蓄电池的尺寸、结构、装配等因素有关，如果结构合理、装配紧凑，则电极间距就小，欧姆内阻也小。

（2）极化内阻

极化内阻是指蓄电池的正极和负极在进行电化学反应时由于极化引起的内阻，它包括电化学极化和浓差极化引起的电阻之和。极化内阻与活性物质的本性、电极的结构、蓄电池的制造工艺等有关，特别是与蓄电池的工作条件密切相关，放电电流和温度对其影响很大。放电电流不同，产生的电化学极化和浓差极化的值也不相同。大电流放电时，电化学极化和浓差极化均增加，造成极化内阻增加。低温下极化内阻也会增加。因此，极化内阻并不是一个常数，而是随着放电制度、放电温度等的改变而变化。

内阻是决定蓄电池性能的一个重要指标，它直接影响蓄电池的工作电压、工作电流、输出的能量和功率等，希望电池内阻越小越好。

25 什么是电池放电电流？

电池放电电流是指蓄电池放电时电流的大小。电池放电电流直接影响蓄电池的各项性能指标，例如电池放电电流的大小直接影响蓄电池的容量或能量。电池放电电流一般用放电率表示，放电率是指蓄电池放电时的速率，常用时率和倍率两种形式表示。

（1）时率

时率也称为小时率，是以放电时间（h）来表示的放电速率，或者说以一定的放电电流放完额定容量所需要的时间（h）。例如，蓄电池的额定容量为80A·h，以10A电流放电，则时率为80A·h/10A=8h，称蓄电池以8小时率放电；以20A电流放电，则时率为80A·h/20A=4h，称蓄电池以4小时率放电。由此可见，放电时率所表示的时间越短，所用的放电电流越大；放电时率所表示的时间越长，所用的放电电流越小。

（2）倍率

倍率是指在蓄电池规定时间内放出其额定容量（C）时所输出的电流值。放电时间越短，即放电倍率越高，则放电电流越大。

放电倍率=放电电流/额定容量；放电电流=额定容量/放电时间。根据放电倍率的大小，可分为低倍率（$<0.5C$）、中倍率（$0.5C \sim 3.5C$）、高倍率（$3.5C \sim 7.0C$）、超高倍率（$>7.0C$）。

额定容量为10A·h的蓄电池，用5h放电，放电倍率为$0.2C$；用0.5h放电，放电倍率为$2C$。额定容量为100A·h的蓄电池用20A放电时，其放电倍率为$0.2C$。$1C$、$2C$、$0.2C$等是蓄电池放电速率，表示放电快慢的一种量度。所有的容量1h放电完毕，称为$1C$放电；5h放电完毕，则称为$0.2C$放电。一般可以通过不同的放电电流来检测蓄电池的容量。对于24A·h蓄电池来说，$2C$放电电流为48A，$0.5C$放电电流为12A。

26 什么是电池荷电状态？

电池荷电状态（State of Charge，SOC）是指蓄电池在一定放电倍率下，剩余容量与相同条件下额定容量的比值，反映蓄电池容量变化的特性，是蓄电池使用过程中的重要参数。荷电状态值是一个相对值，一般用比例（%）的方式来表示，SOC的数值为0～100%。SOC=100%，表示蓄电池为充满状态；SOC=0，表示蓄电池为全放电状态。因为蓄电池所能放出的容量受充放电倍率、温度、自放电、老化、充放电循环次数等因素的影响，所以表示蓄电池剩余容量的SOC也与这些因素有关。在实际应用中，电池管理系统经常要对蓄电池的SOC进行估算。一般蓄电池放电高效率区为50%SOC～80%SOC。对蓄电池SOC值的精确估算已成为蓄电池管理的重要环节。

27 什么是电池自放电率?

电池自放电率是指蓄电池在存放期间容量的下降率,即蓄电池无负载时自身放电使容量损失的速率,它表示蓄电池搁置后容量变化的特性。电池自放电率用单位时间容量降低的比例(%)表示。电池自放电率除了与蓄电池体系自身特性有关外,还与环境温度、湿度等有关。

28 什么是电池效率?

蓄电池作为能量存储器,充电时把电能转化为化学能储存起来,放电时把电能释放出来。在这个可逆的电化学转换过程中,有一定的能量损耗。通常用蓄电池的容量效率和能量效率来表示。

(1) 容量效率
容量效率是指蓄电池放电时输出的容量与充电时输入的容量之比。影响蓄电池容量效率的主要因素是副反应。当蓄电池充电时,有一部分电量消耗在水的分解上。此外,自放电、电极活性物质的脱落、结块、孔率收缩等也降低容量输出。

(2) 能量效率
能量效率也称电能效率,是指蓄电池放电时输出的能量与充电时输入的能量之比。影响能量效率的原因是蓄电池存在内阻,它使蓄电池充电电压增加,放电电压下降。内阻的能量以蓄电池发热的形式损耗掉。

29 什么是电池使用寿命?

电池使用寿命是指蓄电池在规定条件下的有效寿命期限。蓄电池发生内部短路或损坏而不能使用,以及容量达不到规范要求时蓄电池使用失效,这时蓄电池的使用寿命终止。蓄电池的使用寿命包括循环寿命和储存寿命。

(1) 循环寿命
循环寿命是在指定的充放电终止条件下,以特定的充放电制度进行充放电,动力蓄电池在不能满足寿命终止标准前所能进行的循环数。循环寿命受放电深度、放电温度、充放电电流的影响比较明显,因此一般表示蓄电池的循环寿命的同时还要指出循环条件,如循环寿命 1000 次(在 100% 放电深度、常温、1C 条件下)。各种蓄电池的循环寿命都是不同的,即使同一系列、同一规格的产品,循环寿命也可能有较大差异。影响蓄电池循环寿命的因素主要有金属锂的沉积、正极材料的分解、电解质的影响和外部使用因素等。

（2）储存寿命

储存寿命是指蓄电池自放电使容量下降到某一规定值所经过的时间，也称为搁置寿命。

30 什么是电池放电？

电池放电是指将蓄电池里储存的化学能以电能的方式释放出来的过程。电池放电见表 2-8。

表 2-8 电池放电

电池放电	定义
工况放电	模拟实际运行时的负载，用相应的负载进行放电的过程
恒流放电	蓄电池以某个设定的恒定电流进行放电
恒压放电	蓄电池以某个设定的恒定电压进行放电
恒功率放电	蓄电池以某个设定的恒定功率进行放电
倍率放电	蓄电池以 1 小时率电流值的倍数进行放电
过放电	蓄电池完全放电后继续进行放电

31 动力蓄电池有哪些结构类型？

动力蓄电池的结构类型如图 2-1 所示。

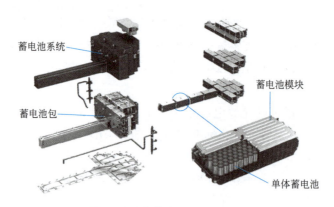

图 2-1　动力蓄电池的结构类型

(1) 单体蓄电池

单体蓄电池是将化学能与电能进行相互转换的基本单元装置,通常包括电极、隔膜、电解质、外壳和端子,并被设计成可充电式,也称为电芯。

(2) 蓄电池模块

蓄电池模块是将多个单体蓄电池按照串联、并联或混联方式进行组合,作为电源使用的组合体,也称为蓄电池模组。

(3) 蓄电池包

蓄电池包通常包括若干个蓄电池模块、蓄电池箱及相应附件(冷却部件、连接线缆等),具有从外部获得电能并可对外输出电能的单元。

(4) 蓄电池系统

蓄电池系统是指一个或一个以上蓄电池包及相应附件(电池管理系统、高压电路、低压电路、热管理设备及机械总成等)构成的能量存储装置。

32 动力蓄电池组合方式有哪些?

动力蓄电池作为电动汽车的能量来源,单体蓄电池无法满足要求,需要根据实际输出的电压和容量要求,将几百个或几千个单体蓄电池通过串联、并联和混联的形式组成蓄电池组才能使用。单体蓄电池串联的主要目的是增加动力蓄电池系统的电压;单体蓄电池并联的主要目的是增加动力蓄电池系统的容量;单体蓄电池混联的主要目的是既增加动力蓄电池系统的电压,也增加动力蓄电池系统的容量,是常用的一种组合方式。

(1) 串联组合蓄电池组

如图 2-2 所示为单体蓄电池的串联连接,单体蓄电池的正极和负极依次首尾相接,串联后电压相加,但单体蓄电池串联后总容量不变。单体蓄电池串联使用适合电流不变、电压需要增大的场合。

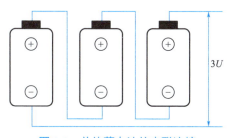

图 2-2 单体蓄电池的串联连接

如图 2-3 所示为单体蓄电池的串联电路。如果有 n 个单体蓄电池串联,每个单体蓄电池的开路电压为 U、内阻为 R_i，外电阻为 R，则 n 个单体蓄电池串联组合成的蓄电池组的电压为 nU，蓄电池组的总内阻为 nR_i，那么，串联组合后的蓄电池组的电流 I 为

$$I = \frac{nU}{R + nR_i} = \frac{nU}{R\left(1 + \frac{nR_i}{R}\right)} \qquad (2\text{-}1)$$

(2) 并联组合蓄电池组

如图 2-4 所示为单体蓄电池的并联，单体蓄电池的正极和正极连接，负极和负极连接，并联后容量相加，但电压不变。单体蓄电池并联使用适合电压不变、电流需要增大的场合。单体蓄电池无论是串联还是并联，蓄电池组的输出功率都增加。

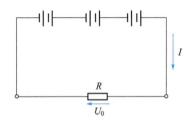

图 2-3 单体蓄电池的串联电路

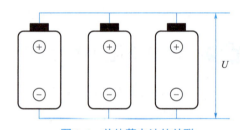

图 2-4 单体蓄电池的并联

如图 2-5 所示为单体蓄电池的并联电路。如果有 n 个单体蓄电池并联，每个单体蓄电池的开路电压为 U、内阻为 R_i，外电阻为 R，则 n 个单体蓄电池并联组合成的蓄电池组的电压为 U，蓄电池组的总内阻为 R_i/n，那么，并联组合后的蓄电池组的电流 I 为

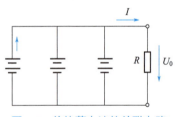

图 2-5 单体蓄电池的并联电路

$$I = \frac{U}{R + \frac{R_i}{n}} = \frac{U}{R\left(1 + \frac{R_i}{nR}\right)} \qquad (2\text{-}2)$$

要获得较大容量的动力蓄电池系统，在单体蓄电池电压和外电阻不变的情况下，需要增加并联单体蓄电池数。

(3) 混联组合蓄电池组

当动力蓄电池系统需要同时输出较大的电压和较大的容量时，单一串联或并联组合形式就难以满足使用要求。这时可以根据实际的电压和容量要求，首先将 n 个单体蓄电池串联，然后将 m 个串联电池组并联组合成混联蓄电池组。

如图 2-6 所示为单体蓄电池的混联，分别为 3S 2P 和 3S nP。3S 2P 表示 3 个单体蓄电池串联，再进行 2 组并联。如果每个单体蓄电池的电压为 3.7V，容量为

2.4A·h，则 3S 2P 蓄电池组的电压为 11.1V，容量为 4.8A·h。3S nP 表示 3 个单体蓄电池串联，再进行 n 组并联。

如图 2-7 所示为单体蓄电池的混联电路。如果单体蓄电池的开路电压为 U、内阻为 R_i，外电阻为 R，则混联后的蓄电池组的电压为 nU，蓄电池组的总内阻为 nR_i/m，那么，混联组合后的蓄电池组的电流 I 为

$$I = \frac{nU}{R + \dfrac{nR_i}{m}} = \frac{nU}{R\left(1 + \dfrac{nR_i}{mR}\right)} \tag{2-3}$$

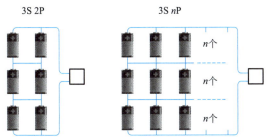

图 2-6 单体蓄电池的混联

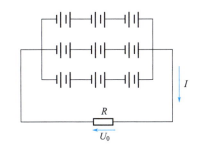

图 2-7 单体蓄电池的混联电路

33 动力蓄电池的布局主要有哪几种方式？

电动汽车动力蓄电池的布局主要有网格布局、形状布局和适应模块形状布局三种方式，见表 2-9。适应模块形状布局可以充分利用电动汽车的空间，缩小动力蓄电池系统体积，在很多车型上得到应用。

表 2-9 电动汽车动力蓄电池的布局

布局方式	图示	描述	实物示例
网格布局		同等尺寸与形状，均匀排列	
形状布局		基本同等尺寸与形状，均匀排成行	
适应模块形状布局		多种尺寸与形状，根据模块形状和间距排列	

例如，某电动汽车动力蓄电池由 192 个单体蓄电池组成，每个单体蓄电池电压为 3.7V，容量为 53A·h，每个模组都有 12 个单体蓄电池，采用两两并联再串联的结构，即 6S 2P，每个蓄电池模组的电压为 3.7V×6=22.2V，容量为 53A·h×2=106A·h；整个蓄电池包由 16 个蓄电池模组串联构成，其布置方式采用适应模块形状布局，如图 2-8 所示，总电压为 22.2V×16=355.2V。

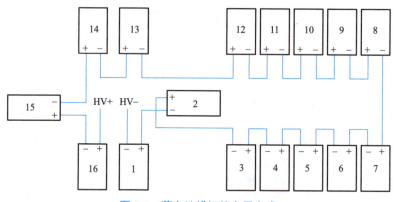

图 2-8 蓄电池模组的布置方式

34 什么是铅酸蓄电池？

铅酸蓄电池是指正极活性物质使用二氧化铅，负极活性物质使用海绵状纯铅，并以硫酸溶液为电解液的蓄电池。铅酸蓄电池主要用于汽车的启动蓄电池和低速电动汽车的动力蓄电池。

铅酸蓄电池的基本结构如图 2-9 所示，它的基本组成见表 2-10。

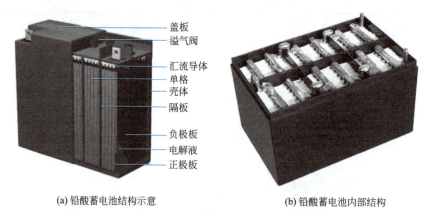

(a) 铅酸蓄电池结构示意　　(b) 铅酸蓄电池内部结构

图 2-9 铅酸蓄电池的基本结构

表 2-10 铅酸蓄电池的基本组成

组成	说明
正极板	正极板上的活性物质是二氧化铅
负极板	负极板上的活性物质是海绵状纯铅
隔板	隔板用于隔离正极板和负极板，防止短路，作为电解液的载体，能够吸收大量的电解液，起到促进离子良好扩散的作用
电解液	电解液由蒸馏水和纯硫酸按一定比例配制而成，主要作用是参与电化学反应，是铅酸蓄电池的活性物质之一
汇流导体	汇流导体也称为汇流排，主要作用是连接正极板和负极板
溢气阀	溢气阀位于铅酸蓄电池顶部，起到安全、密封、防爆等作用
壳体	壳体用于盛放电解液和极板组，应该耐酸、耐热、耐震。壳体多采用硬橡胶或聚丙烯塑料制成，为整体式结构，底部有凸起的肋条以搁置极板组
单格	壳内间壁呈 3 个或 6 个互不相通的单格，各单格之间用铅质连条串联起来
盖板	铅酸蓄电池的壳体上部使用相同材料的蓄电池盖板密封

35 铅酸蓄电池的工作原理是怎样的？

铅酸蓄电池使用时，把化学能转换为电能的过程称为放电；在使用后，借助于直流电在电池内进行化学反应，把电能转变为化学能而储蓄起来，这种蓄电过程称为充电。铅酸蓄电池充放电示意如图 2-10 所示。

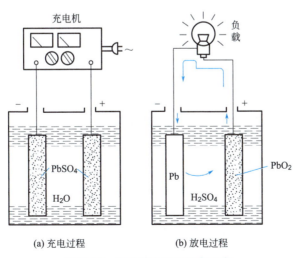

(a) 充电过程　　(b) 放电过程

图 2-10　铅酸蓄电池充放电示意

为了正确理解铅酸蓄电池的工作原理，先解释一下阴极、阳极与正极、负极之间的关系。阴极、阳极是从电极发生的反应是氧化反应还是还原反应来区分的，阳极发生的是氧化反应，阴极发生的是还原反应。而正极、负极是以电极电位高低来区分的，电位高的就是正极，电位低的是负极，蓄电池的正极、负极不会变化，但是在充放电的时候，同一个电极，会变成阴极或是阳极。

充电时，把铅酸蓄电池的正、负极分别和直流电源的正、负极相连，进行充电电解。正极上的硫酸铅（$PbSO_4$）得到电子电解成铅（Pb）和硫酸根离子（SO_4^{2-}）；负极上的硫酸铅（$PbSO_4$）失去电子和水（H_2O）反应生成二氧化铅（PbO_2）、硫酸根离子（SO_4^{2-}）及氢离子（H^+）。铅酸蓄电池正极（阴极）的电化学反应为

$$PbSO_4 + 2e \longrightarrow Pb + SO_4^{2-}$$

铅酸蓄电池负极（阳极）的电化学反应为

$$PbSO_4 + 2H_2O - 2e \longrightarrow PbO_2 + SO_4^{2-} + 4H^+$$

充电时铅酸蓄电池的总电化学反应为

$$2PbSO_4 + 2H_2O \longrightarrow Pb + PbO_2 + 2H_2SO_4$$

铅酸蓄电池放电时，铅（Pb）作负极，二氧化铅（PbO_2）作正极，负极上的铅（Pb）失去电子而与硫酸根离子（SO_4^{2-}）反应生成硫酸铅（$PbSO_4$），正极上的二氧化铅（PbO_2）得到电子与硫酸根离子（SO_4^{2-}）、氢离子（H^+）反应生成硫酸铅（$PbSO_4$）和水（H_2O）。铅酸蓄电池负极（阴极）的电化学反应为

$$Pb + SO_4^{2-} - 2e \longrightarrow PbSO_4$$

铅酸蓄电池正极（阳极）的电化学反应为

$$PbO_2 + SO_4^{2-} + 2e + 4H^+ \longrightarrow PbSO_4 + 2H_2O$$

放电时铅酸蓄电池的总电化学反应为

$$Pb + PbO_2 + 2H_2SO_4 \longrightarrow 2PbSO_4 + 2H_2O$$

36 铅酸蓄电池有什么特点？

（1）铅酸蓄电池的优点

- 除锂离子蓄电池外，在常用蓄电池中，铅酸蓄电池的电压最高，为2.0V。
- 价格低廉。
- 可制成小至1A·h、大至几千安时的各种尺寸和结构的蓄电池。
- 高倍率放电性能良好，可用于发动机启动。

- 高低温性能良好，可在 -40 ～ 60℃条件下工作。
- 电能效率高达 60%。
- 易于浮充使用，没有记忆效应。
- 易于识别荷电状态。

(2) 铅酸蓄电池的缺点
- 比能量低，在电动汽车中所占的质量和体积较大，一次充电续驶里程短。
- 使用寿命短，使用成本高。
- 充电时间长。
- 铅是重金属，环境污染重。

37 什么是金属氢化物镍蓄电池？

金属氢化物镍蓄电池是指正极使用镍氧化物、负极使用可吸收释放氢的储氢合金、以氢氧化钾为电解质的蓄电池。金属氢化物镍蓄电池也简称为镍氢蓄电池。

金属氢化物镍蓄电池可分为圆柱形和方形两种。圆柱形金属氢化物镍蓄电池的基本结构如图 2-11 所示，主要由电池正极、电池负极、分离层、金属外壳和密封橡胶等组成。电池正极是活性物质氢氧化镍，电池负极是金属氢化物，分离层是隔膜纸，用氢氧化钾作为电解质，在正负极之间有分离层，共同组成金属氢化物镍单体电池。在金属铂的催化作用下，完成充电和放电的可逆反应。在圆柱形金属氢化物镍蓄电池中，正负极用隔膜纸分开卷绕在一起，然后密封在金属外壳中。在方形金属氢化物镍蓄电池中，正负极由隔膜纸分开后叠成层状密封在外壳中。

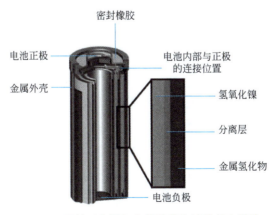

图 2-11 圆柱形金属氢化物镍蓄电池的基本结构

金属氢化物镍蓄电池在混合动力电动汽车上应用较多。电动汽车用金属氢化物镍蓄电池的基本单元是单体蓄电池，按使用要求组合成不同电压和不同容量的金属氢化物镍蓄电池系统。丰田普锐斯混合动力电动汽车使用的就是金属氢化物镍蓄电池。

38 金属氢化物镍蓄电池的工作原理是怎样的？

金属氢化物镍蓄电池是将物质的化学反应产生的能量直接转化成电能的一种装置。金属氢化物镍蓄电池的性能特点主要取决于本身体系的电极反应。金属氢化物镍蓄电池的正极活性物质一般为氢氧化镍 [$Ni(OH)_2$]，负极活性物质一般为金属氢化物（MH），电解液为氢氧化钾（KOH）。金属氢化物镍蓄电池工作原理示意如图 2-12 所示。

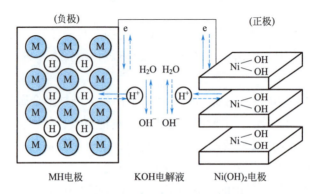

图 2-12　金属氢化物镍蓄电池工作原理示意

充电时金属氢化物镍蓄电池正极的电化学反应为

$$Ni(OH)_2 + OH^- \longrightarrow NiOOH + H_2O + e$$

金属氢化物镍蓄电池负极的电化学反应为

$$M + H_2O + e \longrightarrow MH + OH^-$$

充电时金属氢化物镍蓄电池的总电化学反应为

$$Ni(OH)_2 + M \longrightarrow NiOOH + MH$$

放电时金属氢化物镍蓄电池正极的电化学反应为

$$NiOOH + H_2O + e \longrightarrow Ni(OH)_2 + OH^-$$

金属氢化物镍蓄电池负极的电化学反应为

$$MH + OH^- \longrightarrow M + H_2O + e$$

放电时金属氢化物镍蓄电池的总电化学反应为

$$NiOOH + MH \longrightarrow Ni(OH)_2 + M$$

39 金属氢化物镍蓄电池有什么特点?

- 金属氢化物镍蓄电池使用氢氧化镍作为电池正极,金属氢化物作为电池负极,如钒、钛、镍等,不含剧毒物质,回收价值高,回收难度小,基本可全部回收再利用,有利于可持续发展。但是金属氢化物镍蓄电池成分中含有稀土元素,在电池全寿命周期中对环境的破坏比锂离子蓄电池更大。
- 金属氢化物镍蓄电池比热容较高,能量密度较小,在发生短路、穿刺等极端情况时电池温升小,不会燃烧。同时金属氢化物镍蓄电池对于过充、过放的耐受性好,相比于锂离子蓄电池更为安全。
- 金属氢化物镍蓄电池的能量密度一般为 70~95W·h/kg,能量密度不及锂离子蓄电池,金属氢化物镍蓄电池在重量上要大于锂离子蓄电池。
- 金属氢化物镍蓄电池的单体电压一般为 1.2V,而锂离子蓄电池的单体电压一般为 3.6V,为达到相同的电压需要串联更多的单体镍氢电池,对于蓄电池系统的设计、管理要求更高。
- 金属氢化物镍蓄电池存在较小的记忆效应,当蓄电池发生浅充浅放时,会导致蓄电池的可用容量降低,影响电池寿命。
- 金属氢化物镍蓄电池自放电效应较为严重,每月可达 20%,车辆长期停放后容易出现电量不足的情况。

40 什么是锂离子蓄电池?

锂离子蓄电池是用锰酸锂、磷酸铁锂、钴酸锂或三元材料等锂的化合物作正极,用可嵌入锂离子的碳材料作负极,使用有机电解质的蓄电池。目前,纯电动汽车上应用的动力电池主要是锂离子蓄电池。

锂离子蓄电池的基本结构如图 2-13 所示。

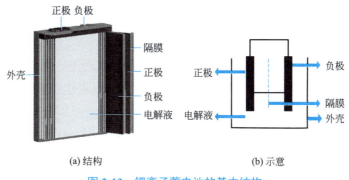

图 2-13 锂离子蓄电池的基本结构

(1) 正极

正极材料作为锂离子蓄电池中锂离子的唯一供给者，对锂离子蓄电池能量密度的提高及成本的降低起着决定性作用。被广泛采用的正极材料主要有磷酸铁锂、锰酸锂、钴酸锂和三元材料等。

(2) 负极

负极材料会影响锂离子蓄电池的安全性，目前，广泛应用的碳基负极材料，将锂在负极表面的沉积/溶解转变为在碳材中的嵌入/脱出，大幅度地减少锂枝晶的形成，提高锂离子蓄电池安全性。

(3) 隔膜

隔膜起着分离正极和负极的作用，避免蓄电池正极和负极直接接触短路，又能达到离子传导与绝缘的目的。目前，应用比较广泛的隔膜主要有聚丙烯-聚乙烯-聚丙烯三层隔膜、聚合物陶瓷涂覆隔膜以及无纺布隔膜等。

(4) 电解液

电解液是锂离子蓄电池中离子传输的载体。一般由锂盐和有机溶剂组成。电解液在锂离子蓄电池正极和负极之间起到传导离子的作用。溶有电解质锂盐的有机溶剂提供锂离子，电解质锂盐有六氟磷酸锂、高氯酸锂、四氟硼酸锂等，有机溶剂主要由碳酸二乙酯、碳酸丙烯酯、碳酸乙烯酯、碳酸二甲酯等其中的一种或几种混合组成。

(5) 外壳

蓄电池封装，主要有铝壳、盖板、极耳、绝缘片等。

在锂离子蓄电池成本结构中，正极材料约占33%，负极材料约占10%，电解液约占12%，隔膜约占30%，其他约占15%。

41 根据形状锂离子蓄电池分哪几种？

(1) 圆柱形锂离子蓄电池

圆柱形锂离子蓄电池是指具有圆柱形电池外壳和连接元件（电极）的锂离子蓄电池。特斯拉纯电动汽车使用的是圆柱形锂离子蓄电池。比较典型的圆柱形锂离子蓄电池有18650和21700。18650蓄电池是日本索尼公司的一种标准性的锂离子蓄电池型号，其中18表示蓄电池直径为18mm，65表示蓄电池长度为65mm，0表示为圆柱形蓄电池；18650单体蓄电池容量为2.2～3.6A·h，单体蓄电池质量为45～48g；蓄电池系统能量密度为250W·h/kg。21700蓄电池是日本松下公司为特斯拉研发的锂离子蓄电池，21表示蓄电池直径为21mm，70表示蓄电池长度为70mm，0表示为圆柱形电池；21700单体蓄电池容量为3.0～4.8A·h，单体蓄电池质量为 60～65g；蓄电池系统能量密度为 300W·h/kg。

圆柱形锂离子蓄电池采用非常成熟的卷绕工艺，生产自动化水平高，批量化生产成本较低，同时保持较好的良品率和成组一致性。在应用层面，圆柱形锂离子蓄电池由于其结构特性，成组后单体蓄电池之间仍保留一定的空隙，利于散热。为实现长续驶里程目标，相应单体蓄电池数量需求更多，因此大大增加了系统连接及管控难度。同时，由于钢壳蓄电池的自重较大，因此其质量能量密度提升空间受限。

(2) 方形锂离子蓄电池

方形锂离子蓄电池是指具有长方形蓄电池外壳和连接元件（电极）的锂离子蓄电池。由于方形锂离子蓄电池电芯连接比圆形锂离子蓄电池容易，所以国内纯电动汽车用动力蓄电池以方形锂离子蓄电池为主。方形锂离子蓄电池以铝壳为主，其规格尺寸多根据搭载车型需求进行定制开发，设计相对灵活，具有很强的适配性，但也使得该结构单体蓄电池批量化生产工艺难以统一，降低自动化水平进程。在应用层面，方形锂离子蓄电池外壳更趋向于轻量化铝合金材质，结构设计更为简单，因此相对于圆柱形锂离子蓄电池，质量能量密度有所提升。成组后其排列方式更为紧凑，空间利用率较高，并且其外壳材质具有一定的强度，因此成组难度较小，但相应的对于热安全管控技术提出更高要求。

(3) 软包锂离子蓄电池

软包锂离子蓄电池是指具有复合薄膜制成的蓄电池外壳和连接元件（电极）的锂离子蓄电池。软包锂离子蓄电池采用重量更轻且韧度更高的铝塑膜材料，同时单体蓄电池内部装配为叠片式结构，其规格尺寸目前也以定制化开发为主。

软包锂离子蓄电池具有以下优势。

● 安全性能好。软包锂离子蓄电池较少漏液，鼓气严重时会裂开，在一定程度上可以降低因内压过大而导致爆炸的风险。

● 重量轻。软包锂离子蓄电池的重量比同等容量的钢壳方形锂离子蓄电池约轻 40%，比铝壳方形锂离子蓄电池约轻 20%。

● 单位体积电能容量大。软包锂离子蓄电池较同等规格尺寸的钢壳锂离子蓄电池可多容纳电能约 50%，较铝壳锂离子蓄电池多出 20%～30%。

● 循环性能好。软包锂离子蓄电池的循环寿命更长，100 次循环衰减比铝壳锂离子蓄电池少 4%～7%。

● 设计灵活。可根据客户需求定制外形。普通铝壳的厚度一般只能做到 4mm，而铝塑膜软包的厚度可以低至 0.5mm。

软包锂离子蓄电池也有缺点，主要是生产工艺复杂，单体蓄电池一致性和良品率相对较低。

2020年，我国锂离子蓄电池总装机量为61.8 GW·h，其中方形锂离子蓄电池装机量为49.9GW·h，占比80.7%；圆柱形锂离子蓄电池装机量为8.4GW·h，占比13.6%；软包锂离子蓄电池装机量为3.5GW·h，占5.7%。由此可见，我国电动汽车动力蓄电池以方形锂离子蓄电池为主。方形锂离子蓄电池典型结构如图2-14所示，主要由组合极芯、正极引出、负极引出、壳体和盖板组成。

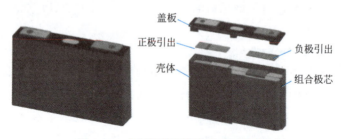

图2-14　方形锂离子蓄电池典型结构

42　根据正极材料锂离子蓄电池分哪几种？

（1）磷酸铁锂电池

磷酸铁锂电池是指用磷酸铁锂作为正极材料的锂离子蓄电池。磷酸铁锂具有橄榄石晶体结构，其理论容量为170mA·h/g，在没有掺杂改性时，其实际容量已高达110mA·h/g。通过对磷酸铁锂进行表面修饰，其实际容量可高达165mA·h/g，已经非常接近理论容量，工作电压为3.4V左右。磷酸铁锂电池的优点是稳定性好，安全可靠，环保并且价格低；缺点是电阻率较大，电极材料利用率低。

（2）锰酸锂电池

锰酸锂电池是指用锰酸锂作为正极材料的锂离子蓄电池。锰酸锂具有尖晶石结构，其理论容量为148mA·h/g，实际容量为90～120mA·h/g，工作电压范围为3～4V。锰酸锂电池的优点是锰资源丰富，价格便宜，安全性高，比较容易制备；缺点是理论容量低，与电解质相容性不好，在深度充放电的过程中电池容量衰减快。

（3）钛酸锂电池

钛酸锂是一种用作锂离子蓄电池的负极材料。钛酸锂可与锰酸锂、三元材料或磷酸铁锂等正极材料组成2.4V或1.9V的锂离子二次电池。此外，它还可以用作正极，与金属锂或锂合金负极材料组成1.5V的锂二次电池。钛酸锂具有安全性高、稳定性好、寿命长和绿色环保的特点。钛酸锂电池工作电压为2.4V，最高电压为3.0V。

（4）钴酸锂电池

钴酸锂电池是指用钴酸锂作为正极材料的锂离子蓄电池。钴酸锂电池的优点是电化学性能优越，易加工，性能稳定，一致性好，比容量高，综合性能突出；缺点是安全性较差，成本高。钴酸锂主要用于小电池，如手机、计算机的电池等。

（5）三元锂电池

三元锂电池是指使用镍钴锰或镍钴铝作为正极材料，石墨作为负极材料的锂电池。与磷酸铁锂电池不同，三元锂电池电压平台很高，三元锂电池工作电压为3.7V左右，这也就意味着在相同的体积或是重量下，三元锂电池的比能量、比功率更大。除此之外，在大倍率充电和耐低温性能等方面，三元锂电池也有很大的优势。特斯拉的Model S采用18650蓄电池组成的蓄电池组就是三元锂电池。

三元锂电池以镍钴锰为主，而且不断提高镍的比例。从镍∶钴∶锰比例为3∶3∶3（实际为各占1/3）转向6∶2∶2，再转变到8∶1∶1，称为811电池。

国内纯电动汽车目前使用的主流动力蓄电池是以三元锂电池和磷酸铁锂电池为主，它们的正极材料不同，如图2-15所示。

图2-15　三元锂电池和磷酸铁锂电池

三元锂电池能量密度高，但安全性较低，循环寿命短，成本高；磷酸铁锂电池能量密度低，但安全性好，循环寿命长，成本低。锂离子蓄电池技术在不断更新和突破，未来究竟哪种动力蓄电池更适合电动汽车上使用，还有待实际检验。

2020年我国动力蓄电池装机量达到61.8GW·h，其中三元锂电池装机量为38.6GW·h，占比62.5%；磷酸铁锂电池装机量为21.7GW·h，占比35.1%；其他电池装机量为1.5GW·h，占比2.4%。2021年我国动力蓄电池装机量达到154.5GW·h，其中三元锂电池装机量为74.3GW·h，占比48.1%；磷酸铁锂电池装机量为79.8GW·h，占比51.7%；其他电池装机量为0.4 GW·h，占比0.2%。从数据上看，磷酸铁锂电池的装机量略高于三元锂电池。业内人士表示，三元锂电池和磷酸铁锂电池各有优劣，两种电池并行发展是行业趋势。

43 磷酸铁锂电池和三元锂电池各有什么特点？

（1）磷酸铁锂电池的特点

- 磷酸铁锂电池的能量密度相较于镍氢电池高得多，可以达到130W·h/kg，能有效减小电池组的重量和体积，但是不及三元锂电池。
- 磷酸铁锂电池不含重金属与稀有金属，无毒，无污染，较为绿色环保。
- 磷酸铁锂电池的高温耐受性较好，其内部材料在高温下更为稳定，因此磷酸铁锂电池的高温安全性相较于三元锂电池更好。
- 磷酸铁锂电池循环寿命长，可达2000次以上，且在整个寿命周期内电池衰减较为平缓。
- 无记忆效应。
- 自放电率低，一般低于5%/月。
- 低温性能差，在冬季低温天气下使用会导致电池容量以及充放电性能的大幅下降。

（2）三元锂电池的特点

- 三元锂电池的能量密度可以达到200W·h/kg以上，高于镍氢电池和磷酸铁锂电池，可以较容易地实现大容量电池组的搭建。
- 三元锂电池的低温性能较好，在低温下三元锂电池的容量效率和能量效率均优于磷酸铁锂电池，这是因为三元锂电池的正极材料在低温下的活性高于磷酸铁锂，且三元锂电池的内阻略大于磷酸铁锂电池，在低温下放出的热量较多，可以使电池保持更高的温度。
- 三元锂电池的循环寿命高于镍氢电池，但低于磷酸铁锂电池。目前较为优秀的三元锂电池循环寿命可以达到1800次以上。三元锂电池的寿命衰减呈现先缓后急的趋势，在循环次数较少时容量衰减较慢，而达到一定程度后衰减较快。
- 三元锂电池的高温耐受性较差，其材料中含有活性材料钴，在180～200℃时三元材料容易发生分解，发生胀气和燃烧，安全性能较差，对于电池热管理的要求更高。
- 不含重金属与稀有金属，无毒，无污染，较为绿色环保。
- 无记忆效应。
- 自放电率低，一般低于5%/月。

44 锂离子蓄电池的工作原理是怎样的？

锂离子蓄电池的工作原理就是指其充放电原理。如图2-16所示为锂离子蓄电池的工作原理。蓄电池充电时，正极上锂原子电离成锂离子和电子（脱嵌），锂离子经过电解液运动到负极，得到电子，被还原成锂原子嵌入碳层的微孔中（插入）；蓄电池放电时，嵌在负极碳层中的锂原子失去电子（脱插）成为锂离子，通过电解液，又运动回正极（嵌入）；锂离子蓄电池的充放电过程，也就是锂离子在正负极间不断嵌入和脱嵌的过程，同时伴随着等当量电子的嵌入和脱嵌。锂离子数量越多，充放电容量就越高。

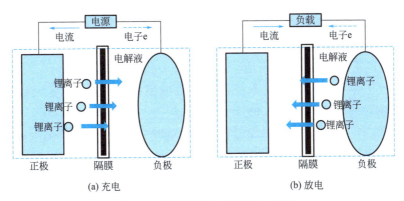

图 2-16　锂离子蓄电池的工作原理

以钴酸锂（$LiCoO_2$）为正极材料、石墨为负极材料的锂离子蓄电池，充放电时正、负极的电化学反应分别为

$$LiCoO_2 \rightleftharpoons Li_{1-x}CoO_2 + xLi^+ + xe$$

$$6C + xLi^+ + xe \rightleftharpoons Li_xC_6$$

锂离子蓄电池的总电化学反应为

$$LiCoO_2 + 6C \rightleftharpoons Li_{1-x}CoO_2 + Li_xC_6$$

锂离子蓄电池反应过程中既没有消耗电解液，也不产生气体，只是锂离子在正负极间移动，所以锂离子蓄电池的结构可以做成完全封闭的。此外，正常条件下，锂离子蓄电池充放电过程中没有其他副反应，所以锂离子蓄电池充电效率很高，甚至达到100%。

放电时锂离子不能完全移向正极，必须保留一部分锂离子在负极，以保证下次充电时的锂离子能畅通地嵌入通道，否则，锂离子蓄电池寿命就相当短。为了保证碳层中放电后留有部分锂离子，也就是锂离子蓄电池不能过放电，应严格限制放电终止最低电压；同时，根据锂离子工作原理，最高充电终止电压应为4.2V，不能过充，否则会因正极锂材料中的锂离子脱嵌太多，造成晶型坍塌，而使锂离子蓄电池表现出寿命终结状态。由此可见，锂离子蓄电池充/放电控制精度要求相当高，既不能过充，也不能过放，否则都将影响锂离子蓄电池寿命，这是由锂离子蓄电池工作机理所决定的。

45 锂离子蓄电池有什么特点？

（1）锂离子蓄电池的优点

- 工作电压高。锂离子蓄电池工作电压为镍氢蓄电池和镍镉蓄电池工作电压的 3 倍。
- 比能量高。锂离子蓄电池比能量是镍镉蓄电池的 3 倍，镍氢蓄电池的 1.5 倍。
- 循环寿命长。锂离子蓄电池循环寿命为 1000 次以上，在低放电深度下可达几万次，超过了其他几种二次电池。
- 自放电率低。锂离子蓄电池每月自放电率低于 5%，远低于镍镉蓄电池（25%～30%）和镍氢蓄电池（15%～20%）。
- 无记忆性。锂离子蓄电池可以根据要求随时充电，而不会降低电池性能。
- 对环境无污染。锂离子蓄电池中不存在有害物质，是名副其实的"绿色电池"。
- 能够制造成任意形状。

（2）锂离子蓄电池的缺点

- 成本高。主要是正极材料钴酸锂的价格高，但按单位瓦时的价格来计算，已经低于镍氢蓄电池，与镍镉蓄电池持平，但高于铅酸蓄电池。随着锂离子蓄电池技术的发展和大规模的应用，锂离子蓄电池的成本会逐渐下降。
- 不耐受过放。过放电时（电压小于 3.0V 时放电），过量嵌入的锂离子会被固定于晶格中，无法再释放，导致寿命缩短，深度放电更可能使电池损坏。
- 不耐受过充。过充电时，电极脱嵌过多锂离子，又没有及时得到补充，长久可导致晶格坍塌，从而不可逆地降低了储电量。
- 衰老怕热。与其他充电电池不同，锂离子蓄电池会在使用循环中不可避免地自然缓慢衰退，就算是储存着不使用，容量也会减少，这其实与使用次数无关，而与温度有关。

因此，在使用锂离子蓄电池时，对电池管理系统要求较高。

46 什么是固态电池？

固态电池是一种使用固体正负极和固体电解质，不含任何液体，所有材料都由固态材料组成的电池，如固态锂离子蓄电池。

液态锂离子蓄电池被人们形象地称为"摇椅式电池"，摇椅两端为电池正负两极，中间为液态电解质，而锂离子就像"优秀的运动员"，在摇椅的两端"来回奔跑"，在锂离子从正极到负极再到正极的运动过程中，完成电池的充放电过程。固态锂离子蓄电池的原理与液态锂离子蓄电池相同，只不过其电解质为固态，电池体积大大降低，能量密度得到提高，如图2-17所示。

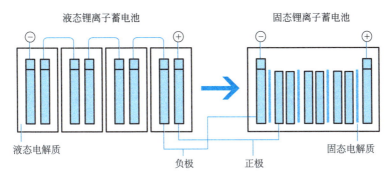

图2-17　液态锂离子蓄电池和固态锂离子蓄电池

（1）液态锂离子蓄电池的缺点
- SEI（固体电解质界面）膜持续生长。
- 过渡金属溶解。
- 正极材料析氧。
- 电解液氧化。
- 析锂。
- 高温失效。
- 体积膨胀。

（2）与液态锂离子蓄电池相比固态锂离子蓄电池的优点
- 安全性能好。
- 工作温度范围宽。
- 能量密度高。
- 薄膜柔性化。
- 循环寿命长。
- 可快速充电。
- 回收方便。

47　什么是锂硫电池？

锂硫电池是锂电池的一种，它是以硫作为正极、金属锂作为负极的一种锂电池。

锂硫电池具有以下特点。

• 材料储量丰富，廉价易得，容易实现较低的成本。

• 锂硫电池的理论能量密度可达 2600W·h/kg，远远高于锂离子蓄电池的能量密度。目前有记载的实际锂硫电池能量密度已经达到了 500W·h/kg，可以大大减小电池组的体积和重量。

• 锂硫电池的单体电压为 2.5V 左右。

• 锂硫电池在现有技术情况下的自放电效应较为严重，可达每月 8%～15%。

• 锂硫电池的循环寿命较低，一般在 1000 次以下，目前已有实验室实现 1500 次的循环寿命。

• 锂硫电池目前存在一定的安全问题，其正极的硫和硫化锂密度差异较大，在循环中容易导致电池体积膨胀；负极随着循环的进行会形成锂枝晶，刺破隔膜，造成电池短路。

48 什么是金属空气电池？

金属空气电池以电极电位较低的金属如锌、铝、镁、铁等作为负极，以空气中的氧或纯氧作为正极的活性物质，主要有锌空气电池、铝空气电池、镁空气电池等。

锌空气电池具有以下特点。

• 理论能量密度达 1350W·h/kg，目前实际的能量密度为 250～300W·h/kg，能量密度较高。

• 材料成本低，无毒、无污染，且循环产物为氧化锌，可实现完全的回收利用。

• 自放电小，在电池不工作时可通过封闭空气入口使反应停止。

• 在电池工作过程中，锌电极会不断地被氧化成氧化锌，需要定期更换锌电极才能继续使用。目前也有使用锌膏的锌膏循环式锌空气电池，将锌膏作为电池负极，通过锌膏的循环流动实现锌的补充。

49 什么是石墨烯电池？

石墨烯电池是利用锂离子在石墨烯表面和电极之间快速、大量穿梭运动的特性开发出的一种新能源电池。石墨烯电池具有比能量高、充电时间短、使用寿命长、重量轻、成本低等特点。

50 动力蓄电池的匹配原则是什么?

(1) 类型的匹配

动力蓄电池类型的选择要符合电动汽车的运行要求。电动汽车要求动力蓄电池具有较高的比能量和比功率,以满足电动汽车续驶里程和动力性的要求,同时也希望动力蓄电池具有与汽车使用寿命相当的充放电循环寿命,拥有高效率、良好的性价比以及免维护特性。目前可用于电动汽车的动力蓄电池主要是锂离子蓄电池。

(2) 电压的匹配

动力蓄电池的电压等级要与驱动电机的电压等级相一致且满足驱动电机电压变化的要求。同时,由于电动空调、电动真空泵和电动转向助力泵等附件也消耗一定的电能,所以动力蓄电池组的总电压要大于驱动电机的额定电压。

(3) 容量的匹配

动力蓄电池一般有能量型与功率型两种,为满足电动汽车的行驶要求,应采用能量型动力蓄电池,匹配时主要考查动力蓄电池的能量,即动力蓄电池应具有较大的容量,以增加电动汽车的续驶里程。动力蓄电池容量与其功率成正比,容量越大,其输出的功率越大,所以其输出功率均能满足整车电力系统的要求,因此主要是根据其续驶里程来确定动力蓄电池容量,并且确定的动力蓄电池容量还须符合市场现有产品的标准,通过对现有产品反复验证进行设计。

51 什么是电池管理系统?

电池管理系统(BMS)是连接动力蓄电池和整车控制器的重要纽带,其精准的控制和管理为动力蓄电池的完美应用保驾护航。电池管理系统是指监视动力蓄电池的状态(电压、电流、温度、荷电状态等),可以为动力蓄电池提供通信、安全、电芯均衡及管理控制,并提供与应用设备通信接口的系统。电池管理系统通过控制动力蓄电池的充放电过程,实现对动力蓄电池的保护,提升动力蓄电池的综合性能。电池管理系统在电动汽车上的连接示意如图 2-18 所示。

电池管理系统和动力蓄电池组一起组成动力蓄电池包整体,与电池管理系统有通信关系的两个部件分别是整车控制器和充电机。电池管理系统向上通过 CAN (Controller Area Network,控制器局域网络)总线与电动汽车整车控制器通信,上报动力蓄电池包状态参数,接收整车控制器指令,配合整车需要,确定功率输出;向下监控整个动力蓄电池包的运行状态,保护动力蓄电池包不受过放、过热等非正常运行状态的侵害,充电过程中,与充电机交互,管理充电参数,监控充电过程正常完成。

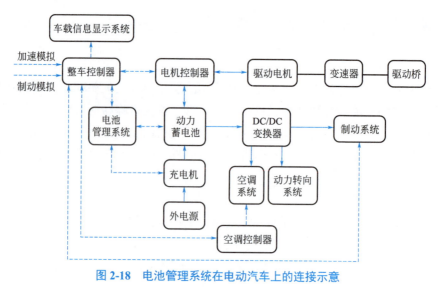

图 2-18　电池管理系统在电动汽车上的连接示意

—— 能量流动；	—— 机械连接；	----- 控制信号

52 电池管理系统应具备哪些功能？

（1）电池参数检测

电池参数检测包括总电压检测、总电流检测、单体蓄电池电压检测（防止出现过充、过放甚至反极现象）、温度检测（最好每串蓄电池、关键电缆接头等均有温度传感器）、烟雾探测（监测电解液泄漏等）、绝缘检测（监测漏电）等。

（2）电池状态估计

电池状态包括荷电状态（State of Charge，SOC）或放电深度（Depth of Discharge，DOD）、健康状态（State of Health，SOH）、功能状态（State of Function，SOF）、能量状态（State of Energy，SOE）、故障及安全状态（Safety of Status，SOS）等。

（3）充电控制

电池管理系统中具有一个充电管理模块，它能够根据动力蓄电池的特性、温度高低以及充电机的功率等级，控制充电机给动力蓄电池进行安全充电。

（4）热管理

根据动力蓄电池组内温度分布信息及充放电需求，决定主动加热/散热的强度，使得动力蓄电池尽可能工作在最适合的温度，充分发挥动力蓄电池的性能。

(5) 电池均衡

电池不一致分为容量不一致、电阻不一致和电压不一致。特别是容量不一致性的存在,使得动力蓄电池组的容量小于组中最小单体蓄电池的容量。对于电池均衡,根据单体蓄电池信息,采用主动或被动、耗散或非耗散等均衡方式,尽可能使动力蓄电池组容量接近最小单体蓄电池的容量。

(6) 在线故障诊断

在线故障诊断包括故障检测、故障类型判断、故障定位、故障信息输出等。故障检测是指通过采集到的传感器信号,采用诊断算法诊断故障类型,并进行早期预警。动力蓄电池故障是指动力蓄电池组、高压电回路、热管理等各个子系统的传感器故障,执行器故障(如接触器、风扇、泵、加热器等),以及网络故障、各种控制器软硬件故障等。动力蓄电池组本身故障是指过压(过充)、欠压(过放)、过电流、超高温、内短路故障、接头松动、电解液泄漏、绝缘能力降低等。

(7) 电池安全控制与报警

电池安全控制包括热系统控制和高压电安全控制。电池管理系统诊断到故障后,通过网络通知整车控制器,并要求整车控制器进行有效处理(超过一定阈值时,电池管理系统也可以切断主回路电源),以防止高温、低温、过充、过放、过电流、漏电等对动力蓄电池和人身的损害。

(8) 网络通信

电池管理系统需要与整车控制器等网络节点通信;同时,电池管理系统在车辆上拆卸不方便,需要在不拆壳的情况下进行在线标定、监控、自动代码生成和在线程序下载(程序更新而不拆卸产品)等,一般的车载网络均采用 CAN 总线技术。

(9) 信息存储

用于存储关键数据,如 SOC、SOH、SOF、SOE、累积充放电安时数、故障码和一致性数据等。

(10) 电磁兼容

由于电动汽车使用环境恶劣,要求电池管理系统具有好的抗电磁干扰能力,同时要求电池管理系统对外辐射小。

电池管理系统的具体组成和功能应以实际车型的电池管理系统为准。电动汽车中的真实电池管理系统可能只有上面提到的部分功能。

53 电池管理系统的工作模式有哪些?

(1) 下电模式

下电模式是整个系统的低压与高压部分处于不工作状态的模式。在下电模式下，电池管理系统控制的所有高压接触器均处于断开状态；低压控制电源处于不供电的状态。下电模式属于省电模式。

（2）待机模式

电池管理系统在此模式下不处理任何数据，能耗极低，能快速启动。在待机模式下，系统所有的接触器均处于未吸合状态。在该模式下，系统可接收外界的点火锁、整车控制器、电机控制器、充电插头开关等部件发出的硬线信号或接收CAN报文控制的低压信号来驱动各高压接触器，从而使电池管理系统进入所需工作模式。

（3）放电模式

电池管理系统在待机模式下检测放电唤醒信号后，接收车辆控制器发来的动力蓄电池运行状态指令和接触器的动作指令，并执行相关指令，完成电池管理系统上电及预充电流程，进入放电模式。

（4）充电模式

当电池管理系统检测到充电唤醒信号时，系统即进入充电模式。在该模式下主正、主负继电器闭合，同时为保证低压控制电源持续供电，DC/DC变换器需处于工作状态。

（5）故障模式

电池管理系统在任何模式下检测到故障，均进入故障模式，同时上报车辆控制器故障状态和相关故障码。故障模式是控制系统中常出现的一种状态。由于动力蓄电池的使用关系到用户的人身安全，因而系统对于各种相应模式总是采取安全第一的原则。电池管理系统对于故障的响应还需根据故障等级而定，当其故障级别较低时，系统可采取报错或发出轻微报警信号的方式告知驾驶员；而当故障级别较高，甚至伴随危险时，系统采取直接断开高压接触器的控制策略。

54 动力蓄电池荷电状态的估算方法有哪些?

动力蓄电池荷电状态（SOC）不是一个可以直接测量获得的值，而是需要通过电压、电流、温度等状态量的实时测量值通过设计的算法来进行间接估算。动力蓄电池SOC的主要估算方法如下。

（1）开路电压法

开路电压与SOC值在一定条件下呈比例关系。开路电压法就是通过实验得出的比例关系来估算SOC值。开路电压法对SOC值的估算精度高，且简单易行，但是缺点也很明显，只能准确估算动力蓄电池静置0.5～1.5h之后的SOC值，所以一般不在电池管理系统中单独应用，而常常用来补充其他算法。

(2) 内阻法

动力蓄电池的内阻和剩余电量之间也存在一定的数学关系，在充电过程中，随着动力蓄电池电量的增加，动力蓄电池内阻也会增大；在放电过程中，动力蓄电池内阻会随着电量降低而减小。通过观测动力蓄电池内阻的值来估算当前动力蓄电池的 SOC 值的方法就是内阻法。内阻法虽然没有动力蓄电池必须静置一段时间之后才能准确估算 SOC 值的限制，但是其内部结构十分复杂，很难进行准确的测量，所以动力蓄电池内阻的应用就受到了限制，比如对于一些外界工作环境很复杂的情况则无法应用，在电动汽车的电池管理系统中一般不使用内阻法。

(3) 安时法

安时法就是把电流对时间进行积分，对动力蓄电池容量的改变进行检测，继而对 SOC 值进行估算的一种方法。电流在时间上的积分实际上就是充入或放出的电量，如果把动力蓄电池看作一个封闭的系统，只需要累积计算进出动力蓄电池的电量，然后把计算结果与动力蓄电池满电状态电量相比较，就能够获得动力蓄电池具有的剩余电量。因为大部分外界条件都不会对其造成影响，故安时法易于实现。

(4) 负载电压法

当动力蓄电池从静置状态转为放电状态时，测量到的电池端电压就会变为负载电压。当电池的放电电流恒定时，SOC 值同电池负载电压之间的数学关系很大程度上类似于 SOC 值同电池开路电压之间的数学关系。负载电压法的优点很多，比如恒流放电时估算精度很高，克服开路电压法只能静置测量的缺点，可以对动力蓄电池组的 SOC 值进行实时估算。但是由于电动汽车在运行时工况复杂，动力蓄电池不可能长期处于恒流放电的工况，因此在电动汽车上，一般都不会把负载电压法当成主要算法来使用，负载电压法通常用于判断是否结束对动力蓄电池的充放电。

(5) 卡尔曼滤波法

卡尔曼滤波法解决了一个古老的问题，即怎样从不准确的数据中得到准确的信息，更确切地说，也就是当输入的数据不准确的时候，如何选取一个最好的数据作为输入系统的最新状态量来更新系统数据。这种方法非常适合应用在电动汽车上，动力蓄电池的 SOC 受到多种因素的影响，并且会随着用户驾驶模式的改变而不断发生变化。卡尔曼滤波的目的是从数据流中去除噪声干扰，通过预测新的状态和其不确定性，然后用新的测量值校准预测值来实现 SOC 估算。理论上卡尔曼滤波法能够在估算过程中保持非常高的精度，而且可以很有效地修正误差。卡尔曼滤波法的缺点是需要进行大量的运算和具备准确的电池数学模型来确保 SOC 估算的精确性。

(6) 模糊推理法和神经网络法

模糊推理法和神经网络法是从人工智能领域发展出来的两个分支。神经网络是一种模拟人脑神经元系统的互联模式而建模的计算机体系结构，它能模仿人脑信息处理、记忆和学习的过程，然后产生一个具有自动识别能力的系统。使用神经网络法进行 SOC 估算实际上就是通过大量的数据训练分析当前的 SOC 值。模糊推理是从含糊、模棱两可或者不精确的信息中提炼出确切结论的简单的方法，与神经网络法相结合可以较为准确地估算 SOC 的值。由于很多因素都会对动力蓄电池的剩余电量产生影响，导致对估算动力蓄电池剩余电量建立的数学模型非常庞大且复杂，因此神经网络法以及模糊推理法越来越受到重视，正日益成为热点研究方法。

这些 SOC 估算方法主要应用于估算单体蓄电池的 SOC 值，但是在实际应用过程中，动力蓄电池组是由多个单体蓄电池串联或并联组成的，单体蓄电池在受到电池本身不利因素影响的同时，也会受到外界环境条件变化的影响和动力蓄电池组充放电过程中不一致性的影响，从而导致实时估算动力蓄电池的 SOC 值变得更加困难。所以，通常在估算动力蓄电池 SOC 值时，并不会只使用一种方法，而是同时使用 2~3 种基本的 SOC 估算方法，结合不同估算方法的优点，通过互补来弥补单独一种估算方法的缺点，这样估算出的 SOC 值往往更为准确。准确估算动力蓄电池 SOC 是实现电池管理系统的关键。

55 如何利用卡尔曼滤波法对动力蓄电池荷电状态进行估算？

动力蓄电池等效电路模型如图 2-19 所示。图中：U_{oc} 为动力蓄电池开路电压，在一定的温度下与动力蓄电池 SOC 有固定的映射关系；R_0 为动力蓄电池的欧姆内阻；R_1 和 R_2 分别为两个动力蓄电池的极化内阻；C_1 和 C_2 分别为两个动力蓄电池的极化电容；U_b 为动力蓄电池的端电压；I 为等效模型电路中的电流；U_1 和 U_2 分别为两个 R-C 网络两端的电压。

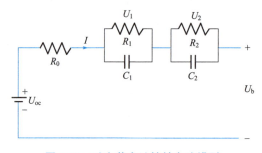

图 2-19 动力蓄电池等效电路模型

根据动力蓄电池等效电路模型，由基尔霍夫电压定律可得

$$U_{oc} - U_b = U_0 + U_1 + U_2 \tag{2-4}$$

式中，U_0 为欧姆内阻两端电压，V。

根据动力蓄电池等效电路模型，能够得到动力蓄电池等效数学模型为

$$\begin{aligned} &\text{SOC} = \text{SOC}_0 - \frac{1}{C_n}\int_{t_0}^{t_1} I \mathrm{d}t \\ &I = C_1 \frac{\mathrm{d}U_1}{\mathrm{d}t} + \frac{U_1}{R_1} \\ &I = C_2 \frac{\mathrm{d}U_2}{\mathrm{d}t} + \frac{U_2}{R_2} \\ &I = \frac{U_0}{R_0} \end{aligned} \tag{2-5}$$

式中，SOC_0 为 t_0 时刻 SOC 值；SOC 为 t_1 时刻 SOC 值；C_n 为动力蓄电池的额定容量；I 为动力蓄电池当前放电电流，A。

卡尔曼滤波法适用于动力蓄电池 SOC 的估计，它不仅给出 SOC 的估计值，还给出 SOC 的估计误差。该算法在估算过程中能保持很好的精度，并且对初始值的误差有很强的修正作用，因此使用起来更加方便。

经典的卡尔曼滤波器需要满足的线性模型为

$$\begin{aligned} x_k &= Ax_{k-1} + Bu_{k-1} + \omega_{k-1} \\ z_k &= Hx_k + v_k \end{aligned} \tag{2-6}$$

式中，x_k 为 k 时刻系统特征的状态变量；A 为状态 $k-1$ 时刻到 k 时刻的转移矩阵；B 为状态 $k-1$ 时刻到 k 时刻的增益矩阵；u_{k-1} 为状态 $k-1$ 时刻的激励变量；ω_{k-1} 为状态 $k-1$ 时刻到 k 时刻的随机噪声向量；z_k 为观测变量；H 为状态向量对观测向量的增益；v_k 为观测噪声向量。

式 (2-6) 中第 1 个方程称为状态方程，第 2 个方程称为量测方程。可以看出，在经典卡尔曼滤波器中，状态变量、激励变量、观测变量之间是线性的。由于动力蓄电池开路电压和 SOC 之间存在明显的非线性关系，因此，经典卡尔曼滤波器不再适用，需要使用扩展卡尔曼滤波器。

扩展卡尔曼滤波算法的状态方程和量测方程分别为

$$\begin{aligned} x_k &= f(x_{k-1}, u_{k-1}, \omega_{k-1}) \\ z_k &= h(x_k, v_k) \end{aligned} \tag{2-7}$$

若要利用扩展卡尔曼滤波算法进行动力蓄电池 SOC 估算，需要确定所选用动力蓄电池模型的状态方程和量测方程。

令 $\dfrac{\mathrm{d}u}{\mathrm{d}t}=\dfrac{u_k-u_{k-1}}{T}$，且采样周期为 $T=1\mathrm{s}$，将式（2-5）近似离散化后可以得到离散方程为

$$\mathrm{SOC}_k = \mathrm{SOC}_{k-1} - i_{k-1}\dfrac{1}{C_n}$$

$$u_k^1 = i_{k-1}\dfrac{R_1}{1+R_1C_1} + \dfrac{R_1C_1}{1+R_1C_1}u_{k-1}^1$$

$$u_k^2 = i_{k-1}\dfrac{R_2}{1+R_2C_2} + \dfrac{R_2C_2}{1+R_2C_2}u_{k-1}^2 \qquad (2-8)$$

$$u_k^0 = i_{k-1}R_0$$

式中，SOC_k、SOC_{k-1} 分别为 k、$k-1$ 时刻的 SOC 值；i_{k-1} 为 $k-1$ 时刻的电流；u_k^1、u_{k-1}^1 分别为 k、$k-1$ 时刻 R_1、C_1 两端的电压；u_k^2、u_{k-1}^2 分别为 k、$k-1$ 时刻 R_2、C_2 两端的电压；u_k^0 为 k 时刻 R_0 两端的电压。

动力蓄电池模型的状态方程为

$$x_k = Ax_{k-1} + Bi_{k-1} + \omega_{k-1} \qquad (2-9)$$

式中，$x_k = \begin{bmatrix} \mathrm{SOC}_k \\ u_k^1 \\ u_k^2 \\ u_k^0 \end{bmatrix}$；$A = \begin{bmatrix} 1 & 0 & 0 & 0 \\ 0 & \dfrac{R_1C_1}{1+R_1C_1} & 0 & 0 \\ 0 & 0 & \dfrac{R_2C_2}{1+R_2C_2} & 0 \\ 0 & 0 & 0 & 0 \end{bmatrix}$；$B = \begin{bmatrix} -\dfrac{1}{C_n} \\ \dfrac{R_1}{1+R_1C_1} \\ \dfrac{R_2}{1+R_2C_2} \\ R_0 \end{bmatrix}$；$\omega_{k-1}$ 为随机噪声向量。

当动力蓄电池在充放电时，动力蓄电池的端电压和动力蓄电池的平衡电动势、2个 R-C 网络的电压以及欧姆内阻两端的电压有关，存在如下的电路关系式。

$$U_b = U_{oc} - U_1 - U_2 - U_0 \qquad (2-10)$$

其中，U_{oc} 与 SOC 存在非线性的函数关系，即

$$U_{oc} = g(\mathrm{SOC}_k) \qquad (2-11)$$

式（2-11）反映了 SOC 与电池开路电压之间的关系，这是一个非线性函数，可以用一个高阶多项式来近似表示，首先选择阶数，一般是 7～9 阶，然后通过拟合确定系数。

利用扩展卡尔曼滤波器算法对动力蓄电池 SOC 进行估算，递推过程如下。

步骤 1：初始化。设置状态变量初值 x_0，协方差矩阵初值 P_0。

步骤2：计算 k 时刻状态变量的估计值。

$$\hat{x}_k = Ax_{k-1} + Bi_{k-1} + \omega_{k-1} \quad (2\text{-}12)$$

步骤3：计算协方差矩阵的先验值。

$$\hat{P}_k = AP_{k-1}A^\mathrm{T} + Q_{k-1} \quad (2\text{-}13)$$

步骤4：计算卡尔曼增益。

$$\begin{aligned} K_k &= \hat{P}_k H_k^\mathrm{T} \left(H_k \hat{P}_{k-1} H_k^\mathrm{T} + R_k \right)^{-1} \\ H_{k[i,j]} &= \frac{\partial h_{[i]}}{\partial x_{[j]}}[\hat{x}_k, 0] \end{aligned} \quad (2\text{-}14)$$

步骤5：根据卡尔曼增益修正状态变量的估算值。

$$x_k = \hat{x}_k + K_k \left(u_k + H_k \hat{x}_k \right) \quad (2\text{-}15)$$

步骤6：协方差矩阵更新。

$$P_k = (I - K_k H_k) \hat{P}_k \quad (2\text{-}16)$$

第6步执行完成后，时间指标 k 增加1，然后回到第1步，继续计算。至此，一种基于动力蓄电池模型及扩展卡尔曼滤波器的动力蓄电池 SOC 估算的递推算法得到了实现。

56 动力蓄电池如何进行冷却？

电动汽车自燃是非常大的安全隐患。产生电动汽车自燃的重要原因之一就是动力蓄电池温度过高，希望动力蓄电池的温度保持在 20～35℃，因此要对动力蓄电池进行冷却。动力蓄电池的冷却主要分为风冷和液冷两大类。

（1）风冷

风冷就是通过冷风对动力蓄电池进行冷却。采用风冷方式的典型代表是日产聆风电动汽车，该车用鼓风机（专门用于动力蓄电池冷却）驱动空气，通过空调制冷系统的蒸发器后变成冷风，再去冷却动力蓄电池，如图 2-20 所示。该技术比较成熟，由于空气的比热容较小，带走的热量较少，所以风冷主要适用于动力蓄电池散热量较少的情况。

（2）液冷

液冷就是通过冷却液对动力蓄电池进行冷却。采用液冷方式的典型代表是特斯拉电动汽车，在整个空调系统上添加中间换热器，中间换热器内部有两个流道，一个流道内部流动的是冷却液，另一个流道内部流动的是制冷剂，两者进行热交换。冷却液经过换热后变成低温冷却液流入动力蓄电池中,对动力蓄电池进行冷却,如图 2-21 所示。目前该冷却技术比较成熟,获得广泛应用。由于冷却液的比热容大,能够带走更多的散热量,所以液冷主要适用于大容量的动力蓄电池。

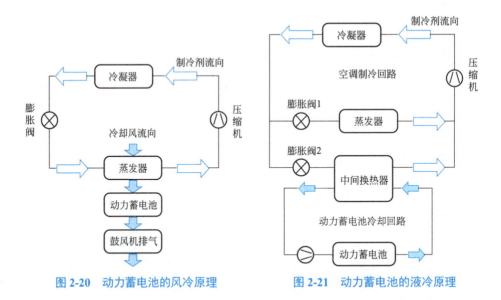

图 2-20　动力蓄电池的风冷原理　　　　图 2-21　动力蓄电池的液冷原理

如图 2-22 所示为某电动汽车动力蓄电池的热管理示意。当动力蓄电池温度过高时,开启蓄电池冷却器,对动力蓄电池进行冷却;当动力蓄电池温度过低时,开启热交换器,对动力蓄电池进行加热。

图 2-22　某电动汽车动力蓄电池的热管理示意

57 什么是动力蓄电池的不一致性？

动力蓄电池的不一致性是指同一规格型号的单体蓄电池组成蓄电池组后，其电压、电量、容量及其衰退率、内阻及其变化率、寿命、温度、自放电率等参数存在一定的差别。单体蓄电池在制造出来后，初始性能本身存在一定差异。随着动力蓄电池的使用，这些性能差异不断累积，同时由于各单体蓄电池在动力蓄电池组内的使用环境不完全相同，也导致了单体蓄电池的不一致性逐步放大，从而加速动力蓄电池性能衰减，并最终引发动力蓄电池组过早失效。

动力蓄电池的不一致性主要分为容量不一致性、电压不一致性和内阻不一致性。

(1) 容量不一致性

容量不一致性主要包括初始容量不一致性和实际容量不一致性。

初始容量不一致性是指动力蓄电池组在出厂前的分选试验后单体蓄电池的初始容量不一致。蓄电池初始容量与蓄电池衰减特性有关，受蓄电池储存温度、荷电状态等因素影响。蓄电池在出厂前的分选试验可以较好地保证单体蓄电池初始容量的一致性，所以初始容量不一致并不是电动汽车动力蓄电池组应用的主要矛盾，并且在使用过程中可以通过单体蓄电池单独充放电来调整单体蓄电池的初始容量。

实际容量不一致性是指动力蓄电池在放电过程中所剩余的电量不相等。蓄电池的实际容量不一致主要与蓄电池的初始容量、放电电流和单体蓄电池内阻等有关。蓄电池实际容量还显著受到蓄电池循环次数影响，越接近蓄电池寿命周期后期，实际容量不一致性就越明显。

(2) 电压不一致性

电压不一致性的主要影响在于并联组中蓄电池的互充电，当并联组中一节蓄电池电压低时，其他蓄电池将给电压低的蓄电池充电。在这种连接方式下，较低电压蓄电池的容量小幅增加的同时，较高电压蓄电池的容量将急剧下降，能量将损耗在互充电过程中而达不到预期的对外输出。若低电压蓄电池和正常蓄电池一起使用，将成为动力蓄电池组的负载，影响其他蓄电池的工作，进而影响整个动力蓄电池组的寿命。因此，在动力蓄电池组不一致性明显增加的深放电阶段，不能再继续使用低压蓄电池，否则会造成低容量蓄电池过放电，影响动力蓄电池的使用寿命。

(3) 内阻不一致性

蓄电池内阻不一致使得动力蓄电池组中每个单体蓄电池在放电过程中热损失

的能量不一样，最终影响单体蓄电池的能量状态。

58 缩小动力蓄电池不一致性的途径有哪些？

动力蓄电池的一致性是相对的，不一致性是绝对的。缩小动力蓄电池不一致性有以下几个途径。

(1) 生产过程的控制

生产过程的控制主要从原材料和生产工艺两方面进行。原材料方面尽量选取同一批次的原材料，保证原材料颗粒大小、性能的一致性。生产工艺上要对整个生产过程进行严格的调控，例如保证浆料搅拌均匀、不长时间放置，控制涂布机的走速保证涂布的厚度、均匀度，极片外观检查、称重分档，控制注液量及化成、分容、储存条件等。

(2) 配组过程的控制

配组过程的控制主要是指对单体蓄电池进行分选，动力蓄电池组采用统一类型、统一规格、统一型号的单体蓄电池，并且要对单体蓄电池的电压、容量、内阻等进行测定，保证单体蓄电池初始性能的一致性。

(3) 使用和维护过程的控制

配组时对单体蓄电池进行一致性筛选，可保证在动力蓄电池组使用初期的一致性。在使用过程中对动力蓄电池进行实时监控，可实时观察到使用过程中的一致性问题。也可以通过实时监控对极端参数单体蓄电池进行及时调整或者更换，保证动力蓄电池组的不一致性不会随时间延长而扩大。

总之，缩小动力蓄电池的一致性是一个系统、全面的工程，需要从蓄电池的设计、生产、质量控制、使用、维护等多方面共同考虑。

59 锂离子蓄电池配组方法有哪些？

(1) 电压配组法

电压配组法可分为静态电压配组法和动态电压配组法。静态电压配组法又称空载配组法，不带负载，只考虑锂离子蓄电池本身，测量被筛选单体蓄电池在静置数十天后满电荷状态储存的自放电率以及满荷电状态下不同储存期内蓄电池的开路电压，此方法操作最简单，但精度不高。动态电压配组法考察锂离子蓄电池带负载时的电压情况，但没有考虑到负载变化等因素，因此精度也不高。

(2) 静态容量配组法

静态容量配组法是在设定的条件下对锂离子蓄电池进行充放电,通过放电电流和放电时间计算容量,按容量大小对锂离子蓄电池进行配组。这种方法简便易行,但它只能反映锂离子蓄电池在特定条件下容量相同,不能说明锂离子蓄电池的完整工作特性,有一定的局限性。

(3) 内阻配组法

内阻配组法主要考虑单体蓄电池的内阻,这种方法能够实现快速测量,但是因为锂离子蓄电池的内阻会随放电过程的进行而改变,要进行内阻的准确测量有一定的难度。

(4) 多参数配组法

多参数配组法是同时考虑容量、内阻、电压、自放电率等多个外部条件对锂离子蓄电池进行综合评定,可以分选出一致性较好的锂离子蓄电池组。但采用这种方法的前提是单参数分选时要准确,同时耗时过长。

(5) 动态特性配组法

动态特性配组法是利用锂离子蓄电池的充放电特性曲线来分选锂离子蓄电池进行配组。充放电曲线能够体现锂离子蓄电池的大部分特性,利用动态特性配组法能够保证锂离子蓄电池各种性能指标的一致性。但这种方法对锂离子蓄电池的配组利用率降低,不利于锂离子蓄电池组成本的降低。标准曲线或基准曲线的确定也是其实施过程中的难点。

60 什么是动力蓄电池梯次利用?

随着电动汽车保有量的快速增加和动力蓄电池的寿命逐渐到期,动力蓄电池梯次利用及资源回收越来越受到重视。为加强新能源汽车动力蓄电池梯次利用管理,提升资源综合利用水平,保障梯次利用电池产品的质量,工业和信息化部、科技部、生态环境部、商务部、市场监管总局联合制定了《新能源汽车动力蓄电池梯次利用管理办法》。从电动汽车上退役的动力蓄电池一般具有初始容量60%~80%的剩余容量,并且具有一定的寿命,目前主要有两种可行的处理方法:其一是梯次利用,即将退役的动力蓄电池用在储能等其他领域作为电能的载体使用,从而充分发挥剩余价值;其二是拆解回收,即将退役的动力蓄电池进行放电和拆解,提炼原材料,从而实现循环利用。

动力蓄电池梯次利用是指将电动汽车不能再使用的动力蓄电池(或其中的动力蓄电池包/蓄电池模块/单体蓄电池)应用到其他领域的过程,可以一级利用,也可以多级利用,如图2-23所示。

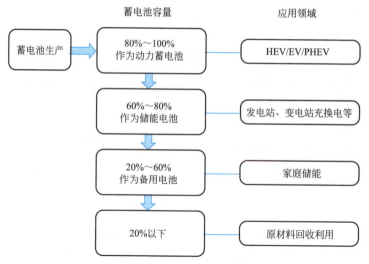

图 2-23 动力蓄电池的梯次利用

61 动力蓄电池梯次利用的方向有哪些?

动力蓄电池梯次利用的方向很多,可以替代通信设备、新能源路灯、低速电动车、电动自行车用的传统铅酸蓄电池等;也可以开发微电网市场,用作微电网储能系统、移动式充电车、家用微电网储能柜、电网用户侧储能系统等。如图 2-24 所示动力蓄电池梯次利用示意。

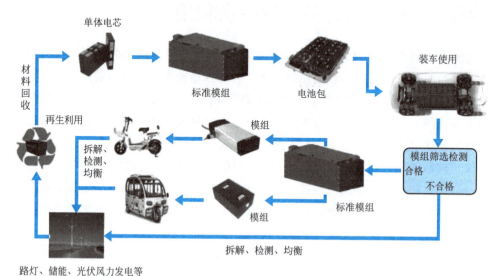

图 2-24 动力蓄电池梯次利用示意

62 动力蓄电池梯次利用要对哪些项目进行分析?

（1）安全性

从现有研究和使用情况看，没有发现梯次利用电源产品在安全性方面与新电池制造的电源产品存在明显差异，与铅酸蓄电池也没有明显差异。

（2）电源整体性能

通过可梯次利用电源筛选、配组标准的控制，可以保证梯次利用电源产品在电压等级、有效容量、充放电性能等主要性能指标与新电池制造的电源产品基本一致。

（3）使用寿命

从理论上分析，如果按剩余容量80%退役，电动汽车使用5年，梯次利用为通信备用电源。磷酸铁锂电池梯次利用产品的使用寿命（5年）与铅酸蓄电池相同，三元锂蓄电池梯次利用产品的使用寿命（2～3年）比铅酸蓄电池短。

（4）经济性

按现有市场价格测算，磷酸铁锂电池梯次利用电源产品的销售价格与铅酸蓄电池产品基本持平。如果两者的使用寿命相同，则两种产品的经济性也是持平的。如果磷酸铁锂电池的使用寿命更长，则经济性更优。

63 动力蓄电池的发展目标是什么?

《节能与新能源汽车技术路线图2.0》中的动力蓄电池技术路线图涵盖能量型、能量功率兼顾型和功率型三大技术类别，涵盖乘用车和商用车两大应用领域，面向普及、商用、高端三类应用场景，实现动力蓄电池单体、系统集成、新体系动力电池、关键材料、制造技术及关键装备、测试评价、梯次利用及回收利用等产业链条全覆盖。

到2035年，我国新能源汽车动力蓄电池技术总体居于国际领先地位，动力蓄电池产业链完整、自主、可控。关键材料完全具备自主生产能力，产品性能达到国际领先水平；形成多材料体系动力蓄电池、模块和系统产品平台，安全可靠性及耐久性显著提升；新材料、新结构、新体系动力蓄电池实现突破和工程应用，拥有自主原始创新技术；实现动力蓄电池制造装备和制造过程的数字化及无人化；形成精细化、智能化、高值化退役动力蓄电池循环利用体系。

动力蓄电池发展总体目标见表2-11。

表 2-11 动力蓄电池发展总体目标

蓄电池类型		2025 年	2030 年	2035 年
能量型	普及型	比能量 >200W•h/kg 寿命 >3000 次 /12 年 成本 <0.35 元 /(W•h)	比能量 >250W•h/kg 寿命 >3000 次 /12 年 成本 <0.32 元 /(W•h)	比能量 >300W•h/kg 寿命 >3000 次 /12 年 成本 <0.30 元 /(W•h)
	商用型	比能量 >200W•h/kg 寿命 >6000 次 /8 年 成本 <0.45 元 /(W•h)	比能量 >225W•h/kg 寿命 >6000 次 /8 年 成本 <0.40 元 /(W•h)	比能量 >250W•h/kg 寿命 >6000 次 /8 年 成本 <0.35 元 /(W•h)
	高端型	比能量 >350W•h/kg 寿命 >1500 次 /12 年 成本 <0.50 元 /(W•h)	比能量 >400W•h/kg 寿命 >1500 次 /12 年 成本 <0.45 元 /(W•h)	比能量 >500W•h/kg 寿命 >1500 次 /12 年 成本 <0.40 元 /(W•h)
能量功率 兼顾型	兼顾型	比能量 >250W•h/kg 寿命 >5000 次 /12 年 成本 <0.60 元 /(W•h)	比能量 >300W•h/kg 寿命 >5000 次 /12 年 成本 <0.55 元 /(W•h)	比能量 >325W•h/kg 寿命 >5000 次 /12 年 成本 <0.50 元 /(W•h)
	快充型	比能量 >225W•h/kg 寿命 >3000 次 /10 年 成本 <0.70 元 /(W•h) 充电时间 <15min	比能量 >250W•h/kg 寿命 >3000 次 /10 年 成本 <0.65 元 /(W•h) 充电时间 <12min	比能量 >275W•h/kg 寿命 >3000 次 /10 年 成本 <0.60 元 /(W•h) 充电时间 <10min
功率型	功率型	比能量 >80W•h/kg 寿命 >30 万次 /12 年 成本 <1.20 元 /(W•h)	比能量 >100W•h/kg 寿命 >30 万次 /12 年 成本 <1.00 元 /(W•h)	比能量 >120W•h/kg 寿命 >30 万次 /12 年 成本 <0.80 元 /(W•h)

64 什么是燃料电池？

燃料电池是一种化学电池，它直接把物质发生化学反应时释放出的能量变换为电能，工作时需要连续地向其供给活物质（起反应的物质）——燃料和氧化剂。由于它是把燃料通过化学反应释放出的能量变为电能输出，所以被称为燃料电池。

燃料电池由阳极、阴极和电解质组成。氢燃料电池的工作原理是将氢气送到燃料电池的阳极板（负极），经过催化剂的作用，氢原子中的一个电子被分离出来，失去电子的氢离子穿过质子交换膜，到达燃料电池阴极板（正极），与氧原子和氢离子重新结合为水，如图 2-25 所示。由于供应给阴极板的氧是从空气中获得的，因此只要不断地给阳极板供应氢气，给阴极板供应空气，并及时把水蒸气带走，就可以不断地提供电能。

燃料电池主要包括质子交换膜燃料电池、碱性燃料电池、酸性燃料电池、熔融碳酸盐燃料电池、固体氧化物燃料电池和直接甲醇燃料电池等，其中质子交换膜燃料电池在燃料电池电动汽车上应用最广泛。

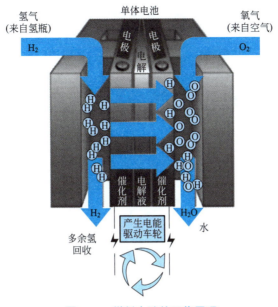

图 2-25 燃料电池的工作原理

65 燃料电池与蓄电池有什么区别?

● 燃料电池是一种能量转换装置,在工作时必须有能量(燃料)输入,才能产出电能;蓄电池是一种能量储存装置,必须先将电能储存到电池中,工作时只能输出电能,在工作时不需要输入能量,也不产生电能,这是燃料电池与蓄电池本质的区别。

● 一旦燃料电池的技术性能确定后,其所能够产生的电能只和燃料的供应有关,只要供给燃料就可以产生电能,其放电特性是连续进行的;蓄电池的技术性能确定后,只能在其额定范围内输出电能,而且必须是重复充电后才可能重复使用,其放电特性是间断进行的。

● 燃料电池本体的重量和体积并不大,但燃料电池需要一套燃料储存装置或燃料转换装置和附属设备,才能获得氢气,而这些燃料储存装置或燃料转换装置和附属设备的重量和体积远远超过燃料电池本身,在工作过程中,燃料会随着燃料电池电能的产生逐渐消耗,重量逐渐减轻(指车载有限燃料);蓄电池没有其他辅助设备,在技术性能确定后,无论是充满电还是放完电,蓄电池的重量和体积基本不变。

● 燃料电池是将化学能转变为电能,蓄电池也是将化学能转变为电能,这是它们共同之处,但燃料电池在产生电能时,参加反应的反应物质在经过反应后,不断地消耗，不再重复使用，因此，要求不断地输入反应物质；蓄电池的活性物质随蓄电池的充电和放电变化，活性物质反复进行可逆性化学变化，活性物质并不消耗，只需要添加一些电解液等物质。

66 燃料电池有什么特点？

（1）燃料电池的优点

● 发电效率高。燃料电池发电不受卡诺循环的限制。理论上，它的发电效率可达到85%～90%，但由于工作时各种极化的限制，目前燃料电池的能量转化效率为50%～70%。燃料电池在额定功率下的效率可以达到60%，而在部分功率输出条件下运转效率可以达到70%，在过载功率输出条件下运转效率可以达到50%～55%。高效率随功率变化的范围很宽，在低功率下运转效率高，特别适合汽车动力性能的要求。

● 环境污染小。用氢气作为燃料的燃料电池主要生成物质为水，属于"零污染"；用碳氢化合物作为燃料的燃料电池主要生成物质为水、二氧化碳和一氧化碳等，属于"超低污染"。出于对地球环境保护的要求和谋求新的能源，特别是碳中和和碳达峰的要求，燃料电池是比较理想的动力装置，并有可能逐渐取代石油作为车辆的主要能源。

● 功率密度高。内燃机的比功率约为300W/kg，目前燃料电池本体的比功率约为700W/kg，功率密度为1000W/L。如果包括燃料电池的重整器、净化器和附属装置在内，比功率为300～350W/kg，功率密度为280W/L，与内燃机的比功率相接近，因此其动力性能可以达到内燃机汽车的水平，但比功率仍需要进一步提高。

● 燃料来源范围广。对于燃料电池而言，只要含有氢原子的物质都可以作为燃料，例如天然气、石油、煤炭等化石产物，或是沼气、乙醇、甲醇等，因此燃料电池非常符合能源多样化的需求，可减缓主流能源的耗竭。

（2）燃料电池的缺点

● 燃料种类单一。目前，液态氢、气态氢、储氢金属储存的氢，以及碳水化合物经过重整后转换的氢是燃料电池的唯一燃料。氢气的生产、储存、保管、运输和灌装或重整，都比较复杂，对安全性要求很高。

● 要求高质量的密封。燃料电池的单体电池所能产生的电压约为1V，不同种类的燃料电池的单体电池所能产生的电压略有不同。通常将多个单体电池按使用电压和电流的要求组合成为燃料电池发电系统，在组合时，单体电池间的电极连接时，必须要有严格的密封，因为密封不良的燃料电池，氢气会泄漏到燃料电池的外面，降低了氢的利用率并严重影响燃料电池发电系统的效率，还会引起氢气燃烧事故。由于要求严格的密封，使得燃料电池发电系统的制造工艺很复杂，并给使用和维护带来很多困难。

● 成本较高。目前质子交换膜燃料电池是最有发展前途的燃料电池之一，但质子交换膜燃料电池需要用贵金属铂作为催化剂，而且铂在反应过程中受一氧化碳的作用会中毒而失效。铂的使用和铂的失效使质子交换膜燃料电池的成本较高。

67 什么是碱性燃料电池？

碱性燃料电池是指使用碱性电解质的燃料电池。在碱性燃料电池中，浓氢氧化钾（KOH）溶液既当电解液，又作冷却剂，氢气为燃料，催化剂主要用贵金属铂、钯、金、银和过渡金属镍、钴、锰等。碱性燃料电池的工作原理如图 2-26 所示。

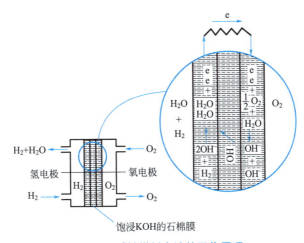

图 2-26　碱性燃料电池的工作原理

阳极和阴极发生的电化学反应分别为

$$H_2 + 2OH^- \longrightarrow 2H_2O + 2e$$

$$O_2 + 2H_2O + 4e \longrightarrow 4OH^-$$

碱性燃料电池的总电化学反应为

$$2H_2 + O_2 \longrightarrow 2H_2O$$

68 碱性燃料电池有什么特点？

● 碱性燃料电池具有较高的效率（50% ~ 55%）。

- 工作温度大约为 80℃，因此，它们的启动也很快，但其电力密度却比质子交换膜燃料电池的密度低十几倍。
- 性能可靠，可用非贵金属作催化剂。
- 是燃料电池中生产成本最低的一种电池。
- 是技术发展最快的一种电池，主要用于空间任务，包括为航天飞机提供动力和饮用水。用于交通工具，具有一定的发展和应用前景。
- 使用具有腐蚀性的液态电解质，具有一定的危险性和容易造成环境污染。此外，为解决二氧化碳毒化所采用的一些方法，如使用循环电解液、吸收二氧化碳等，增加了系统的复杂性。

69 什么是磷酸燃料电池？

磷酸燃料电池是指用磷酸水溶液作为电解质的燃料电池。磷酸燃料电池是以液体磷酸为导电电解质，以氢气为燃料，以氧气为氧化剂。磷酸燃料电池的工作原理如图 2-27 所示。

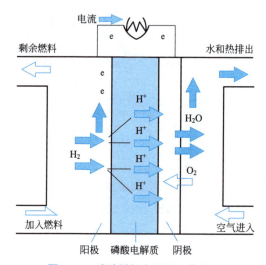

图 2-27　磷酸燃料电池的工作原理

阳极和阴极发生的电化学反应分别为

$$H_2 \longrightarrow 2H^+ + 2e$$

$$O_2 + 4H^+ + 4e \longrightarrow 2H_2O$$

酸性燃料电池的总电化学反应为

$$2H_2 + O_2 \longrightarrow 2H_2O$$

70 磷酸燃料电池有什么特点？

- 磷酸燃料电池的工作温度要比质子交换膜燃料电池和碱性燃料电池的工作温度略高，为150～200℃，但仍需电极上的白金催化剂来加速反应。较高的工作温度也使其对杂质的耐受性较强，当其反应物中含有1%～2%的一氧化碳和百万分之几的硫时，磷酸燃料电池照样可以工作。
- 磷酸燃料电池的效率比其他燃料电池低，约为40%，其加热的时间也比质子交换膜燃料电池长。
- 磷酸燃料电池具有构造简单、稳定、电解质挥发度低等优点。磷酸燃料电池可用作公共汽车的动力，而且有许多这样的系统正在运行，不过这种电池很难用在轿车上。目前，磷酸燃料电池能成功地用于固定设备，已有许多发电能力为0.2～20MW的工作装置被安装在世界各地，为医院、学校和小型电站提供电力。

71 什么是熔融碳酸盐燃料电池？

熔融碳酸盐燃料电池是指使用熔融碳酸盐为电解质的燃料电池，其工作原理如图2-28所示。燃料电池工作过程实质上是燃料的氧化和氧化剂的还原过程。燃料和氧化剂气体流经阳极和阴极通道，氧化剂中的氧气和二氧化碳在阴极与电子进行氧化反应产生碳酸根离子（CO_3^{2-}），电解质板中的碳酸根离子直接从阴极移动到阳极，燃料气中的氢气（H_2）与碳酸根离子在阳极发生反应，生成二氧化碳（CO_2）、水（H_2O）和电子，电子被集流板收集起来，然后到达隔板。隔板位于燃料电池单元的上部和下部，并和负载设备相连，从而构成了包括电子传输和离子移动在内的完整的回路。

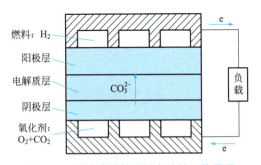

图2-28 熔融碳酸盐燃料电池的工作原理

阳极和阴极发生的电化学反应分别为

$$H_2 + CO_3^{2-} \longrightarrow H_2O + CO_2 + 2e$$

$$2CO_2 + O_2 + 4e \longrightarrow 2CO_3^{2-}$$

熔融碳酸盐燃料电池的总电化学反应为

$$2H_2 + O_2 + 2CO_2 \longrightarrow 2H_2O + 2CO_2$$

72 熔融碳酸盐燃料电池有什么特点？

（1）熔融碳酸盐燃料电池的优点

- 工作温度高，电极反应活化能小，无论氢的氧化或是氧的还原，都不需贵金属作催化剂，降低了成本。
- 可以使用氢含量高的燃料气，如煤制气。
- 电池排放的余热温度高达673K（约400℃），可用于循环或回收利用，使总的热效率达到80%。
- 可以不用水冷却，而用空气冷却代替，尤其适用于缺水的边远地区。

（2）熔融碳酸盐燃料电池的缺点

- 高温以及电解质的强腐蚀性对电池各种材料的长期耐腐蚀性能有十分严格的要求，电池的寿命也因此受到一定的限制。
- 单电池边缘的高温湿密封难度大，尤其在阳极区，这里遭受到严重的腐蚀。另外，也是熔融碳酸盐的一些固有问题，如由于冷却导致的破裂问题等。
- 电池系统中需要有循环，将阳极析出的二氧化碳重新输送到阴极，增加了系统结构的复杂性。

73 什么是固体氧化物燃料电池？

固体氧化物燃料电池是指使用氧化物作为电解质的燃料电池，是一种在中高温下直接将储存在燃料和氧化剂中的化学能高效、环境友好地转化成电能的全固态化学发电装置。被普遍认为是在未来会与质子交换膜燃料电池一样得到广泛应用的一种燃料电池。

固体氧化物燃料电池工作时，电子由阳极经外电路流向阴极，氧离子经电解质由阴极流向阳极，其工作原理如图2-29所示。

阴极的电化学反应为

$$O_2 + 4e \longrightarrow 2O^{2-}$$

分别用氢气（H_2）、一氧化碳（CO）、甲烷（CH_4）作燃料时，阳极的电化学反应分别为

$$H_2 + O^{2-} \longrightarrow H_2O + 2e$$

$$CO + O^{2-} \longrightarrow CO_2 + 2e$$

$$CH_4 + 4O^{2-} \longrightarrow 2H_2O + CO_2 + 8e$$

以 H_2 为例，固体氧化物燃料电池的总电化学反应为

$$2H_2 + O_2 \longrightarrow 2H_2O$$

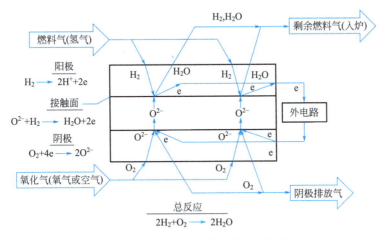

图 2-29　固体氧化物燃料电池的工作原理

74 固体氧化物燃料电池有什么特点？

（1）固体氧化物燃料电池的优点

固体氧化物燃料电池除具备燃料电池高效、清洁、环境友好的共性外，还具有以下优点。

- 固体氧化物燃料电池是全固态的电池结构，不存在电解质渗漏问题，避免了使用液态电解质所带来的腐蚀和电解液流失等问题，无须配置电解质管理系统，可实现长寿命运行。
- 对燃料的适应性强，可直接用天然气、煤气和其他碳氢化合物作为燃料。
- 固体氧化物燃料电池直接将化学能转化为电能，不通过热机过程，因此不受卡诺循环的限制。发电效率高，能量密度大，能量转换效率高。
- 工作温度高，电极反应速率快，不需要使用贵金属作催化剂。
- 可使用高温进行内部燃料重整，使系统优化。
- 低排放、低噪声。
- 废热的再利用价值高。

- 陶瓷电解质要求在中、高温（600～1000℃）条件下运行，加快了电池的反应进行，还可以实现多种碳氢燃料气体的内部还原，简化了设备。

(2) 固体氧化物燃料电池的缺点
- 氧化物电解质材料为陶瓷材料，质脆易裂，电堆组装较困难。
- 高温热应力作用会引起电池龟裂，所以主要部件的热膨胀率应严格匹配。
- 存在自由能损失。
- 工作温度高，预热时间较长，不适用于需经常启动的非固定场所。

75 什么是直接甲醇燃料电池？

直接甲醇燃料电池是指燃料为气态或液态形式的甲醇的直接燃料电池，甲醇在阳极不经过重整成氢的过程而直接被氧化，电解质通常为质子交换膜，所以它属于质子交换膜燃料电池中的一类。

直接甲醇燃料电池的工作原理如图 2-30 所示。以甲醇为燃料，将甲醇和水的混合物送至直接甲醇燃料电池的阳极。在阳极甲醇直接发生电催化氧化反应生成二氧化碳，并释放出电子和质子；在阴极氧气发生电催化氧化还原反应，与阳极产生的质子反应生成水。电子从阳极经外电路转移至阴极形成直流电，工作温度为 25～135℃。

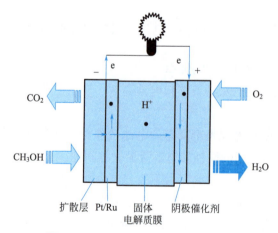

图 2-30　直接甲醇燃料电池工作原理

阳极和阴极发生的电化学应分别为

$$CH_3OH + H_2O \longrightarrow CO_2 + 6H^+ + 6e$$

$$3O_2 + 12e + 6H_2O \longrightarrow 12OH^-$$

直接甲醇燃料电池的总电化学反应为

$$2CH_3OH + 3O_2 \longrightarrow 2CO_2 + 4H_2O$$

76 直接甲醇燃料电池有什么特点？

(1) 直接甲醇燃料电池的优点

- 甲醇来源丰富，价格低廉，储存和携带方便。
- 与质子交换膜燃料电池相比，结构更简单，操作更方便，体积能量密度更高。
- 与重整式甲醇燃料电池相比，它没有甲醇重整装置，重量更轻，体积更小，响应时间更快。

(2) 直接甲醇燃料电池的缺点

当甲醇低温转换为氢和二氧化碳时，要比常规的质子交换膜燃料电池需要更多的白金催化剂。

77 质子交换膜燃料电池的定义与特点是什么？

质子交换膜燃料电池是指使用具有离子交换能力的聚合物作为电解质的燃料电池，所以也称聚合物电解质燃料电池、固体聚合物燃料电池或固体聚合物电解质燃料电池，是目前应用最广泛的燃料电池。燃料电池电动汽车主要使用质子交换膜燃料电池。

(1) 质子交换膜燃料电池的优点

- 能量转化效率高。通过氢氧化合作用，直接将化学能转化为电能，不通过热机过程，不受卡诺循环的限制。
- 可实现零排放。唯一的排放物是纯净水，没有污染物排放，是环保型能源。
- 运行噪声低，可靠性高。质子交换膜燃料电池无机械运动部件，工作时仅有气体和水的流动。
- 维护方便。质子交换膜燃料电池内部构造简单，电池模块呈现自然的"积木化"结构，使得电池组的组装和维护都非常方便，也很容易实现"免维护"设计。
- 发电效率平稳。发电效率受负载变化影响很小，非常适合用作分散型发电装置（作为主机组），也适合用作电网的"调峰"发电机组（作为辅机组）。
- 氢来源广泛。氢是世界上最多的元素，氢气来源极其广泛，是一种可再生的能源资源。可通过石油、天然气、甲醇、甲烷等进行重整制氢；也可通过电解水制氢、光解水制氢、生物制氢等方法获取氢气。

● 技术成熟。氢气的生产、储存、运输和使用等技术，目前均已非常成熟、安全、可靠。

（2）质子交换膜燃料电池的缺点

● 成本高。因为膜材料和催化剂均十分昂贵，如果能够降低成本，一旦能够大规模生产，性价比的经济效益将会充分显示出来。

● 对氢的纯度要求高。质子交换膜燃料电池需要纯净的氢，因为它们极易受到一氧化碳和其他杂质的污染。

因为质子交换膜燃料电池的工作温度低，启动速度较快，功率密度较高（体积较小），所以很适合用作新一代交通工具的动力。从目前的发展情况看，质子交换膜燃料电池是技术最成熟的燃料电池电动汽车动力源之一，质子交换膜燃料电池电动汽车被业内公认为是电动汽车未来的发展方向。

78 质子交换膜燃料电池的基本结构是怎样的？

质子交换膜燃料电池由质子交换膜、催化层、气体扩散层和双极板组成，如图 2-31 所示，其中催化层与气体扩散层分别在质子交换膜两侧构成阳极和阴极，阳极为氢电极，是燃料的氧化反应发生所在电极；阴极为氧电极，是氧化剂的还原反应发生所在电极；阳极和阴极上都需要含有一定量的催化剂，用来加速电极上发生的电化学反应；两电极之间是电解质，即质子交换膜；通过热压将阴极、阳极与质子交换膜复合在一起而形成膜电极。

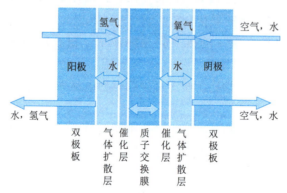

图 2-31　质子交换膜燃料电池的基本结构示意

（1）质子交换膜

质子交换膜作为电解质，起传导质子、隔离反应气体的作用。在燃料电池内部，质子交换膜为质子的迁移和输送提供通道，使得质子经过膜从阳极到达阴极，与外电路的电子转移构成回路,向外界提供电流。质子交换膜的性能对燃料电池的性能起着非常重要的作用,它的好坏也直接影响电池的使用寿命。

(2) 催化层

作为氢燃料电池反应关键,催化层是由催化剂和催化剂载体形成的薄层。催化剂主要采用铂炭(Pt/C)、铂合金炭,载体材料主要是纳米颗粒炭、碳纳米管等。对材料要求导电性好,载体耐蚀,催化活性大。

(3) 气体扩散层

气体扩散层是由导电材料制成的多孔合成物,起着支撑催化层,收集电流,并为电化学反应提供电子通道、气体通道和排水通道的作用。

(4) 双极板

双极板又称集流板,放置在膜电极的两侧,其作用是阻隔燃料和氧化剂,收集和传导电流,导热,将各个单电池串联起来并通过流场为反应气体进入电极及水的排出提供通道。

燃料电池的基本构成是单电池,电压约 1V,不能直接应用。实际应用中,要由若干个单电池组成电池堆,再由电池堆组成燃料电池发电系统,安装在车辆上,为燃料电池电动汽车提供动力。

79 质子交换膜燃料电池的工作原理是怎样的?

质子交换膜燃料电池在原理上相当于水电解的"逆"装置,其单电池由阳极、阴极和质子交换膜组成,阳极为氢燃料发生氧化的场所,阴极为氧化剂还原的场所,两极都含有加速电极电化学反应的催化剂,质子交换膜为电解质。质子交换膜燃料电池的工作原理如图 2-32 所示。

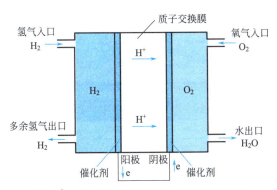

图 2-32 质子交换膜燃料电池的工作原理

导入的氢气通过双极板经由阳极扩散层到达阳极催化层,在阳极催化剂的作用下，氢分子分解为带正电的氢离子（即质子）并释放出带负电的电子，完成阳极反应；氢离子穿过质子交换膜到达阴极催化层，而电子则由双极板收集，通过外电路到达阴极，电子在外电路形成电流，通过适当连接可向负载输出电能。在电池另一端，氧气通过双极板经由阴极扩散层到达阴极催化层，在阴极催化剂的作用下，氧气与透过质子交换膜的氢离子及来自外电路的电子发生反应生成水，完成阴极反应；电极反应生成的水大部分由尾气排出，一小部分在压力差的作用下通过质子交换膜向阳极扩散。阳极和阴极发生的电化学反应分别为

$$2H_2 \longrightarrow 4H^+ + 4e$$

$$4e + 4H^+ + O_2 \longrightarrow 2H_2O$$

质子交换膜燃料电池的总电化学反应为

$$2H_2 + O_2 \longrightarrow 2H_2O$$

上述过程是理想的工作过程，实际上，整个反应过程中会有很多中间步骤和中间产物存在。

80 质子交换膜的类型主要有哪些？

（1）全氟质子交换膜

全氟质子交换膜是指在高分子链上的氢原子全部被氟原子取代的质子交换膜。全氟磺酸型质子交换膜由碳氟主链和带有磺酸基团的醚支链构成，具有极高的化学稳定性，目前应用最广泛。由于全氟磺酸质子交换膜的主链具有聚四氟乙烯结构，分子中的氟原子可以将碳-碳链紧密覆盖，而碳-氟链键长短，键能高，可极化度小，使分子具有优良的热稳定性、化学稳定性和较高的机械强度，从而确保了聚合物膜的长使用寿命；分子支链上的亲水性磺酸基团能够吸附水分子，具有优良的离子传导特性。

全氟磺酸质子交换膜的优点：机械强度高，化学稳定性好，在湿度大的条件下电导率高；低温时电流密度大，质子传导电阻小。但是全氟磺酸质子交换膜也存在一些缺点，如温度升高会引起质子传导性变差，高温时膜易发生化学降解；单体合成困难，成本高；价格昂贵；用于甲醇燃料电池时易发生甲醇渗透等。

全氟磺酸质子交换膜主要有美国杜邦公司的全氟磺酸（Nafion）系列膜、美国陶氏化学公司的 XUS-B204 膜、日本旭化成的 Aciplex 膜、日本旭硝子的 Flemion 膜、日本氯工程公司的 C 膜、加拿大巴拉德公司的 BAM 型膜，其中最具代表性的是由美国杜邦公司研制的 Nafion 系列全氟磺酸质子交换膜，但它不主要应用于车载燃料电池。

(2) 部分氟化质子交换膜

针对全氟磺酸质子交换膜价格昂贵、工作温度低等缺点,除了对其进行复合等改性外,还开展大量新型非全氟磺酸质子交换膜的研发工作,部分氟化质子交换膜便是其中之一,如聚三氟苯乙烯磺酸膜、聚四氟乙烯 - 六氟丙烯膜等。部分氟化膜一般体现为主链全氟,这样有利于在燃料电池苛刻的氧化环境下保证质子交换膜具有相应的使用寿命。采用部分氟化结构会明显降低薄膜成本,但是此类膜的电化学性能都不如美国杜邦公司的 Nafion 系列膜。

(3) 非氟化质子交换膜

非氟化质子交换膜是指不含有任何氟原子的质子交换膜。与全氟磺酸质子交换膜相比,非氟化质子交换膜具有很多优点:价格便宜,很多材料都容易买到;含极性基团的非氟聚合物,亲水能力在很宽温度范围内都很高,吸收的水分聚集在主链上的极性基团周围,膜的保水能力较高;通过适当的分子设计,稳定性能够有较大改善;废弃非氟聚合物易降解,不会造成环境污染。

目前车用质子交换膜逐渐趋于薄型化,由先前的几十微米降低到几微米,这样能降低质子传递的欧姆极化,以达到较高的性能。

81 质子交换膜的作用是什么?

质子交换膜在燃料电池中的位置如图 2-33 所示,它具有以下作用。

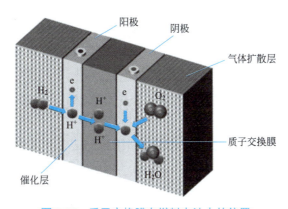

图 2-33 质子交换膜在燃料电池中的位置

- 为氢质子(H^+)传递提供通道,质子传导率越高,膜的内阻越小,燃料电池的效率越高。
- 为阳极和阴极提供隔离,阻止阳极的燃料(H_2)和阴极的氧化剂(O_2 或空气)直接混合发生化学反应。

- 作为电子绝缘体，阻止电子（e）在膜内传导，从而使燃料氧化后释放出的电子只能由阳极通过外线路向阴极流动，产生外部电流以供使用。

质子交换膜与一般化学电源中使用的隔膜有很大不同，它不只是一种隔离阴阳极反应气体的隔膜材料，还是电解质和电极活性物质（催化剂）的基底，即兼有隔膜和电解质的作用；另外，质子交换膜还是一种选择透过性膜，在一定的温度和湿度条件下具有可选择的透过性，在质子交换膜的高分子结构中，含有多种离子基团，它只允许氢离子（氢质子）透过，而不允许氢分子及其他离子透过。

82 质子交换膜的要求有哪些？

质子交换膜是质子交换膜燃料电池中的核心部件之一，它和电极一起决定了整个燃料电池的性能、寿命和价格。用于燃料电池的质子交换膜必须满足以下要求。

- 质子传导率高，可以降低燃料电池内阻，提高电流密度。
- 较好的稳定性，包括物理稳定性和化学稳定性，阻止聚合物链降解，提高燃料电池耐久性。
- 较低的气体渗透率，防止氢气和氧气在电极表面发生反应，造成电极局部过热，影响电池的电流效率。
- 良好的力学性能，适合膜电极的制备组装，以及工作环境变化引起的尺寸形变。
- 较低的尺寸变化率，防止膜吸水和脱水过程中的膨胀及收缩引起的局部应力增大，造成膜与电极剥离。
- 适当的性价比。

目前同时满足以上所有条件的膜材料，只有商业化的全氟磺酸质子交换膜。

83 质子交换膜的性能指标主要有哪些？

（1）厚度均匀性

质子交换膜的厚度及其均匀性属于成品参数。质子交换膜的厚度与膜的电阻成正比，降低膜的厚度，有利于提高膜的电导率和电池的工作电压。另外，随着膜厚度的减小，可以使阴极生成的水与阳极侧膜中所含的水形成较大的浓度梯度，使阴极生成的水便于向阳极迁移，有利于解决膜的干涸问题，从而阻止电池性能和膜使用寿命的下降。但是，膜的厚度过小，会引起燃料的渗漏和膜的机械强度下降，影响膜的工作寿命。燃料电池对质子交换膜的厚度要求是在满足性能要求的前提下尽量做薄，而且要求均匀，以便降低内阻，提高电池性能。

膜的厚度均匀性可以降低膜的电阻，提高电池的工作电压和能量密度；如果厚度不均匀，会影响膜的抗拉强度，甚至引起氢气的泄漏而导致电池失效。

（2）质子传导率

质子传导率是指膜传导质子的能力，是电阻率的倒数，单位为 S/cm。质子传导率是衡量膜的质子导通能力的一项电化学指标，它反映了质子在膜内迁移速度的大小。只有具备良好的质子传导率，才可以保证较高的电流密度和电池工作效率。

（3）离子交换当量

离子交换当量是指每摩尔离子基团所含干膜的质量，单位为 g/mol。它与表示离子交换能力大小的离子交换容量成倒数关系，体现了质子交换膜内的酸浓度。酸浓度越低，质子交换膜的质子传导率越大，内电阻越小，利用其制备得到的燃料电池性能越好。

（4）透气率

透气率是指在单位压力下，单位时间内透过单位面积和单位厚度物体的气体量，单位为 $cm^3/(cm^2 \cdot min)$。作为燃料电池用的质子交换膜应具有较低的透气率，起到阻隔燃料和氧化剂的作用，防止氢气和氧气在电极表面发生反应，影响燃料电池的性能和寿命。

（5）机械强度

质子交换膜的机械强度一般用拉伸强度来评价。拉伸强度是指在给定温度、湿度和拉伸速度下，在标准膜试样上施加拉伸力，试样断裂前所承受的最大拉伸力与膜厚度及宽度的比值，单位为 MPa。质子交换膜在燃料电池运行时，膜的两侧总是要承受一定的压力波动。膜的机械强度过小，可能造成膜的破裂，进而引起燃料的渗漏，从而造成危险。膜的强度与厚度成正比，同时也与膜工作的环境有关，湿膜的强度大大低于干膜时的强度。提高膜的强度，可以保证膜能承受在燃料电池运行中的不均匀的机械压力，从而保证燃料电池工作的稳定性。

（6）溶胀率

溶胀率是指在给定温度和湿度下，相对于干膜在横向、纵向和厚度方向的尺寸变化，单位为 %。膜中离子基团含量的多少、交联类型、交联程度和温度都会对质子交换膜的溶胀率产生一定的影响。膜的溶胀率过大，使膜易发生变形，从而使质子交换膜皱裂，进而影响燃料电池的性能。

（7）吸水率

吸水率是指在给定温度和湿度下，单位质量干膜的吸水量，单位为质量分数（%）。吸水率不仅影响质子交换膜的质子传导性能，也会影响氧气在质子交换膜中的渗透扩散。燃料电池对质子交换膜的吸水率要求适中，且具有良好的干-湿转换性。因为燃料电池在加工过程中会使质子交换膜失去水分，而在燃料电池的运行过程中，为了获得最大的质子传导率，质子交换膜要在全湿状态下工作。

84 催化剂的类型有哪些？

（1）非贵金属催化剂

非贵金属催化剂是指不含任何贵金属成分的催化剂，贵金属元素包括锇（Os）、铱（Ir）、钌（Ru）、铑（Rh）、铂（Pt）、钯（Pd）、金（Au）、银（Ag）。非贵金属催化剂价格较贵金属催化剂便宜，但催化活性较低。

（2）合金催化剂

合金催化剂是指由两种或两种以上金属形成的合金构成的催化剂。质子交换膜燃料电池的催化剂一般采用合金催化剂，主要是铂基（Pt）催化剂，也称为贵金属催化剂。

铂炭（Pt/C）催化剂是质子交换膜燃料电池常用的催化剂，某企业生成的铂炭催化剂的组成（质量分数）为 40% Pt，60% C；电化学活性面积为 $85m^2/g$；粒径为 2.8nm。

铂钴炭（Pt-Co/C）、铂铁炭（Pt-Fe/C）、铂镍炭（Pt-Ni/C）等二元合金催化剂，在提高稳定性的同时，也提高质量比活性，还降低了贵金属的用量。

贵金属催化剂的起燃温度低，活性高，但在较高的温度下易烧结，因升华而导致活性组分流失，使活性降低，而且贵金属资源有限，价格昂贵，难以大规模使用。但其在低温时的催化活性是其他催化剂不能比的，所以现在还用于质子交换膜燃料电池的催化剂。

燃料电池的催化剂有别于普通的催化剂，对于催化的活性、稳定性和耐久性的指标，要高于普通催化剂。以现有技术来实现电池阴极的氧化还原反应，就需要大量使用贵金属铂作为电极催化剂。

85 催化剂的作用是什么？

催化剂在燃料电池中的位置是位于质子交换膜两侧，如图 2-34 所示。

催化剂的主要作用是加快膜电极电化学反应速率。由于燃料电池的低运行温度，以及电解质酸性的本质，故应用贵金属催化剂。

催化剂按作用部位可分为阴极催化剂和阳极催化剂两类。质子交换膜燃料电池的阳极反应为氢的氧化反应，阴极反应为氧的还原反应。因氧的催化还原作用比氢的催化氧化作用更为困难，所以阴极是最关键的电极。

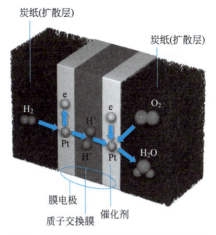

图 2-34 催化剂在燃料电池中的位置

阳极催化剂层和阴极催化剂层是膜电极最重要的部分,阳极使用催化剂促进氢的氧化反应,涉及氧化反应、气体扩散、电子运动、质子运动、水的迁移等多种过程;阴极使用催化剂促进氧的还原反应,涉及氧气还原、氧气扩散、电子运动、质子运动、反应生成的水的排出等。

86 催化剂的要求有哪些?

燃料电池对催化剂的要求是具有足够的催化活性和稳定性,阳极催化剂还应具有抗一氧化碳中毒的能力,对于使用烃类燃料重整的质子交换膜燃料电池系统,阳极催化剂系统尤其应注意这个问题。由于质子交换膜燃料电池的工作温度低于100℃,目前只有贵金属催化剂对氢气氧化和氧气还原反应表现出了足够的催化活性。现在所用的最有效催化剂是铂或铂合金催化剂,它对氢气氧化和氧气还原都具有非常好的催化能力,且可以长期稳定工作。由于燃料电池是在低温条件下工作的,因此,提高催化剂的活性,防止电极催化剂中毒很重要。

催化剂中毒是指反应过程中的一些中间产物,覆盖在催化剂上面致使催化剂的活性、选择性明显下降或丧失的现象。中毒现象的本质是微量杂质和催化剂活性中心的某种化学作用,形成没有活性的物质。

铂作为燃料电池的催化剂,具有以下不足。
- 铂资源匮乏。公开资料显示,全球铂储量仅 1.4 万吨。
- 价格昂贵。铂是一种贵金属,价格昂贵,这也使得燃料电池的成本居高不下,进而影响其商业化与推广普及。1g 催化剂价格在 300 元左右。
- 抗毒能力差。铂基催化剂与燃料氢气中的一氧化碳、硫等物质发生反应会导致其失去活性，无法再进行催化，进而导致燃料电池堆寿命缩减。

87 如何降低燃料电池铂的用量？

铂属于贵金属，随着燃料电池电动汽车的增多，铂的需求量会显著增加。例如，如果我国有 5 万辆燃料电池电动汽车上路行驶，平均每辆车的铂含量为 20g，那么累积就是 1t 的铂消耗量；如果有 100 万辆燃料电池电动汽车上路，平均每辆车铂含量为 10g，那么累积铂消耗量就达到 10t。

由于铂的价格昂贵，资源匮乏，导致燃料电池成本很高，大大限制了其广泛的应用。因此降低贵金属催化剂用量，寻求廉价催化剂，提高电极催化剂性能成为电极催化剂研究的主要目标。

降低铂载主要有以下研究途径。

● 提高催化剂的催化活性来实现铂用量降低。主要研究方向包括铂合金催化剂（利用过渡金属催化剂提高其稳定性、质量比活性，包括铂钴炭、铂铁炭、铂镍炭等二元合金催化剂）；铂单原子层催化剂（铂单原子层的核壳结构）；铂核壳催化剂（以非铂材料为支撑核、表面壳为贵金属，由金属合金通过化学或电化学反应，去除活性较高的金属元素，保留活性较低的铂元素）；纳米结构铂催化剂（以碳纳米管为催化剂载体的催化剂，是高度有序的催化层，质子、电子、气体可以更快传输）。

● 寻找替代铂的催化剂，其研究主要包括过渡金属原子簇合物、过渡金属氮化物等。

良好的催化剂应该具有良好的催化活性、高质子传导率、高电子传导率和良好的水管理能力、气体扩散能力。超低铂、无铂催化剂是未来的发展方向。

88 催化剂的性能指标主要有哪些？

（1）铂含量

铂金属因其储量稀有，价格高昂，催化剂的材料成本很难通过量产规模化来降低，而只能通过技术革新来实现。未来技术将着重于进一步降低铂用量、增强耐久性以及开发非铂催化剂，通过降低对贵金属的依赖，大幅度降低成本。

在丰田燃料电池电动汽车的燃料电池里，催化剂的铂金属含量约为 0.175g/kW；本田燃料电池电动汽车的燃料电池催化剂铂金属含量降至 0.12g/kW；而目前国内同类型产品的铂金属含量多在 0.4～0.5g/kW 的水平，较好的产品可以控制在 0.3g/kW。

(2) 电化学活性面积

电化学活性面积是指用电化学方法测得的催化剂的有效活性比表面积, 单位为 m^2/g, 它表示催化剂参加电化学反应的活性位的多少。

(3) 粒径

铂炭催化剂是将铂负载到活性炭上的一种载体催化剂, 主要用于燃料电池的氢气氧化、甲醇氧化、甲酸氧化以及氧气的还原等化学反应, 属于十分常见的贵金属催化剂。与传统化工用铂炭催化剂(铂担载量低于5%)不同, 用在燃料电池的铂炭催化剂, 铂担载量一般高达20%以上, 要求铂纳米颗粒粒径为2~5nm, 粒径分布窄, 在炭上分散均匀, 不含有害杂质, 这样催化剂就能具有较好的催化活性和稳定性。但是由于2~5nm铂纳米颗粒的表面能非常大, 很容易团聚, 因此制备铂炭催化剂的工艺难度非常大, 这也是目前催化剂规模化制备研究的难点和重点。

(4) 晶体结构

晶体结构即晶体的微观结构, 是指晶体中实际质点(原子、离子或分子)的具体排列情况。铂炭催化剂都以结晶状态使用, 晶体结构是决定铂炭催化剂的物理、化学和力学性能的基本因素之一。

(5) 堆密度

堆积密度是指单位体积(含物质颗粒固体及其闭口、开口孔隙体积和颗粒间空隙体积)物质颗粒的质量。它是表示催化剂密度的一种方式, 大群催化剂颗粒堆积在一起时的密度, 包括颗粒与颗粒之间的空隙在内。堆积密度与颗粒堆积方式有关, 从疏松状态到沉降状态再到密实状态, 堆积密度逐渐增大。

89 气体扩散层的材料类型有哪些?

常用于质子交换膜燃料电池电极中的气体扩散层材料有炭纸、炭布及炭黑纸。炭纸、炭布和炭黑纸的比较见表2-12。

表2-12 炭纸、炭布和炭黑纸的比较

参数	炭纸	炭布	炭黑纸
厚度/mm	0.2~0.3	0.1~1.0	<0.5
密度/(g/cm³)	0.4~0.5	不适用	0.35
强度/MPa	16~18	3000	不适用
电阻率/(Ω·cm)	0.02~0.10	不适用	0.5
透气性/%	70~80	60~90	70

炭纸凭借制造工艺成熟、性能稳定、成本相对低和适于再加工等优点，成为目前商业化的气体扩散层首选材料。炭纸是把均匀分散的碳纤维黏结在一起后而形成的多孔纸状型材。

90 气体扩散层的作用是什么？

燃料电池的气体扩散层位于双极板和催化层之间，不仅起着支撑催化层、稳定膜电极结构的作用，还承担着为膜电极反应提供气体通道、电子通道和排水通道等多重任务。气体扩散层在燃料电池中的位置如图 2-35 所示。

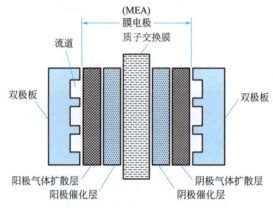

图 2-35　气体扩散层在燃料电池中的位置

燃料电池的气体扩散层主要有以下作用。
- 引导气体从双极板的导流沟槽到催化层。
- 把反应生成的水排除于催化层之外，避免淹水问题。
- 电流的传导器。
- 在燃料电池反应时具有散热功能。
- 足够的强度支撑膜电极。

91 气体扩散层的材料要求有哪些？

气体扩散层的材料性能直接影响着电化学反应的进行和燃料电池的工作效率。选用高性能的气体扩散层材料，有利于改善燃料电池的综合性能。理想的气体扩散层材料应具备以下要求。
- 适宜的孔隙率和孔径分布。气体扩散层的孔隙多集中分布在 0.03～300μm，其中直径小于 20μm 的孔占总孔体积的 80%。另外，可以将气体扩散层中的孔分为微孔（0.03～0.06μm）、中孔（0.06～5μm）和大孔（5～20μm），气体扩散层必须同时控制水的进入/流出电极和提高反应气体透过率，微孔可以传递凝结水，而大孔对缓解水淹时的传质受限有贡献。当小孔被水填满时，大孔可提供气体传递的通道，但接触电阻较大。气体扩散层较大的孔隙率会导致较高的电流密度，在一定程度上会使燃料电池性能提高，但高孔隙率伴随着气体扩散层被水淹，又会显著降低燃料电池的电压。大孔有利于反应气体有效扩散到催化层，但不利于其对微孔层的支撑，催化剂和炭粉易于从大孔脱落，降低催化剂利用率，不利于电流的传导，降低材料的导电性。

- 良好的导电性。低的电阻率，赋予它高的电子传导能力；炭纸的电阻包括平行于炭纸平面方向的面电阻、垂直于炭纸平面方向的体电阻、催化剂与扩散层间的接触电阻；良好的导电性要求炭纸结构紧密且表面平整，以减小接触电阻，进而提高其导电性能。
- 具有一定的机械强度，有利于电极的制作和提供长期操作条件下电极结构的稳定性。
- 具有化学稳定性和热稳定性，以保证燃料电池温度均匀分布和散热，在一定载荷下不发生蠕变，维持一定的力学性能。
- 合适的制造成本，高的性价比。

92 气体扩散层材料的性能指标主要有哪些？

（1）厚度均匀性

炭纸的厚度要适当，且要分布均匀。如果炭纸厚度较大，则透气性不好；如果炭纸厚度过薄，则机械强度不好。炭纸的透气性随厚度的增加呈上升趋势，厚度为170μm炭纸的透气性比厚度为110μm炭纸的透气性降低近60%，这说明炭纸厚度是影响其透气性的重要参数。炭纸的厚度一般为0.1～0.3mm。炭纸的厚度均匀性用平均厚度、厚度标准偏差和厚度离散系数来评价。

（2）电阻

炭纸的电阻率越低，其电子传导能力越强。炭纸的电阻率分为垂直方向电阻率和平面方向电阻率。垂直方向电阻率是指炭纸厚度方向的电阻率，单位为$m\Omega \cdot cm$；平面方向的电阻率是指炭纸平面方向的电阻率，单位为$m\Omega \cdot cm$。炭纸的电阻率一般为$0.02～0.1m\Omega \cdot cm$。

（3）机械强度

燃料电池要求炭纸具有一定的机械强度，炭纸的机械强度用拉伸强度、抗弯强度和压缩率来评价。

(4) 透气率

透气率是指在恒定温度下，单位压差、单位时间气体透过单位厚度、单位面积样品上的气体体积，单位为 mL·mm/(cm²·h·mmHg)，1mmHg=133.322Pa。

(5) 孔隙率

孔隙率是指炭纸孔隙体积占总体积的比例（%）。燃料电池要求炭纸具有适宜的孔隙率。

(6) 表观密度

表观密度是指炭纸质量与表观体积的比值，单位为 g/cm³。炭纸的表观密度一般为 0.4～0.45g/cm³。

(7) 面密度

面密度是指炭纸质量与表观面积的比值，单位为 g/cm²。

(8) 表面粗糙度

表面粗糙度是指炭纸表面微小峰谷的微观不平度。炭纸的表面粗糙度可以用炭纸的轮廓算术平均偏差、平均轮廓算术平均偏差、轮廓最大高度和平均轮廓的最大高度来评价。

93 膜电极的组成是怎样的？

膜电极是质子交换膜燃料电池的电化学反应场所，是燃料电池的核心部件，有燃料电池"心脏"之称，它的设计与制备对燃料电池性能与稳定性起着决定性作用。

膜电极是由质子交换膜和分别置于其两侧的催化层及气体扩散层通过一定的工艺组合在一起构成的组件，如图2-36所示。质子交换膜的作用是隔离燃料与氧化剂，传递质子；催化层的作用是降低反应的活化能，促进氢气和氧气在电极上

图 2-36　膜电极的组成

的氧化还原过程,提高反应速率;气体扩散层的作用是支撑催化层,稳定电池结构,并具有质/热/电的传递功能。为了方便质子交换模燃料电池堆的堆叠组装工艺批量化、高效进行,膜电极通常还包括外侧的边框。边框具有一定的厚度和强度,以便与极板之间通过密封垫圈等形式实现密封,将氢气、空气、冷却剂与燃料电池堆外部环境相互隔离。密封垫圈可布置在膜电极的边框上,也可布置在极板上。

94 膜电极的作用是什么?

膜电极是燃料电池发电的关键核心部件,膜电极与其两侧的双极板组成了燃料电池的基本单元——燃料电池单电池。在实际应用当中可以根据设计的需要将多个单电池组合成为燃料电池堆以满足不同大小功率输出的需要。如图 2-37 所示为由膜电极与极板组成的燃料电池单体结构示意。

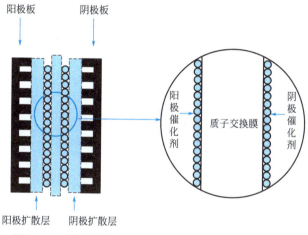

图 2-37 由膜电极与极板组成的燃料电池单体结构示意

氢气通过阳极板上的气体流场到达阳极,通过电极上的阳极扩散层到达阳极催化层,吸附在阳极催化剂层上,氢气在催化剂铂的催化作用下分解为 2 个氢离子,并释放出 2 个电子,这个过程称为氢的阳极氧化过程。

在电池的另一端,氧气或空气通过阴极板上的气体流场到达阴极,通过电极上的阴极扩散层到达阴极催化层,吸附在阴极催化剂层上,同时,氢离子穿过电解质到达阴极,电子通过外电路也到达阴极。在阴极催化剂的作用下,氧气与氢离子和电子发生反应生成水,这个过程称为氧的阴极还原过程。

与此同时,电子在外电路的连接下形成电流,通过适当连接可以向负载输出电能,生成的水通过电极随反应尾气排出。

95 燃料电池对膜电极的要求有哪些?

● 能够最大限度减小气体的传输阻力,使得反应气体顺利地由扩散层到达催化层发生电化学反应。即最大限度发挥单位面积和单位质量的催化剂的反应活性。因此,气体扩散电极必须具备适当的疏水性,一方面保证反应气体能够顺利经过最短的通道到达催化剂层;另一方面确保生成的产物水能够润湿膜,同时多余的水可以排出,防止阻塞气体通道。

● 形成良好的离子通道,降低离子传输的阻力。质子交换膜燃料电池采用的是固体电解质,磺酸根固定在离子交换膜树脂上,不会浸入电极内,因此必须确保反应在电极催化层内建立质子通道。

● 形成良好的电子通道。膜电极中炭载铂催化剂是电子的良导体,但是催化层和扩散层的存在将在一定程度上影响电导率,在满足离子和气体传导的基础上还要考虑电子传导能力,综合考虑以提高膜电极的整体性能。

● 气体扩散电极应该保证良好的机械强度及导热性。

● 膜具有高的质子传输性。能够很好地隔绝氢气、氧气,防止互窜,有很好的化学稳定性、热稳定性及抗水解性。

96 膜电极的性能指标主要有哪些?

(1) 厚度均匀性

燃料电池要求膜电极超薄且厚度均匀性好,膜电极的厚度取决于质子交换膜的厚度、气体扩散层的厚度和边框的厚度。如质子交换膜的厚度为 10～18μm,气体扩散层的厚度为 180～240μm,边框的厚度为 70～125μm。

(2) 铂担载量

铂担载量是指单位面积膜电极上贵金属铂的用量,单位为 mg/cm^2,如铂担载量为 0.1～0.5mg/cm^2。铂担载量也可以用单位功率膜电极上贵金属铂的用量表示,单位为 g/kW,如铂担载量为 0.2～0.4g/kW。

(3) 功率密度

功率密度是指膜电极单位面积输出的电量,是通过测试极化曲线获得的,单位为 W/cm^2。功率密度越大越好,一般要求 ≥1W/cm^2。

(4) 透氢电流密度

透氢电流密度是指在一定温度、一定压力和一定湿度条件下,用电化学方法检测得到的氢气穿过膜电极的速度,单位为 A/cm^2。

(5) 活化极化过电位与欧姆极化过电位

活化极化过电位是指当电极表面电化学反应速率较快而电极过程动力学速率较慢时，导致电极表面积累带某种电荷的粒子，从而引起的电极电位损失，又称为电化学极化过电位。活化极化过电位通常由阳极活化极化过电位和阴极活化极化过电位组成，对于质子交换膜燃料电池，由于阴极反应的交换电流密度远小于阳极反应的交换电流密度，因而电池的活化极化过电位主要由阴极活化极化过电位引起。

欧姆极化过电位是指由燃料电池欧姆极化引起的电位损失，它等于流经燃料电池的电流乘以燃料电池的内阻。

(6) 电化学活性面积

膜电极中催化剂的电化学活性面积是指膜电极内用电化学方法测试的催化剂的活性比表面积，单位为 m^2/g。膜电极的电化学活性面积与质子交换膜燃料电池催化剂活性、电极结构等因素有关。

97 双极板的类型有哪些？

双极板又称流场板，是燃料电池的核心零部件之一，是在燃料电池堆中用于收集电流、分隔氢气和空气并引导氢气和空气在电池内气体扩散层表面流动的导电隔板，它主要起到机械支撑、物料分配、热量传递以及电子传导的作用。双极板是燃料电池堆的骨架，对燃料电池堆的性能和成本有很大的影响。

双极板按照材料可分为以下 3 类。

(1) 炭质材料双极板

炭质材料包括石墨、模压炭材料及膨胀（柔性）石墨。传统双极板采用致密石墨，经机械加工制成气体流道。石墨双极板化学性质稳定，与膜电极之间接触电阻小，常用于商用车燃料电池。石墨双极板的优点是导电性、导热性和耐久性好，耐腐蚀性强；缺点是易脆，组装困难，厚度不易做薄，制作周期长，机械加工难，成本高。

(2) 金属材料双极板

铝、镍、钛及不锈钢等金属材料可用于制作双极板。金属材料双极板的强度高，韧性好，而且导电、导热性能好，功率密度更大，可以方便地加工制成很薄的质子交换膜燃料电池的双极板（0.1～0.3mm）；缺点是易腐蚀，表面需要改性。金属材料双极板主要应用于燃料电池乘用车，如丰田公司生产的燃料电池采用的就是金属材料双极板，其燃料电池模块功率密度达到 3.1kW/L。金属材料双极板使质子交换膜燃料电池模块的功率密度大幅提升，已成为乘用车燃料电池的主流双极板。

（3）复合材料双极板

若双极板与膜电极之间的接触电阻大，则欧姆电阻产生的极化损失多，运行效率下降。在常用的各种双极板材料中，石墨材料的接触电阻最小，不锈钢和钛的表面均形成不导电的氧化物膜使接触电阻增高。复合材料双极板兼具石墨双极板和金属双极板的优点，密度低，抗腐蚀，易成形，使燃料电池堆装配后达到更好的效果。但加工周期长，长期工作可靠性差，因此没有大范围推广，未来将向低成本化方向发展。

98 双极板的作用是什么？

双极板在燃料电池中位于膜电极两侧，如图 2-38 所示，它具有以下作用。

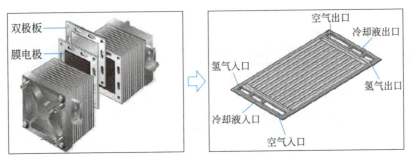

图 2-38　双极板在燃料电池中的位置

- 与膜电极连接组成单电池。
- 提供气体流道，输送氢气和氧气，并防止燃料电池气室中的氢气与氧气串通。
- 电流收集和传导，在串联的阴阳两极之间建立电流通路。
- 支撑电池堆和膜电极。
- 排出反应产生的热量。
- 排出反应中产生的水。

99 燃料电池对双极板的要求有哪些？

- 良好的导电性。双极板具有集流作用，必须具有尽可能小的电阻以确保燃料电池性能。
- 良好的导热性。以确保燃料电池在工作时温度分布均匀并使燃料电池的废热顺利排出，提高电极效率。

- 良好的化学稳定性和抗腐蚀能力。双极板被腐蚀后表面电阻增大，进而使燃料电池性能下降，故双极板材料必须在其工作温度与电位范围内，同时具有在氧化介质（如氧气）和还原介质（如氢气）两种条件下的耐腐蚀能力。
- 均匀分布流体。流体均匀分布确保燃料和氧化剂均匀到达催化剂层，有利于充分利用催化剂，从而大大提高燃料电池的性能。
- 良好的气密性。双极板用以分隔氧化剂与还原剂，因此双极板应具有阻气功能，不能采用多孔透气材料制备。如果采用多层复合材料，至少有一层必须无孔，防止在燃料电池堆中阴、阳极气体透过双极板直接反应，降低燃料电池堆的性能甚至发生危险。
- 机械强度高，质轻，体积小，容易加工。双极板质轻和体积小可使燃料电池的质量比功率和体积比功率变大，而容易加工则可提高生产效率，大大降低燃料电池的成本。

100 双极板的性能指标主要有哪些？

双极板的性能指标分为双极板材料的性能指标和双极板部件的性能指标。双极板材料的性能指标主要有气体致密性、抗弯强度、密度、电阻和腐蚀电流密度等；双极板部件的性能指标主要有阻力降、面积利用率、厚度均匀性和平面度等。

（1）气体致密性

气体致密性常用透气率来评价，透气率是指在单位压力下单位时间内透过单位面积和单位厚度物体的气体量，单位为 $cm^3/(cm^2 \cdot s)$。燃料电池要求双极板的透气率低。

（2）抗弯强度

抗弯强度是指在规定条件下，双极板在弯曲过程中所能承受的最大弯曲应力，单位为 MPa。燃料电池要求双极板的抗弯强度高。

（3）密度

密度是指双极板单位体积的质量，单位为 g/cm^3。燃料电池要求双极板的密度要小，以便降低燃料电池的质量。

（4）电阻

双极板的电阻用体电阻率和接触电阻来评价。体电阻率是指双极板材料本体的电阻率值，单位为 $m\Omega \cdot cm$；接触电阻是指两种材料之间的接触部分产生的电阻，双极板的接触电阻主要指双极板与炭纸之间的接触电阻，单位为 $m\Omega \cdot cm^2$。

(5) 腐蚀电流密度

腐蚀电流密度是指单位面积的双极板材料在燃料电池运行环境中，在腐蚀电位下由于化学或电化学作用引起的破坏产生的电流值，单位为 $\mu A/cm^2$。腐蚀电流密度的大小反映了双极板腐蚀速率的快慢，是表征双极板材料及部件在燃料电池运行环境下耐腐蚀性能的物理量。

(6) 阻力降

阻力降是指气体流经双极板的进出口压力差，单位为 MPa。

(7) 面积利用率

面积利用率是指双极板的有效面积比，即双极板的有效面积（流场部分的面积）与双极板总面积的比值。

(8) 厚度均匀性

燃料电池要求双极板在满足强度的条件下，厚度尽量薄，而且要均匀。双极板的厚度均匀性可以用厚度最大值与最小值之差、相对厚度偏差来评价。

(9) 平面度

平面度是指双极板的脊背部分具有的宏观凹凸高度相对理想平面的偏差，双极板的平面度直接影响双极板与炭纸之间的接触电阻，从而影响燃料电池的性能。

101 燃料电池的单电池主要由哪几部分组成？

单电池是燃料电池的基本单元，相当于单个电芯。质子交换膜燃料电池的单电池应包含以下全部或部分组件。

(1) 一片膜电极组件

电极面积应足够大，以满足参数测量要求。虽然较大的燃料电池采用较大面积的电极可能会得到与实际应用更相关的数据，但仍建议电极面积在 $25cm^2$ 左右。

(2) 密封件

密封件材料应当与燃料电池反应气体、各组件、反应物以及运行温度相匹配，应能阻止气体的泄漏。

(3) 一块阳极侧的双极板和一块阴极侧的双极板

双极板应由具有可忽略的气体渗透性、高导电性的材料制成。推荐使用树脂浸渍、高密度合成石墨、聚合物/碳复合材料，或者耐腐蚀的金属材料，如钛或不锈钢。如果使用金属材料，其表面应有涂层或镀层以减少接触电阻。双极板应当抗腐蚀，有合适的密封。

(4) 一块阳极侧的集流板和一块阴极侧的集流板

集流板应由具有高电导率的材料（如金属）制成。金属集流板可以在表面涂覆/镀上降低接触电阻的材料，如金或银；但要注意选择涂层材料，该涂层材料应与燃料电池的组件、反应气体和产物相容。集流板应有足够的厚度以减小电压降，同时应有用于导线连接的输出端。如果双极板同时是集流板，则不再需要单独的集流板。

(5) 一块阳极侧的端板和一块阴极侧的端板

端板（夹固板）应为平板且表面光滑，应具有足够的机械强度以承受螺栓紧固时产生的弯曲压力。如果端板具有导电性，应将其与集流板隔绝以防止发生短路。

(6) 电绝缘片

电绝缘片用于隔绝集流板和端板。

(7) 紧固件

紧固件应具有高的机械强度，以承受燃料电池组装和运行时产生的压力。可以使用垫片和弹簧保持作用在单电池上的压力恒定均匀。应使用扭力扳手或其他测量仪器确定单电池上的压力的精确。建议使用电绝缘的紧固件。

(8) 温控装置

为了使单电池保持恒温且沿流场板和通过电池方向温度分布均匀，应提供温控装置（加热或冷却）。温控装置的设计可遵循一定的温度曲线图。温控装置应能防止过热。

单电池主要由双极板和膜电极组成，如图 2-39 所示，其中膜电极由质子交换膜、催化层和气体扩散层组成。

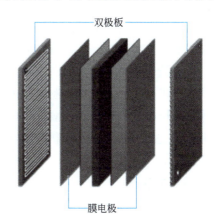

图 2-39　单电池的组成

102　燃料电池堆由哪几部分组成？

燃料电池堆是发生电化学反应的场所，也是燃料电池发电系统的核心部分，由多个单电池以串联方式层叠组合构成。

燃料电池堆是由两个或多个单电池和其他必要的结构件组成的、具有统一电输出的组合体，如图 2-40 所示。必要的结构件包括双极板、膜电极、端板、密封件、紧固件等。将双极板与膜电极交替叠合，各单体之间嵌入密封件，经前、后端板压紧后用紧固件紧固拴牢，即构成燃料电池堆。燃料电池堆也简称为电堆。

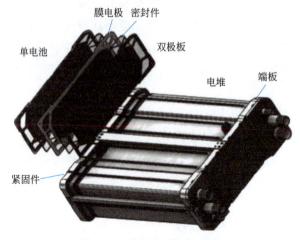

图 2-40　燃料电池堆的组成

（1）端板

端板的主要作用是控制接触压力，因此足够的强度和刚度是端板最重要的特性。足够的强度可以保证在封装力作用下端板不发生破坏，足够的刚度则可以使得端板变形更加合理，从而均匀地传递封装载荷到密封层和膜电极上。

（2）膜电极

膜电极是质子交换膜燃料电池的核心组件，它一般由质子交换膜、催化层和气体扩散层组成。质子交换膜燃料电池的性能由膜电极决定，而膜电极的性能主要由质子交换膜性能、气体扩散层结构、催化层材料和性能、膜电极本身的制备工艺所决定。

（3）双极板

双极板又称流场板，是燃料电池堆的核心结构零部件，起到均匀分配气体、排水、导热、导电的作用，占整个燃料电池60%的重量和约20%的成本，其性能优劣直接影响燃料电池的输出功率和使用寿命。双极板材料主要有金属双极板、石墨双极板和复合双极板，丰田、本田和现代等公司生产的燃料电池乘用车均采用金属双极板，而燃料电池商用车一般采用石墨双极板。

（4）密封件

质子交换膜燃料电池堆对于密封有很高的要求，不允许有任何泄漏。密封件的主要作用是保证燃料电池堆内部的气体和液体正常、安全地流动。

（5）紧固件

紧固件的作用是维持燃料电池堆各组件之间的接触压力。燃料电池堆的紧固方式有螺栓紧固式和绑带捆扎式。螺栓紧固式是较早采用的方式,其装配简单,设计要点为螺栓数量、分布、预紧力的大小以及螺栓预紧力的次序。绑带捆扎式的优势在于结构紧凑,可实现相对高的功率密度,其设计要点包括绑带材料、绑带宽度和厚度、绑带分布数量和位置。

103 什么是燃料电池堆体积功率密度?

燃料电池堆体积功率密度是指单位燃料电池堆体积具有的功率,它是燃料电池堆性能的重要评价指标之一。首先要对燃料电池堆的体积进行测量。燃料电池堆体积测量示意如图 2-41 所示。

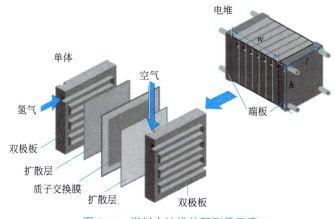

图 2-41 燃料电池堆体积测量示意

燃料电池堆的体积为

$$V_d = \frac{wlh}{10^6} \qquad (2\text{-}17)$$

式中,V_d 为燃料电池堆的体积,L;w 为两个端板之间的宽度,mm;l 为双极板的长度,mm;h 为双极板的高度,mm。

对于双极板的长度,应测量燃料电池堆双极板长度方向的最远外廓尺寸;对于双极板的高度,应测量燃料电池堆双极板高度方向的最远外廓尺寸。

通过测量燃料电池堆的电压和电流,计算燃料电池堆的功率为

$$P_s = \frac{U_s I_s}{1000} \qquad (2\text{-}18)$$

式中,P_s 为燃料电池堆的功率,kW;U_s 为燃料电池堆的电压,V;I_s 为燃料电池堆的电流,A。

燃料电池堆的体积功率密度为

$$p_v = \frac{P_s}{V_d} \qquad (2\text{-}19)$$

式中，p_v 为燃料电池堆的体积功率密度，kW/L。

104 燃料电池发电系统的类型有哪些？

燃料电池发电系统是指一个或多个燃料电池堆和其他主要及适当的附加部件的集成体，用于组装到一个发电装置或一个交通工具中。燃料电池发电系统常简称为燃料电池系统。

（1）固定式燃料电池发电系统

固定式燃料电池发电系统是指连接并固定于适当位置的燃料电池发电系统，如图 2-42 所示。

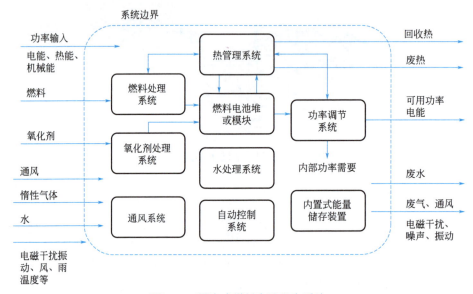

图 2-42　固定式燃料电池发电系统

- 燃料电池堆是由单电池、隔离板、冷却板、歧管和支承结构组成的设备，通过电化学反应把富氢气体和空气反应物转换成直流电、热或其他反应产物。
- 燃料电池模块是集成于车辆或发电系统内部、由一个或多个燃料电池堆组成的设备，通过电化学反应将化学能转化为电能和热能。
- 燃料处理系统是指燃料电池发电系统所需要的、准备燃料及必要时对其加压的、由化学和/或物理处理设备以及相关的热交换器和控制器所组成的系统。

- 氧化剂处理系统是指用来计量、调控、处理并可能对输入的氧化剂进行加压以便供燃料电池发电系统使用的系统。
- 通风系统是指通过机械或自然方式向燃料电池发电系统机壳提供空气的系统。
- 热管理系统是指用来加热或冷却/排热的系统，从而保持燃料电池发电系统在其工作温度范围内，也可能提供对过剩热的再利用，以及帮助在启动阶段对能量链加热。
- 水处理系统是指用以对燃料电池发电系统所用的回收水或补充水进行必要处理的系统。
- 自动控制系统是指由传感器、制动器、阀门、开关和逻辑元件组成的系统，用以使燃料电池发电系统在无须人工干预时，参数能保持在制造商给定的限值范围内。
- 功率调节系统是指用于调节燃料电池堆的电能输出使其满足制造商规定的应用要求的设备。
- 内置式能量储存装置是指由置于系统内部的电能储存装置所组成的系统，用来帮助或补充燃料电池模块对内部或外部负载供电。

（2）便携式燃料电池发电系统

便携式燃料电池发电系统是指不被永久紧固或以其他形式固定在一个特定位置的燃料电池发电系统，如图 2-43 所示。

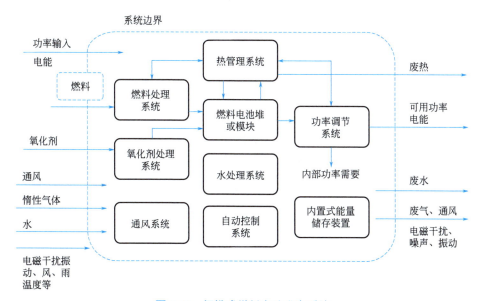

图 2-43　便携式燃料电池发电系统

(3) 微型燃料电池发电系统

微型燃料电池发电系统是指可佩带或易用手携带的微型发电装置和相关的燃料容器，如图 2-44 所示。

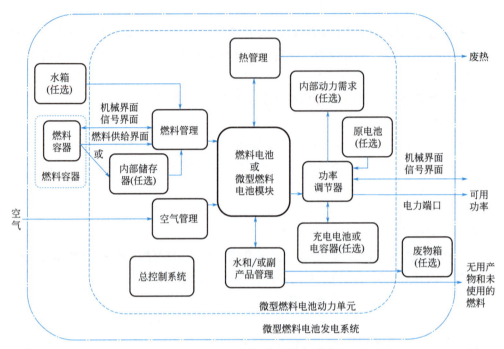

图 2-44　微型燃料电池发电系统

105　典型车载燃料电池系统由哪几部分组成？

典型车载燃料电池系统的主要组成如图 2-45 所示。

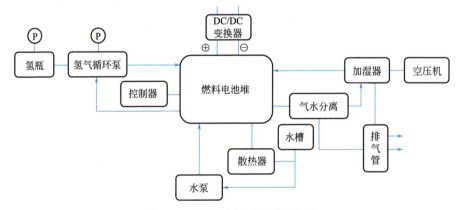

图 2-45　典型燃料电池系统的组成

（1）燃料电池堆

燃料电池堆是燃料电池发电系统的核心和主体，也是燃料电池的关键技术。

（2）DC/DC 变换器

DC/DC 变换器用于将燃料电池输出的低压直流电升压为高压直流输出，为燃料电池电动汽车提供电能，同时为动力蓄电池充电。DC/DC 变换器通过对燃料电池系统输出功率的精确控制，实现整车动力系统之间的功率分配以及优化控制。

（3）空压机

在燃料电池中，氢气和氧气发生电化学反应产生电流，其中的氧气可以使用纯氧或从空气中直接获得，但是用空气更方便、经济。给氧气增加压力的目的是增加燃料电池反应的效率和速率，燃料电池两侧的压力越大越好，这样效率更高，单位时间内产生的电流也更大，质子交换膜燃料电池系统的典型工作压力为 1～3MPa。

（4）加湿器

质子交换膜在工作温度较高时，水分的减少造成膜的质子电导率降低，从而引起质子交换膜的电阻增加，燃料电池性能降低。加湿器可以给气体加湿，也可以控制温度。

（5）水泵

水泵能够给系统冷却液做功，使冷却液循环。一旦燃料电池堆温度升高超过设限，水泵就加大冷却液的流速来给燃料电池堆降温。为了保证燃料电池堆产生的热量能够快速、有效地散发，要求水泵具有大流量、高扬程、绝缘及更高的电磁兼容能力。此外，水泵还需要实时反馈当前的运行状态或故障状态。

（6）散热器

散热器的作用是散热，它将冷却液的热量传递给环境，降低冷却液的温度。散热器本体需求的散热量大，清洁度要求高，离子释放率低，散热器的风扇要求风量大、噪声低、无级调速并需要反馈相应的运行状态。

（7）氢气循环泵

目前国内燃料电池发电系统，氢侧多采用脉冲排氢，将阳极侧的水带出燃料电池堆，防止氢侧水淹。还有一种方法为使用氢气循环泵，可连续几个小时排一次氢，极大增加燃料利用率。在氢气侧作为循环利用的零部件有几个好处，一是给氢气侧带来水，二是能够提供流畅的速率，另外也可以防止水淹。流速快可以增加整个反应的速率，另外也容易带走积水。

（8）氢瓶

国内氢瓶使用的是铝合金的内胆，外面缠绕碳纤维，国外大部分是用塑料内胆。氢瓶压力有 35MPa 和 70MPa 两种。

第3章 新能源汽车电驱动系统技术

106 什么是电驱动系统?

电驱动系统是指将驱动电机、电机控制器和减速器等集成为一体的系统,如图 3-1 所示。三合一电驱动系统目前已成为纯电动汽车和混合动力电动汽车电驱动系统的主流。

图 3-1 三合一电驱动系统

如图 3-2 所示为博世公司生产的电驱动系统,它由永磁同步电机、电机控制器和二级减速器集成在一起。其输出功率为 150kW,输出转矩为 3800N·m,质量为 90kg;功率密度为 1.67kW/kg,可用于总质量在 7.5t 以内的车型。

图 3-2 博世公司生产的电驱动系统

107 电动汽车驱动电机的类型主要有哪些?

(1) 直流电机

直流电机就是将直流电能转换成机械能的电机。

直流电机的优点：结构简单；具有优良的电磁转矩控制特性；可频繁快速启动、制动和反转；调速平滑、无级、精确、方便、范围广；抗过载能力强，能够承受频繁的冲击负载；控制方法简单，只需要用电压控制，不需要检测磁极位置。

直流电机的缺点：设有电刷和换向器，高速和大负荷运行时换向器表面易产生电火花，同时换向器维护困难，很难向大容量、高速度发展，此外电火花会产生电磁干扰；不宜在多尘、潮湿、易燃易爆的环境中使用；体积和重量大。其中电火花产生的电磁干扰，对高度电子化的电动汽车来说将是致命的。

随着电子力子技术和控制理论的发展，相对于其他驱动系统而言，直流电机在电动汽车中的应用已处于劣势，目前已逐渐被淘汰，只有在少数低速电动汽车、场地用电动车辆和专用电动车辆上有应用。

(2) 异步电机

异步电机又称交流感应电机，是由气隙旋转磁场与转子绕组感应电流相互作用产生电磁转矩，从而实现电能转换为机械能的一种交流电机。

异步电机的优点：结构紧凑，坚固耐用；运行可靠，维护方便；体积小，重量轻；环境适应性好；转矩脉动低，噪声低。异步电机功率容量覆盖面很广，最高转速高。它可以采用空气冷却或液体冷却方式，对环境的适应性好，并且能够实现再生制动。

异步电机的缺点：功率因数低，运行时必须从电网吸收无功电流来建立磁场；控制复杂，易受电机参数及负载变化的影响；转子不易散热；调速性能差，调速范围窄。

(3) 永磁同步电机

永磁同步电机是指转子采用永磁材料励磁的同步电机，是国内电动汽车应用的主流。

永磁同步电机的优点：功率因数大，效率高，功率密度大；结构简单、便于维护，使用寿命较长，可靠性高；调速性能好，精度高；具有良好的瞬时特性，转动惯量低，响应速度快；频率高，输出转矩大，极限转速和制动性能优于其他类型的电机；采用电子功率器件作为换向装置，驱动灵活，可控性强；形状和尺寸灵活多样，便于进行外形设计；采用稀土永磁材料后电机的体积小、重量轻。

永磁同步电机的缺点：电机造价较高；在恒功率模式下，操作较为复杂，控制系统成本较高；弱磁能力差，调速范围有限；永磁材料磁场不可变，要想增大电机的功率，其体积会很大。

（4）开关磁阻电机

开关磁阻电机是采用定转子凸极且极数相接近的大步距磁阻式步进电机的结构，利用转子位置传感器通过电子功率开关控制各相绕组导通使之运行的电机。

开关磁阻电机的优点：结构简单，在电机的转子上没有滑环、绕组和永磁体等，只是在定子上有简单的集中绕组，绕组的端部较短，没有相间跨接线，维护修理容易；可靠性好；工艺性好，适合高速运转，环境适应性强；电机转矩的方向与绕组电流的方向无关；适合频繁启停以及正反向转换运行；启动电流小，转矩大；可控参数多，调速性能好；具有较强的再生制动能力；定子和转子的材料均采用硅钢片，易于获取和回收利用。

开关磁阻电机的缺点：转矩波动大，需要位置检测器；磁场为跳跃性旋转，控制系统复杂；对直流电源会产生很大的脉冲电流；噪声大。开关磁阻电机在电动汽车上的应用还有许多问题需要解决。

108 电动汽车对驱动电机有哪些要求？

（1）低速大转矩、高速宽调速

驱动电机的运行特性要满足电动汽车的要求，在恒转矩区，要求低速运行时具有大转矩，以满足电动汽车加速和爬坡的要求；在恒功率区，要求低转矩时具有高调速范围，以满足电动汽车在平坦的路面能够高速行驶的要求。

（2）高功率密度、轻量化

由于电动汽车安装空间和整车质量限制，要求驱动电机具有高的功率/体积比密度和高的功率/质量比密度。

（3）高效率

驱动电机应在整个运行范围内，具有很高的效率，以提高一次充电的续驶里程。

（4）能够实现能量回收

驱动电机应能够在汽车减速或制动时将能量回收并反馈给动力蓄电池，使得电动汽车具有最佳的能量利用率。

（5）控制精度高、动态响应快

电动汽车要求驱动电机系统可控性高，稳态精度高，动态性能好，能够适应路面变化及频繁启动和制动等复杂运行工况。

（6）高可靠性与安全性

驱动电机应可靠性好，能够在较恶劣的环境下长期工作；车载动力蓄电池和驱动电机的工作电压可以达到300～800V，要求车辆电气系统和控制系统必须符合国家有关车辆电气控制的安全性能的标准和规定，并满足对高压电和转矩控制的功能安全要求。

(7) 低成本

电动汽车驱动电机系统成本占整车制造成本的10%左右，降低驱动电机成本，能够减少整体电动汽车的价格，提高性价比。

(8) 低噪声

振动噪声性能是评价电动汽车品质的关键指标之一，电动汽车要求在全工况范围内具有良好的振动噪声性能。

目前，满足上述要求并广泛在电动汽车上应用的驱动电机主要是永磁同步电机和异步电机。

109 驱动电机的主要性能指标有哪些？

(1) 额定功率

额定功率是指电机在额定运行条件下轴端输出的机械功率。电机的功率等级为 1kW、2.2kW、3.7kW、5.5kW、7.5kW、11kW、15kW、18.5kW、22kW、30kW、37kW、45kW、55kW、75kW、90kW、110kW、132kW、150kW、160kW、185kW、200kW 及以上。

(2) 峰值功率

峰值功率是指在规定的时间内，电机运行的最大输出功率。

(3) 额定转速

额定转速是指电机额定运行（额定电压、额定功率）条件下电机的最低转速。

(4) 最高工作转速

最高工作转速是指在额定电压时，电机带载运行所能达到的最高转速，它影响电动汽车的最高设计速度。

(5) 额定转矩

额定转矩是指电机在额定功率和额定转速下的输出转矩。

(6) 峰值转矩

峰值转矩是指电机在规定的持续时间内允许输出的最大转矩。

(7) 堵转转矩

堵转转矩是指转子在所有角位堵住时所产生的最小转矩。

(8) 额定电压

额定电压是指电机正常工作的电压。电机额定电压等级为36V、48V、120V、144V、168V、192V、216V、240V、264V、288V、312V、336V、360V、384V、408V、540V、600V等。

(9) 额定电流

额定电流是指电机额定运行（额定电压、额定功率）条件下电枢绕组（或定子绕组）的线电流。

(10) 额定频率

额定频率是指电机额定运行条件下电枢（或定子侧）的频率。当电机在额定运行条件下输出额定功率时，称为满载运行，这时电机的运行性能、经济性及可靠性等均处于优良状态。输出功率超过额定功率时称为过载运行，这时电机的负载电流大于额定电流，将会引起电机过热，从而减少电机使用寿命，严重时甚至烧毁电机。电机的输出功率小于额定功率时称为轻载运行，轻载时电机的效率和功率因数等运行性能均较差，因此应尽量避免电机轻载运行。

(11) 电机效率

电机效率是指电机的输出功率与输入功率之比的比例（%），异步电机效率在90%左右，永磁同步电机效率在95%左右。

(12) 功率密度

功率密度是指每单位质量所能获得的输出功率，也称为比功率。功率密度越大，电机有效材料的利用率越高，相同功率和转矩的电机，其质量越小。目前电机的功率密度一般在5kW/kg左右，最高已达到9kW/kg左右。

(13) 转矩密度

转矩密度是指每单位质量或单位体积所能获得的输出转矩，提高转矩密度是提高功率密度的重要途径。

110 什么是驱动电机的外特性？

驱动电机的外特性曲线如图3-3所示。该特性曲线分为两个区域：恒转矩区和恒功率区。恒转矩区是从零转速到额定转速（也称为基速），驱动电机的输出转矩恒定，而功率随转速的提高线性增加；恒功率区是从额定转速到最大转速，驱动电机的输出功率恒定，而转矩随转速的提高呈双曲线逐渐下降。

驱动电机输出转矩与转速的关系为

$$T_e = \begin{cases} T_m & n \leq n_b \\ \sum_{i=0}^{k} a_i n^i & n > n_b \end{cases} \quad (3\text{-}1)$$

式中，T_e 为驱动电机输出转矩；T_m 为驱动电机恒转矩；n 为驱动电机转速；n_b 为驱动电机基速；k 为多项式的阶次；a_i 为多项式拟合系数。

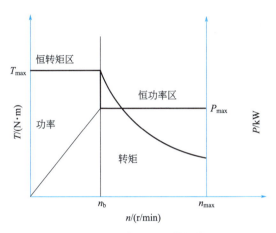

图 3-3 驱动电机的外特性曲线

驱动电机输出功率为

$$P_e = \frac{T_e n}{9550} \quad (3\text{-}2)$$

式中，P_e 为驱动电机输出功率。

为了建立驱动电机外特性的数学模型，需在专门的电动汽车动力测功平台上测试驱动电机的外特性，然后对驱动电机外特性试验数据进行拟合，建立驱动电机外特性数学模型。

驱动电机基速可近似表示为

$$n_b = \frac{9550 P_r}{T_r} \quad (3\text{-}3)$$

式中，P_r 为驱动电机额定功率；T_r 为驱动电机额定转矩。

驱动电机输出转矩与转速的关系可近似表示为

$$T_e = \begin{cases} T_m & n \leq n_b \\ \dfrac{9550 P_m}{n} & n > n_b \end{cases} \quad (3\text{-}4)$$

式中，P_m 为驱动电机峰值功率。

111 直流电机有哪些类型?

直流电机根据励磁方式的不同，可分为以下4种类型。

(1) 他励直流电机

他励直流电机的励磁绕组与电枢绕组无连接关系，而由其他直流电源对励磁绕组供电，因此励磁电流不受电枢端电压或电枢电流的影响。他励直流电机在运行过程中励磁磁场稳定且容易控制，容易实现电动汽车的再生制动要求。但当采用永磁激励时，虽然电机效率高，重量和体积较小，但由于励磁磁场固定，电机的机械特性不理想，驱动电机产生不了足够大的输出转矩来满足电动汽车启动和加速时的大转矩要求。

(2) 并励直流电机

并励直流电机的励磁绕组与电枢绕组并联，共用同一电源，性能与他励直流电机基本相同。并励绕组两端电压就是电枢两端电压，但是励磁绕组用细导线绕成，其匝数很多，因此具有较大的电阻，使得通过它的励磁电流较小。

(3) 串励直流电机

串励直流电机的励磁绕组与电枢绕组串联后，再接于直流电源上。串励直流电机的励磁电流就是电枢电流。这种电机内磁场随着电枢电流的改变有显著的变化。为了使励磁绕组中不致引起大的损耗和电压降，励磁绕组的电阻越小越好，所以串励直流电机通常用较粗的导线绕成，它的匝数较少。串励直流电机在低速运行时，能给电动汽车提供足够大的转矩，而在高速运行时，电机电枢中的反电动势增大，与电枢串联的励磁绕组中的励磁电流减小，电机高速运行时的弱磁调速功能易于实现，因此串励直流电机驱动系统能较好地适应电动汽车的特性要求。但串励直流电机由低速到高速运行时弱磁调速特性不理想，随着电动汽车行驶速度的提高，驱动电机输出转矩快速减小，不能满足电动汽车高速行驶时由于风阻大而需要输出较大转矩的要求。串励直流电机运行效率低；在实现电动汽车的再生制动时，由于没有稳定的励磁磁场，再生制动的稳定性差；由于再生制动需要加接触器切换，使得驱动电机控制系统的故障率较高，可靠性较差。另外，串励直流电机的励磁绕组损耗大，体积和重量也较大。

(4) 复励直流电机

复励直流电机有并励和串励两个励磁绕组，电机的磁通由两个绕组内的励磁电流产生。若串励绕组产生的磁通势与并励绕组产生的磁通势方向相同，则称为积复励。若两个磁通势方向相反，则称为差复励。复励直流电机的永磁励磁部分采用高磁性材料——钕铁硼，运行效率高。由于复励直流电机永磁励磁部分有稳定的磁场，因此用复励直流电机构成驱动系统时易实现再生制动功能。同时由于复励直流电机增加了增磁绕组，通过控制励磁绕组的励磁电流或励磁磁场的大小，能克服纯永磁他励直流电机不能产生足够的输出转矩来满足电动汽车低速行驶或爬坡时的大转矩要求的缺陷，且复励直流电机的重量或体积比串励直流电机的小。

各种励磁方式直流电机的电路如图3-4所示。

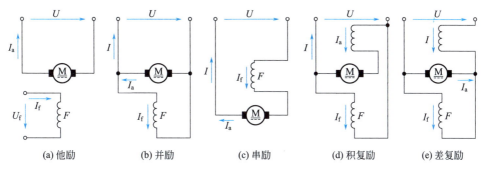

图3-4 各种励磁方式直流电机的电路

I_a—电枢电流；I_f—励磁电流；U—电源电压；U_f—励磁电压；I—负载电流

电动汽车所使用的直流电机主要是他励直流电机、串励直流电机、复励直流电机3种类型。

小功率（0.1～10kW）直流电机采用的是小型高效的永磁直流电机，可以应用在小型、低速的搬运设备上，如电动自行车、休闲用电动汽车、高尔夫球车、电动叉车等。

中等功率（10～100kW）直流电机采用他励直流电机、复励直流电机或串励直流电机，可以用于结构简单、转矩要求较大的电动货车上。

大功率（>100kW）直流电机采用串励直流电机，可用在要求低速、高转矩的专用电动车上，如矿石电动搬运车、玻璃电动搬运车等。

112 直流电机的结构是怎样的？

直流电机由定子与转子两大部分构成，定子和转子之间的间隙称为气隙。直流电机定子主要由励磁绕组、磁极、机座、电刷等组成；转子主要由电枢铁芯、电枢绕组、换向器等组成。直流电机的结构如图3-5所示。

无刷直流电机是用电子换向装置代替有刷直流电机的机械换向装置，保留了有刷直流电机宽阔而平滑的优良调速性能，克服了有刷直流电机机械换向带来的一系列缺点。无刷直流电机体积小、重量轻，可做成各种体积形状，效率高、转矩高、精度高、数字式控制，是比较理想的调速电机，在低速电动汽车上有着广泛的应用前景。

图 3-5　直流电机的结构

113　直流电机的工作原理是怎样的？

直流电机的工作原理如图 3-6 所示。图中，定子有一对 N、S 极，电枢绕组的末端分别接到 1 和 2 两个换向片上，正、负电刷 A 和 B 分别与两个换向片接触。如果给两个电刷加上直流电源，如图 3-6（a）所示，则有直流电流从电刷 A 流入，经过线圈 abcd，从电刷 B 流出。根据电磁力定律，载流导体 ab 和 cd 受到电磁力的作用，其方向可用左手定则判定，两段导体受到的力形成了一个转矩，使得转子逆时针转动。如果转子转到图 3-6（b）所示的位置，电刷 A 和换向片 2 接触，电刷 B 和换向片 1 接触，直流电流从电刷 A 流入，在线圈中的流动方向是 dcba，从电刷 B 流出。此时载流导体 ab 和 cd 受到电磁力的作用方向同样可用左手定则判定，它们产生的转矩仍然使得转子逆时针转动，这就是直流电机的工作原理。虽然外加的电源是直流的，但由于电刷和换向片的作用，在线圈中流过的电流是交流的，其产生的转矩的方向却是不变的。

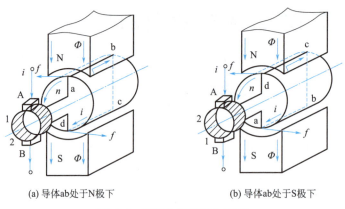

(a) 导体 ab 处于 N 极下　　　　(b) 导体 ab 处于 S 极下

图 3-6　直流电机的工作原理

114 直流电机的控制方法有哪些?

(1) 电枢调压控制

电枢调压控制是指通过改变电枢的端电压来控制电机的转速。这种控制只适合电机基速以下的转速控制,它可保持电机的负载转矩不变,电机转速近似与电枢端电压成比例变化,所以也称为恒转矩调速。直流电机采用电枢调压控制可实现在宽广范围内的连续平滑的速度控制,调速比一般可达 1∶10,如果与磁场控制配合使用,调速比可达 1∶30。电动汽车用的直流电机常用斩波控制器作为电枢调压控制电源。

(2) 磁场控制

磁场控制是指通过调节直流电机的励磁电流改变每极磁通量,从而调节电机的转速,这种控制只适合电机基速以上的控制。当电枢电流不变时,具有恒功率调速特性。磁场控制效率高,但调速范围小,一般不超过 1∶3,而且响应速度较慢。

(3) 电枢回路电阻控制

电枢回路电阻控制是指当电机的励磁电流不变时,通过改变电枢回路电阻来调节电机的转速。这种控制方法的机械特性较软,而且电机运行不稳定,一般很少应用。

115 异步电机的结构是怎样的?

异步电机主要由静止的定子和旋转的转子两大部分组成,转子与定子之间没有任何连接和接触,此间隙被称为气隙,通常为 0.2～1mm,并以套筒的结构相互套住,如图 3-7 所示。当定子绕组接通交流电源时,转子就会旋转并输出动力。

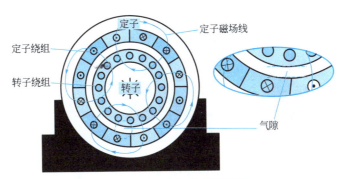

图 3-7 异步电机的结构示意

(1) 定子

定子是最外面的圆筒，圆筒内侧缠有很多绕组，这些绕组与外部交流电源接通，由于整个圆筒与机座连接在一起，固定不动，因此称为定子。定子由定子铁芯和定子绕组组成。三相异步电机的定子绕组是一个空间位置对称的三相绕组，每个相位在空间的位置彼此相差120°。当把三相绕组接成星形，并接通交流电后，则在定子中便产生三个对称电流（三相电流）。三相电流形成旋转的磁场矢量会叠加，并对转子产生影响，使得转子能更快速地旋转（相比单相异步电机），其转速可达到12000～15000r/min甚至更高，从而驱动电动汽车。

(2) 转子

转子位于定子的内部，要么是一个缠绕着很多导线的圆柱体（即绕线式转子），要么是笼形结构的圆柱体（即笼式转子），由于转子不被固定，而是与动力输出轴连接在一起旋转，因此又称为转子。

116 异步电机的工作原理是怎样的？

异步电机的工作逻辑如图3-8所示，异步电机的工作原理如图3-9所示。

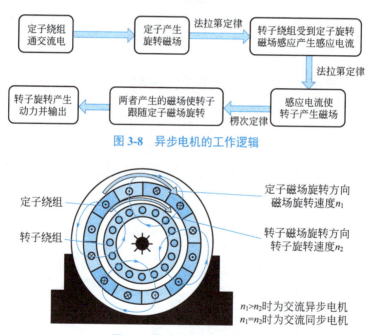

图3-8 异步电机的工作逻辑

图3-9 异步电机的工作原理

- 当定子绕组通上交流电后，由于交流电的特性，定子绕组就会产生一个旋转的电磁场。

- 转子绕组是一个闭环导体，它处在定子的旋转磁场中，就相当于在不停地切割定子的磁感应线。
- 根据法拉第定律，闭合导体的一部分在磁场里做切割磁感应线的运动时，导体中就会产生电流，而这个电流又会形成一个电磁场。
- 此时，就有了两个电磁场：一个是接通外部交流电后而产生的定子电磁场；另一个是因切割定子的电磁感应线而产生电流后形成的转子电磁场。
- 根据楞次定律，感应电流的磁场总要反抗引起感应电流的原因（转子绕组切割定子电磁场的磁感应线），也就是尽力使转子上的导体不再切割定子磁场的磁感应线。
- 转子绕组会不停追赶着定子的旋转电磁场，使转子跟着定子旋转电磁场旋转，最终使电机开始旋转。

在整个工作流程中，由于定子需通电后才能产生旋转电磁场，此电磁场使转子发生电磁感应从而旋转，所以转子的转速与定子磁场的转速不同步（转速差为2%～5%），故称其为交流异步电机；反之，如果两者的转速相同，就称其为交流同步电机。

如果电机转子轴上带有机械负载，则负载被电磁转矩拖动而旋转。当负载发生变化时，转子转速也随之发生变化，使转子导体中的电动势、电流和电磁转矩发生相应变化，以适应负载需要。因此，异步电机的转速是随负载变化而变化的。

异步电机的转子转速与定子旋转磁场的同步转速之间存在转速差，它的大小决定着转子电动势及其频率的大小，直接影响异步电机的工作状态。

117 异步电机的控制方法有哪些？

异步电机是一个多输入/输出系统，其中电压、电流、频率、磁通、转速等变量之间又相互影响，所以又是强耦合的多变量系统。对异步电机的控制主要有矢量控制和直接转矩控制等。

（1）矢量控制

矢量控制理论是采用矢量分析的方法来分析异步电机内部的电磁过程，是建立在异步电机的动态数学模型基础上的控制方法。它将异步电机的定子电流解耦成互相独立的产生磁链的分量和产生转矩的分量，分别控制这两个分量就可以实现对异步电机的磁链控制和转矩控制的完全解耦，从而达到理想的动态性能。

异步电机的矢量控制是基于磁场定向的方法，其调速控制系统的方式比较复杂，常用的控制策略有转子磁场定向矢量控制、转差率矢量控制、气隙磁场定向矢量控制、定子磁场定向矢量控制等。

- 转子磁场定向矢量控制。交流电机的转矩与定转子旋转电磁场及其夹角有关，要控制好转矩，必须精确检测和控制磁通，在此种控制方式中，检测出定子电流的 d 轴分量，就可以观测出转子磁链的幅值。当转子磁链恒定时，电磁转矩和电流的 q 轴分量成正比，忽略反电动势引起的交叉耦合，可以由电压方程 d 轴分量控制转子磁通，q 轴分量控制转矩。目前大多数变频系统采用此种控制方法，它实现了系统的完全解耦，但是其最大的缺点是转子磁通的观测受转子时间常数的影响。

- 转差率矢量控制。如果使电机的定子、转子或气隙磁场中一个保持不变，电机的转矩就主要由转差率决定。因此，此方法主要考虑转子磁通的稳态方程式，从转子磁通直接得到定子电流 d 轴分量，通过对定子电流的有效控制，形成了转差矢量控制，避免了磁通的闭环控制，不需要实际计算转子的磁链，用转差率和测量的转速相加后积分来计算磁通相对于定子的位置，但此种方法主要应用在低速系统中，而且系统性能同样受转子参数变化影响。

- 气隙磁场定向矢量控制。除了转子磁场定向矢量控制以外，还有一些控制系统使用的是气隙磁场定向矢量控制。此种方法比转子磁场的控制方式要复杂，但其利用了气隙磁通易于观测的优点，保持气隙磁通的恒定，从而使转矩与 q 轴电流成正比，直接对 q 轴电流进行控制，达到控制驱动电机的目的。

- 定子磁场定向矢量控制。由于转子磁通的检测容易受电机参数影响，气隙磁通的检测需要附加一些额外的检测器件等弊端的存在，兴起了定子磁场定向矢量控制方法。此种方法是通过保持定子磁通不变，控制与转矩成正比的 q 轴电流，从而控制电机。但是，此种方法和气隙磁场定向矢量控制一样，需要对电流进行解耦，而且以定子电压作为测量量，容易受到电机转速的影响。

（2）直接转矩控制

直接转矩控制是将电机输出转矩作为直接控制对象，通过控制定子磁场向量控制电机转速。它不需要复杂的坐标变换，也不需要依赖转子数学模型，只是通过控制脉冲宽度调制（Pulse Width Modulation，PWM）型逆变器的导通和切换方式，控制电机的瞬时输入电压，改变磁链的旋转速度来控制瞬时转矩，使系统性能对转子参数呈现鲁棒性，并且这种方法被推广到弱磁调速范围。逆变器的 PWM 采用电压空间向量控制方式，性能优越。但同时不可避免地产生转矩脉动、调速性能降低的问题。此外，该方法对逆变器开关频率提高的限制较大，定子电阻对电机低速性能也有较大影响，如在低速区，定子电阻的变化引起的定子电流和磁链的畸变，以及转矩脉动、死区效应和开关频率等问题。

与矢量控制相比，直接转矩控制有以下主要特点。

- 直接转矩控制直接在定子坐标系下分析交流电机的数学模型，控制电机的磁链和转矩。它不需要将交流电机与直流电机做比较、等效和转化，既不需要模仿直流电机的控制，也不需要为解耦而简化交流电机的数学模型，它省掉了矢量旋转变换等复杂的变换和计算，因此，它所需要的信号处理工作特别简单，所用的控制信号使观察者对于交流电机的物理过程能够做出直接和明确的判断。

- 直接转矩控制磁通估算所用的是定子磁链，只要知道定子电阻就可以把它观测出来。而磁场定向矢量控制所用的是转子磁链，观测转子磁链需要知道电机转子电阻和电感，因此直接转矩控制大大减少了矢量控制技术中控制性能易受参数变化影响的问题。

- 直接转矩控制采用空间矢量的概念来分析三相交流电机的数学模型和控制其物理量，使问题变得特别简单明了。与矢量控制的方法不同，它不是通过控制电流、磁链等量来间接控制转矩，而是把转矩直接作为被控量直接控制转矩，因此它并非极力获得理想的正弦波波形，也不专门强调磁链为完全理想的圆形轨迹；相反，从控制转矩的角度出发，它强调的是转矩的直接控制效果，因而它采用离散的电压状态和六边形磁链轨迹或近似圆形磁链轨迹的概念。

- 直接转矩控制技术对转矩实行直接控制，它的控制效果不取决于电机的数学模型是否能够简化，而是取决于转矩的实际状况。它的控制既直接又简化，因此，从理论上看，直接转矩控制有矢量控制所不及的转子参数鲁棒性和结构上的简单性。然而在技术实现上，直接转矩控制往往很难体现优越性，调速范围不及矢量控制宽，其根源主要是其低速转矩特性差、稳态转矩脉动的存在及带负载能力的下降，这些问题需要加以解决。

除此之外，自适应控制、模糊控制等现代控制和智能控制理论也开始应用于异步电机的控制。

118 永磁同步电机的类型有哪些？

按照永磁体在转子上位置的不同，永磁同步电机可分为以下两大类。

（1）表面式永磁转子结构

表面式永磁转子结构的永磁体位于转子铁芯表面，如图 3-10 所示。该结构电机具有以下特点。

- 交直轴磁路基本对称，凸极率（交轴电感与直轴电感之比）为 1，它是一种典型的隐极电机，无凸极效应和磁阻转矩。

- 交直轴磁路的等效气隙都很大，电枢反应比较小。

- 该类电机用作牵引电机时，动态响应快，转矩脉动小，但弱磁能力较差，其恒功率弱磁运行范围通常都比较小。

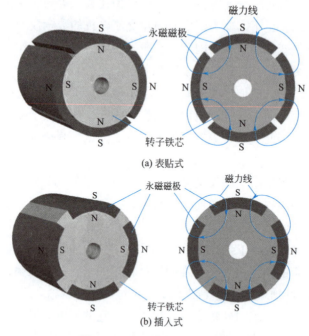

图 3-10　表面式永磁转子结构

（2）内置式永磁转子结构

内置式永磁转子结构的永磁体位于转子铁芯内部，其表面与气隙之间有铁磁物质的极靴保护，永磁体受到极靴的保护。典型的内置式永磁转子结构如图 3-11 所示，它具有径向式、切向式和 U 形混合式三种形式。该结构电机具有以下特点。

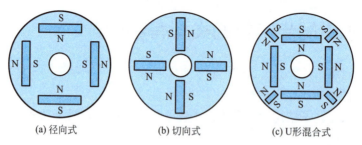

图 3-11　典型的内置式永磁转子结构

- 转子交直轴磁路不对称，电机凸极率大于 1，电磁转矩由永磁转矩和磁阻转矩共同产生，因此，内置式永磁转子电机也称为永磁磁阻电机。

● 磁阻转矩提高了电机的过载能力，而且易于弱磁扩散，扩大了电机的恒功率运行范围。

119 永磁同步电机的结构是怎样的？

永磁同步电机属于交流电机的一种，其转子是由带有永久磁场的钢制成的，电机工作时给定子通电，产生旋转磁场推动转子转动，而"同步"的意思是在稳态运行时，转子的旋转速度与磁场的旋转速度同步。

永磁同步电机主要由定子、转子及冷却系统（水道）等组成，其结构示意如图3-12所示。动力线将电机控制器产生的三相交流电输送到电机的定子上，定子在三相交流电的作用下产生按照一定规律变化的旋转磁场，转子在定子产生的旋转磁场的作用下旋转，电机轴将转子产生的动能输出，旋变传感器可以检测电机转子转动时的角度和角速度并输出到电机控制器作为控制电机的依据，其中的水道用于给电机散热。

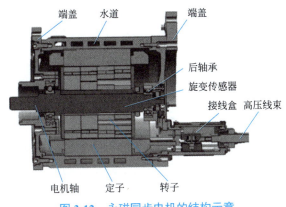

图3-12 永磁同步电机的结构示意

（1）定子

永磁同步电机的定子由定子铁芯和定子绕组构成。定子铁芯采用硅钢片经裁剪、冲制、叠压而成。定子绕组是永磁同步电机的关键部件，其制造质量对电机的性能、寿命及可靠性等有着重要的影响，而绕组的设计、制作、嵌装以及绝缘工艺等都是影响绕组质量的关键因素。合理地进行绕组设计可以有效地减少铜耗，提升电机的效率，降低电机的温升，减小电机的体积，降低电机的重量，提高电机的功率密度等。

（2）转子

永磁同步电机的转子可以是8个极、10个极、14个极和16个极。电动汽车驱动电机多采用48槽8极的结构。

(3) 冷却系统

永磁同步电机的冷却方式主要有水冷和油冷两种形式。目前永磁同步电机的冷却方式多为机壳水冷方式。

120 永磁同步电机的工作原理是怎样的?

永磁同步电机的工作逻辑如图 3-13 所示,由于转子自带磁性,当定子绕组通电后,转子立即受力,这就使得定子磁场与转子两者的转速达到同步。

图 3-13　永磁同步电机的工作逻辑

永磁同步电机的工作原理如图 3-14 所示,电机的转子是个永磁体,N、S 极沿圆周方向交替排列,定子是旋转的磁场。电机运行时,定子存在旋转磁动势,转子像磁针在旋转磁场中旋转一样,随着定子的旋转磁场同步旋转。

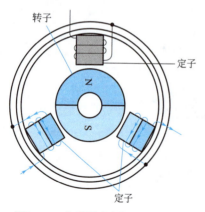

图 3-14　永磁同步电机的工作原理

永磁同步电机的定子是三相对称绕组,三相正弦波电压在定子三相绕组中产生对称三相正弦波电流,并在气隙中产生旋转磁场。旋转磁场与已充磁的磁极作用,带动转子与旋转磁场同步旋转并力图使定子、转子磁场轴线对齐。当外加负载转矩以后,转子磁场轴线将落后定子磁场轴线一个功率角,负载越大,功率角也越大,直到一个极限角度,电机停止。由此可见,永磁同步电机在运行中,转速必须与频率严格成比例旋转,否则会失步停转。所以,它的转速与旋转磁场同步,其静态误差为零。在负载扰动下,只是功率角变化,而不引起转速变化,它的响应时间是实时的。

121 永磁同步电机的控制方法有哪些?

(1) 矢量控制

由于永磁同步电机转速和电源频率严格同步,其转子转速等于旋转磁场转速,转差恒等于零，没有转差功率，控制效果受转子参数影响小，因此，在永磁同步电机上更容易实现矢量控制。

（2）直接转矩控制

直接转矩控制不需要矢量控制中复杂的旋转坐标变换和转子磁链定向，转矩取代电流成为受控对象，电压矢量则是控制系统唯一的输入，直接控制转矩和磁链的增加或减小，但是转矩和磁链并不解耦，对电机模型进行简化处理，没有 PWM 信号发生器，控制结构简单，受电机参数变化影响小，能够获得极佳的动态性能。

（3）智能控制

为了提高永磁同步电机的控制性能和控制精度，模糊控制、神经网络控制等已经应用于永磁同步电机的控制。

122 什么是永磁同步电机的功角特性？

在分析永磁同步电机时，经常把负载电流分解为直轴电流和交轴电流两个分量。如图 3-15 所示为永磁同步电机的物理模型，以平行于转子合成磁场为 d 轴，垂直于转子合成磁场为 q 轴，建立 d-q 坐标系。

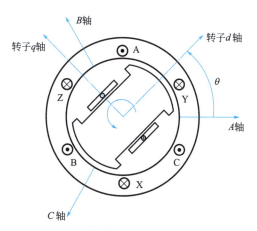

图 3-15　永磁同步电机的物理模型

如果忽略三相绕组的电阻，则永磁同步电机定子单相电压方程为

$$U = E_0 + I_a R_a + jI_d X_d + jI_q X_q \tag{3-5}$$

式中，U 为永磁同步电机定子单相电压；E_0 为单相的空载反电动势；I_a 为电枢电流，$I_a = I_d + I_q$；I_d 为直轴（d 轴）电枢电流；I_q 为交轴（q 轴）电枢电流；R_a 为电枢绕组电阻；X_d 为直轴同步电抗；X_q 为交轴同步电抗。

永磁同步电机从电源吸收的有功功率扣除在三相绕组中消耗的铜损耗后的电磁功率为

$$P_{em} = 3P_s = 3UI_s \cos\varphi \tag{3-6}$$

式中，P_{em} 为永磁同步电机电磁功率；P_s 为永磁同步电机单相电磁功率；U 为永磁同步电机定子单相电压；I_s 为永磁同步电机定子单相电流；φ 为永磁同步电机功率因数角。

d-q 轴的电压方程为

$$\begin{aligned} I_d X_d &= E_0 - U\cos\theta \\ I_q X_q &= U\sin\theta \end{aligned} \tag{3-7}$$

式中，θ 为功角。

永磁同步电机功率因数角与功角之间的关系为

$$\varphi = \psi - \theta \tag{3-8}$$

式中，ψ 为内功率因数角。

将式（3-8）代入式（3-6）中可得

$$P_{em} = 3UI_s \cos\psi\cos\theta + 3UI_s \sin\psi\sin\theta \tag{3-9}$$

永磁同步电机定子单相电流与直、交轴电枢电流的关系为

$$\begin{aligned} I_d &= I_s \sin\psi \\ I_q &= I_s \cos\psi \end{aligned} \tag{3-10}$$

将式（3-10）、式（3-7）代入式（3-9）可得

$$P_{em} = \frac{3E_0 U}{X_d}\sin\theta + \frac{3U^2}{2}\left(\frac{1}{X_q} - \frac{1}{X_d}\right)\sin 2\theta \tag{3-11}$$

永磁同步电机电磁功率分两部分：第一部分由永磁场与电枢磁场相互作用产生，称为基本电磁功率；第二部分因凸极效应产生，称为附加电磁功率或磁阻功率。对于永磁同步电机，充分利用磁阻功率是提高电机功率密度和效率的有效途径。

电磁功率与功角的关系称为永磁同步电机的功角特性。

123 开关磁阻电机的结构是怎样的？

开关磁阻电机主要由双凸极的定子和转子组成，如图 3-16 所示，其定子、转子的凸极均由普通的硅钢片叠压而成。定子极上绕有集中绕组（励磁绕组），把沿

径向相对的两个绕组串联成一个两级磁极,称为"一相";转子既无绕组又无永磁体,仅由硅钢片叠压而成。

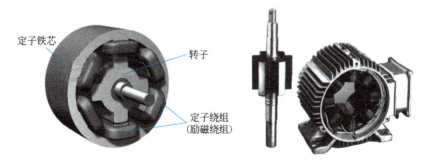

图 3-16 开关磁阻电机的结构

开关磁阻电机有多种不同的相数结构,如单相、二相、四相及多相等,且定子和转子的极数有多种不同的搭配。低于三相的开关磁阻电机一般没有自启动能力。相数多,有利于减小转矩脉动,但结构复杂,主开关器件多,成本增高。目前应用较多的是四相 8/6 极结构和三相 6/4 极结构。

124 开关磁阻电机的工作原理是怎样的?

开关磁阻电机的工作原理如图 3-17 所示。图中,S_1、S_2 是电子开关;VD_1、VD_2 是二极管;U 是直流电源。

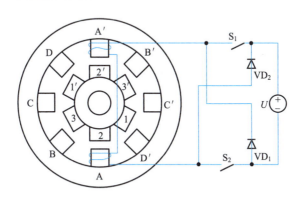

图 3-17 开关磁阻电机的工作原理

电机的定子和转子呈凸极形状,极数互不相等,转子由叠片构成,转子带有位置检测器以提供转子位置信号,使定子绕组按一定的顺序通断,保持电机的连续运行。

开关磁阻电机的磁阻随着转子磁极与定子磁极的中心线对准或错开而变化。因为电感与磁阻成反比，所以当转子磁极在定子磁极中心线位置时，相绕组电感最大；当转子磁极中心线对准定子磁极中心线时，相绕组电感最小。

因为开关磁阻电机的运行原理遵循"磁阻最小原理"——磁通总要沿着磁阻最小的路径闭合，所以具有一定形状的铁芯在移动到最小磁阻位置时，必须使自己的主轴线与磁场的轴线重合。当定子 D-D′ 极励磁时，所产生的磁力则力图使转子旋转到转子极轴线 1-1′ 与定子极轴线 D-D′ 重合的位置，并使 D 相励磁绕组的电感最大。若以图 3-17 中定子、转子所处的相对位置作为起始位置，则依次给 D-A-B-C 相绕组通电，转子即会逆着励磁顺序以逆时针方向连续旋转；反之，若依次给 B-A-D-C 相通电，则电机即会沿着顺时针方向转动。所以开关磁阻电机的转向与相绕组的电流方向无关，而仅取决于相绕组通电的顺序。

125 开关磁阻电机的控制方法有哪些？

（1）角度位置控制

角度位置控制是指加在绕组上的电压一定的情况下，通过改变绕组上主开关的开通角和关断角，来改变绕组的通、断电时刻，调节相电流的波形，实现转速闭环控制。当电机转速较高时，旋转电动势较大，则此时电流上升率下降，各相的主开关器件的导通时间较短，电机绕组的相电流不易上升，电流相对较小，便于使用角度位置控制。

（2）电流斩波控制

电机低速运行特别是启动时，旋转电动势引起的压降很小，相电流上升快，为避免过大的电流脉冲对功率开关器件及电机造成损坏，需要对电流峰值进行限定，因此，可采用电流斩波控制，获取恒转矩的机械特性。电流斩波控制一般不会对开通角、关断角进行控制，它将直接选择在每相的特定导通位置对电流进行斩波控制。

（3）电压控制

电压控制是保持开通角、关断角不变的前提下，使功率开关器件工作在 PWM 方式。通过调节 PWM 波的占空比，来调整加在绕组两端电压的平均值，进而改变绕组电流的大小，实现对转速的调节。若增大调制脉冲的频率，就会使电流的波形比较平滑，电机输出增大，噪声减小，但对功率开关器件的工作频率的要求就会增大。

开关磁阻电机也可以采用多种控制方式相组合的方法。如高速角度控制和低速电流斩波控制组合，变角度电压斩波控制和定角度电压斩波控制等。这些组合方式各有优势及不足，因此必须针对不同的应用场合和不同的性能要求，合理地选择控制方式，才能使开关磁阻电机运行于最佳状态。

126 轮毂电机的结构是怎样的？

轮毂电机的驱动系统通常由电机、减速机构、制动器与散热系统等组成。轮毂电机驱动系统根据电机的转子形式不同主要分为外转子型和内转子型两种，如图3-18所示。

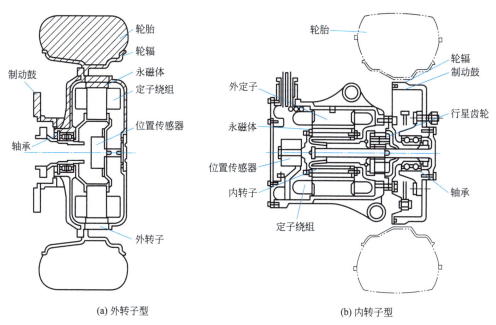

(a) 外转子型　　(b) 内转子型

图3-18　轮毂电机的驱动形式

（1）外转子型轮毂电机

外转子型轮毂电机采用低速外转子电机，电机的最高转速为1000～1500r/min，无任何减速装置，电机的外转子与车轮的轮辋固定或者集成在一起，车轮的转速与电机相同。外转子型轮毂电机的优点是结构简单，轴向尺寸小，比功率高，能在很宽的速度范围内控制转矩，而且响应速度快，外转子直接和车轮相连，没有减速机构，因此效率高；缺点是如要获得较大的转矩，必须增大电机的体积和重量，因而成本高，加速时效率低，噪声大。

（2）内转子型轮毂电机

内转子型轮毂电机则采用高速内转子电机，同时装备固定传动比的减速器。为了获得较高的功率密度，电机的转速通常高达10000r/min，减速结构通常采用传动比为 10∶1 左右的行星齿轮减速装置，车轮的转速为 1000r/min 左右。内转子型轮毂电机的优点是具有较高的比功率，重量轻，体积小，噪声小，成本低；缺点是必须采用减速装置，使效率降低，非簧载重量增大，电机的最高转速受线圈损耗、摩擦损耗及变速机构的承受能力等因素的限制。这两种结构在目前的电动汽车中都有应用，但是随着紧凑的行星齿轮变速机构的出现，高速内转子型轮毂电机在功率密度方面比低速外转子型轮毂电机更具竞争力。

127 驱动电机的匹配原则是什么？

驱动电机主要分为直流电机、异步电机、永磁同步电机和开关磁阻电机。目前，纯电动汽车使用的驱动电机主要是永磁同步电机和异步电机，国内以永磁同步电机为主。驱动电机的匹配主要是确定驱动电机的额定功率和峰值功率、额定转矩与峰值转矩、额定转速和最高转速等。

驱动电机的功率对整车的动力性具有直接影响，驱动电机功率越大，整车运行时的后备功率也越大，加速以及爬坡能力越强，但同时也会增加驱动电机本身的体积和重量，进而影响整车的重量。驱动电机的额定功率一般由最高车速确定，峰值功率由整车的设计目标来确定，峰值功率至少应该达到最高车速、加速时间和最大爬坡度（最大坡度角）所对应的峰值功率需求，同时也要考虑汽车附件的功率损耗。

正确选择驱动电机的额定功率非常重要。如果选择过小，驱动电机经常在过载状态下运行；相反，如果选择太大，驱动电机经常在欠载状态下运行，效率及功率因数降低，不仅浪费电能，而且增加动力蓄电池的容量，综合经济效益下降。

在驱动电机额定功率一定的情况下，额定转速越高，则驱动电机体积越小，重量越轻。驱动电机的高效区一般处于额定转速附近，因此从经济性角度考虑，一般根据经济车速确定驱动电机的额定转速。

驱动电机的最高转速与额定转速之比，称为电机恒功率区扩大系数。较大的恒功率区可改善纯电动汽车的动力性，在兼顾低速最大爬坡度的同时提高最高车速。但随着最高转速的提高，驱动电机及减速装置的制造成本也会相应增加，因此驱动电机最高转速的选择既要考虑动力性要求，又要考虑驱动电机及减速装置的经济性等因素。驱动电机最高转速首先要满足纯电动汽车行驶最高车速需求，一般以最高车速对应驱动电机转速的 1.2 倍作为其最高转速选取的值。

128 电机控制器的主要功能是什么?

电机控制器在电动汽车中主要是连接动力蓄电池与驱动电机,如图3-19所示。它根据整车的需求,从动力蓄电池获得直流电,经过逆变器的调制,获得控制驱动电机需要的交流电,提供给驱动电机,使得驱动电机的转速和转矩满足整车的加速、减速、制动和停车等需求。

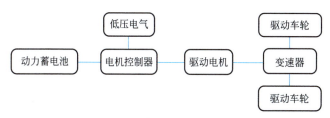

图3-19 电机控制器的连接

电机控制器的功能及复杂度会随驱动电机工况的需要而不同。纯电动汽车的电机控制器一般应具有以下功能。

(1) 把直流电变成交流电

动力蓄电池提供的是直流电,而驱动电机需要的是交流电,因此电机控制器必须把动力蓄电池提供的直流电转换成驱动电机需要的交流电。这种转换依靠的是电机控制器中的逆变器。

(2) 控制驱动电机的正向旋转和反向旋转

燃油汽车的前进和后退主要依靠变速器的前进挡和倒挡,但电动汽车的前进和后退主要依靠驱动电机的正向旋转和反向旋转,因此,电机控制器应该能够根据电动汽车的前进和后退,控制驱动电机的正向旋转和反向旋转。

(3) 控制驱动电机的输出

电动汽车有各种不同的行驶工况,这些行驶工况对驱动电机的动力输出和转速输出的要求是不一样的,电机控制器应能够根据电动汽车的行驶工况控制驱动电机的输出,以满足电动汽车行驶的需求。例如电动汽车启动时需要较大的启动转矩,这就要求电机控制器在低速时能控制驱动电机输出较大的电流;电动汽车巡航行驶时,需要稳定的输出力矩,这就要求电机控制器在巡航时能控制驱动电机输出稳定的电流。电动汽车行驶时,驾驶员踩加速踏板,整车控制器将加速踏板开度大小换算为正转矩值大小,通过CAN报文发送给电机控制器,电机控制器按照该转矩值通过驱动电机输出以驱动电动汽车行驶。

(4) 控制能量回收

电动汽车减速或制动时,电机控制器将驱动电机作为发电机运行时产生的三相交流电，经过整流变成直流电反馈到动力蓄电池，实现能量回收，提高电动汽车的续驶里程。驾驶员踩制动踏板时，整车控制器根据制动踏板信号及车速信号，将负转矩值通过 CAN 报文发送给电机控制器，电机控制器按照该转矩值控制驱动电机发电，并将能量反馈到动力蓄电池，实现能量回收。

(5) 实现 CAN 通信

电机控制器具备高速 CAN 网络通信功能，能根据整车 CAN 协议内容正确地进行 CAN 报文发送、接收及解析，有效地实现各系统及整车功能策略，控制驱动电机系统安全可靠运行，确保电动汽车安全行驶。

(6) 主动放电功能

电机控制器内含大容量电容，考虑电容自行放电时间长，存在高压安全风险，故电机控制器需具备主动放电功能。主动放电的含义是当电机控制器高压电源被切断后，切入专门的放电回路，控制器支撑电容快速放电过程。主动放电要求是电机控制器进行主动放电时，支撑电容放电至 60V 所需时间应不超过 3s。

(7) 安全保护功能

电机控制器应具备故障检测、故障提醒、故障处理等安全保护功能；能有效根据故障危害程度进行故障报警、停机等方式分级处理，在确保产品及整车使用安全的同时更好地满足电动汽车行驶的需要。

不同电动汽车的电机控制器，其功能是有差异的，在使用前，应阅读其说明书。

129 电机控制器由哪几部分组成？

(1) 电子控制模块

电子控制模块包括硬件电路和相应的控制软件。硬件电路主要包括微处理器及其最小系统，对驱动电机电流、电压、转速、温度等状态的监测电路，各种硬件保护电路，以及与整车控制器、电池管理系统等外部控制单元数据交互的通信电路。控制软件根据不同类型电机的特点实现相应的控制算法。

(2) 驱动模块

驱动模块将微处理器对驱动电机的控制信号转换为驱动功率变换器的驱动信号，并实现功率信号和控制信号的隔离。

(3) 功率变换模块

功率变换模块对驱动电机的电流进行控制。电动汽车经常使用的功率器件有大功率晶体管、门极可关断晶闸管、功率场效应管、绝缘栅双极型晶体管（Insulated Gate Bipolar Transistor，IGBT）以及智能功率模块等。IGBT 是电控核心关键零部件，起着功率转换的作用，而且成本占比接近50%。

(4) 传感器

传感器主要包括电流传感器、电压传感器、温度传感器。电流传感器用以检测供给驱动电机工作的实际电流（包括母线直流电流、三相交流电流）；电压传感器用以检测供给电机控制器工作的实际电压（包括高压动力蓄电池电压、低压蓄电池电压）；温度传感器用以检测电机控制系统的工作温度（包括模块温度、电机控制器温度）。

130 电机控制器的工作原理是怎样的？

电机控制器是驱动电机的控制中心，是以IGBT模块为核心，辅以驱动集成电路和主控集成电路构成，通常也称为智能功率模块。

IGBT与驱动电机的连接关系如图3-20所示。

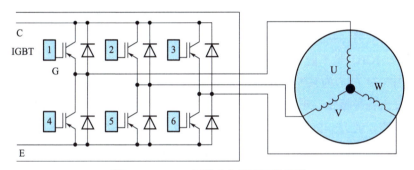

图 3-20　IGBT 与驱动电机的连接关系

由图3-20可知，在电机驱动时，左侧通常输入的是直流电，C端（集电极）接直流电正极，E端（发射极）接直流电负极，G端（栅极）接控制端，用于控制IGBT的通断；U、V、W三根线作为输出连接到电机相应的输入端口上。电机控制器的驱动集成电路给栅极（G端）加载一定的电压，就可以实现IGBT的导通，释放这个电压就可以实现IGBT的断通。同时，由于二极管的作用，C端和E端没有直接相连，阻止了电流直接构成回路。

使用IGBT按以下方式将直流电转换成交流电。

● 若1号、6号IGBT导通，其他关断，则电流经过1号IGBT从U相输入，经过6号IGBT从W相输出。

● 若1号、5号、6号IGBT导通，其他关断，则电流经过1号IGBT从U相输入，经过5号、6号IGBT从V、W相输出。

● 若3号、4号IGBT导通，其他关断，则电流经过3号IGBT从W相输入，经过 4 号 IGBT 从 U 相输出。

● 若 2～4 号 IGBT 导通，其他关断，则电流经过 2 号、3 号 IGBT 从 V、W 相输入，经过 4 号 IGBT 从 U 相输出。

由以上 4 个工作状态可以看出，只要控制相应的 IGBT 按照一定的规律通断，就可以实现有规律的三相交流电输出，从而控制电机按照一定的规律旋转。

在再生制动的过程中，驱动电机作为发电机，将电动汽车行驶过程中产生的机械能转化为电能并输出，由于驱动电机是三相的，它发出的也是三相交流电，不能直接充入动力蓄电池中，因此需要将三相交流电转换为直流电。

由图 3-20 可知，由于二极管的存在，驱动电机发出的三相交流电会自动转换为直流电。例如，若产生的交流电从 U 相输出，从 V 相回流，则产生的电流会经 1 号二极管从 C 端口流出，经 E 端口从 6 号二极管流回；若产生的交流电从 V、W 相输出，从 U 相回流，则产生的电流会经 2 号、3 号二极管从 C 端口流出，经 E 端口从 4 号二极管流回。由此可以看出，二极管的单向导通性确保了电流无论从驱动电机的哪相流出或流入，在逆变器的作用下，从左侧流出的电流都将从 C 端口流出逆变器，从 E 端口流回逆变器，从而保证逆变器左端始终为直流电。在此过程中，IGBT 是不能处于导通状态的，否则就会出现短路等危险情况。

如图 3-21 所示为某纯电动汽车的电机控制器连接示意。整车控制器根据驾驶员意图发出各种指令，电机控制器响应并反馈，实时调整驱动电机输出，以实现整车的怠速、前行、倒车、停车、能量回收以及驻坡等功能。电机控制器的另一个重要功能是通信和保护，实时进行状态和故障检测，保护驱动电机系统和整车安全可靠运行。

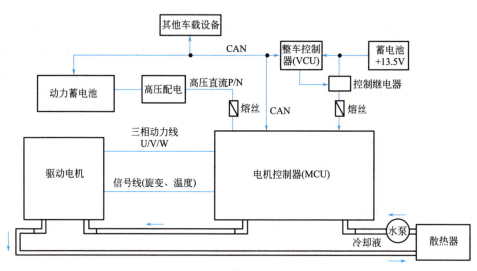

图 3-21　某纯电动汽车的电机控制器连接示意

131. 电机控制器中的绝缘栅双极晶体管功率模块有什么作用和要求?

IGBT 是绝缘栅双极晶体管的英文 Insulated Gate Bipolar Transistor 的缩写,是由双极结型晶体管(Bipolar Junction Transistor,BJT)和金属氧化物半导体(Metal Oxide Semiconductor,MOS)组成的复合全控型电压驱动式电力电子器件,主要用途包括电压/电流的变频、变压、变相、整流、逆变、开关等,被应用于交流电机、变频器、开关电源、照明电路、牵引传动等领域。

IGBT 以其输入阻抗高、开关速度快、通态电压低、阻断电压高、可承受电流大等特点,已经成为车规级功率半导体器件的主流。电动汽车运行的高温、强震动等综合工况对车用 IGBT 功率模块提出以下要求。

(1) 宽温度特性

在不降低功率模块性能和寿命的前提下,IGBT 功率模块可在环境温度达到 105℃ 的情况下正常运行。如果能够扩大 IGBT 功率模块运行的温度范围(-40~125℃),就会降低对冷却系统的要求,但同时会对 IGBT 功率模块的功率密度及散热设计提出更高的要求。

(2) 复杂的驱动工况

电动汽车驱动工况复杂,例如,在城市工况下需要频繁地在加速、减速和巡航各个工况间切换;IGBT 的电压、电流随车辆工况频繁变化,IGBT 模块需要在电流、电压循环冲击下可靠运行。

(3) 高可靠要求

车用功率模块必须和电动汽车的寿命保持一致,对 IGBT 的耐久性提出了更高的要求,-40~125℃ 的温度循环要达到 1000 次;间歇工作循环(管芯结温为 100℃)要达到 30000 次;热疲劳循环(壳温温差为 100℃)要达到 10000 次;承受的震动加速度为 50~180m/s^2;功率模块的工作状态寿命为 15 年及以上。

当前车规级模块以英飞凌 820A/750V、800A/650V、400A/650V 功率模块为代表,已经大批量应用于电动汽车电机控制器中。

132. 电机控制器中的电容器有什么作用?

功率器件在高速开关时会产生高幅值的纹波电流,在直流输入端与功率器件之间增加电容器可以起到吸收纹波电流、稳定直流电压的作用。

纹波电流是指流经电容器的交流电流,电容器可承受的纹波电流与电容器结构、工艺有很大关系。当纹波电流流经电容器时,会在电容器内部产生一定的热损耗，在降低系统效率的同时，也会缩短电容器的使用寿命。

电容器在电机控制器中具有以下作用。

● IGBT 开关导通时，使母线电压平滑，使电机控制器的母线电压保持平稳。

● 将电机控制器 IGBT 端子的电感参数降低到动力蓄电池端子线需要的数值，并削弱母线的峰值电压。

● 吸收电机控制器总线端子的高脉冲电流。

● 防止总线端电压过充电以及瞬时电压对电机控制器的影响。

电动汽车电机控制器要求安全可靠，寿命长，并对体积密度要求高。同时，电机控制器直流电压平台还在向高电压方向发展，对电容器的耐压性也有一定要求。铝电解电容器耐纹波电流能力弱，寿命短，在使用过程中还会出现漏液、爆炸、击穿、开路等现象，所以电动汽车的电机控制器通常使用膜电容器作为中间支撑电容。相比铝电解电容器，膜电容器具有寿命长、耐高压、低等效串联电阻、高纹波电流、高自愈性等特点，还具有结构可定制化、体积小等优点，已广泛应用于电动汽车电机控制器领域。

133 驱动电机与控制器的匹配关系是怎样的？

电机控制器选择必须与驱动电机相匹配。控制器容量等级为 5kV·A、10kV·A、15kV·A、35kV·A、50kV·A、60kV·A、100kV·A、150kV·A、200kV·A、270kV·A、300kV·A、360kV·A、420kV·A 及以上。

驱动电机与控制器输出容量的匹配关系见表 3-1。

表 3-1 驱动电机与控制器输出容量的匹配关系

电机额定功率 /kW	控制器输出容量 /(kV·A)	电机额定功率 /kW	控制器输出容量 /(kV·A)	电机额定功率 /kW	控制器输出容量 /(kV·A)
1	5	18.5	50	90	150
2.2	5	22	50	110	200
3.7	10	30	60	132	200
5.5	15	37	60	150	270
7.5	15	45	100	160	330
11	35	55	100	185	360
16	35	75	150	200	420

134 纯电动汽车与燃油汽车使用的变速器有什么不同？

汽车变速器主要起到减速增扭的作用，纯电动汽车和燃油汽车使用的变速器是完全不同的，燃油汽车使用的变速器主要有自动离合变速器、自动变速器、无级变速器、双离合变速器、电控无级变速器等，属于多挡变速器；纯电动汽车变速器主要有单挡变速器和两挡变速器，单挡变速器也称为减速器。其减速方式有圆柱齿轮减速、圆锥齿轮减速和行星齿轮减速之分，也有单级减速和多级减速之分。纯电动汽车的变速器一般不是孤立的，而是向集成化的电驱动系统发展。

纯电动汽车普遍采用单挡变速器。单挡变速器结构简单，成本低，传动效率高。单挡变速器由两级齿轮传动组成，其中第二级齿轮传动集成差速器。单挡变速器的减速机构主要有圆柱齿轮减速和行星齿轮减速，如图 3-22 所示。

(a) 圆柱齿轮减速　　　　　　(b) 行星齿轮减速

图 3-22　单挡变速器的减速机构形式

如图 3-23 所示为某纯电动汽车同轴单挡变速器，该变速器采用圆柱齿轮减速。

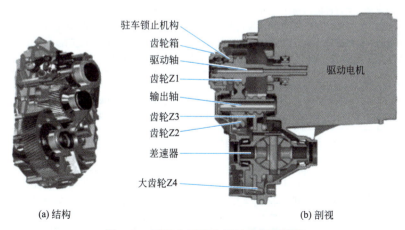

(a) 结构　　　　　　(b) 剖视

图 3-23　某纯电动汽车同轴单挡变速器

与减速比为 9～10.5 的单挡变速器相比，两挡变速器的低速挡减速比设置为 11～12，满足加速和爬坡性能，而且所需驱动电机峰值转矩可以降低；高速挡减速比设置为 5～9，满足最高车速要求，而且所需驱动电机最高转速可以降低。驱动电机峰值转矩和最高转速降低，可使得驱动电机小型化和轻量化，而且两挡变速器可使驱动电机较多地在最佳效率点运转。

如图 3-24 所示为吉凯恩两挡变速器，该变速器集成了两挡、同轴、双离合器式差速器的特点。

图 3-24　吉凯恩两挡变速器

135　驱动电机系统的发展目标是什么？

到 2035 年，我国电动汽车的驱动电机系统产品总体达到国际先进水平。驱动电机系统的发展目标见表 3-2。表 3-2 中的 CLTC 是指我国轻型汽车试验循环。

表 3-2　驱动电机系统的发展目标

2025 年	2030 年	2035 年
电驱动总成系统关键性能达到国际先进水平，实现可高压、高速化与先进制造工艺，核心关键材料与关键制造装备实现国产化	电驱动总成系统关键性能达到国际领先水平，实现可高压、高速化与先进制造工艺，核心关键材料与关键制造装备实现国产化	电驱动总成系统关键性能整体达到国际领先水平，核心关键材料、关键制造、测试装备与设计开发工具实现国产化
乘用车驱动电机比功率达到 5.0kW/kg，驱动电机系统效率大于 90% 的高效率区要大于 80%	乘用车驱动电机比功率达到 6.0kW/kg，驱动电机系统效率大于 93% 的高效率区要大于 80%	乘用车驱动电机比功率达到 7.0kW/kg，驱动电机系统效率大于 95% 的高效率区要大于 80%
乘用车电机控制器功率密度达到 40kW/L	乘用车电机控制器功率密度达到 50kW/L	乘用车电机控制器功率密度达到 70kW/L
纯电驱动系统比功率达到 2.0kW/kg，综合使用效率达到 87.0%（CLTC）	纯电驱动系统比功率达到 2.4kW/kg，综合使用效率达到 88.5%（CLTC）	纯电驱动系统比功率达到 3.0kW/kg，综合使用效率达到 90%（CLTC）

第4章 纯电动汽车技术

136 纯电动汽车主要的结构是怎样的?

纯电动汽车的结构与燃油汽车相比,有些是相同的,有些是独有的。相同的部分如悬架系统、行驶系统、转向系统、制动系统等,一般在叙述纯电动汽车结构时,不包括相同的部分,只叙述不同的部分。纯电动汽车的主要组成如图4-1所示。

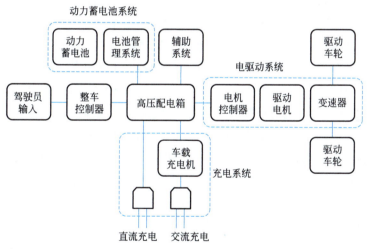

图4-1 纯电动汽车的主要组成

(1) 动力蓄电池系统

动力蓄电池系统主要包括动力蓄电池和电池管理系统等,其功用是向驱动电机提供电能、监测动力蓄电池使用情况以及控制充电设备向动力蓄电池充电。

(2) 电驱动系统

电驱动系统主要包括驱动电机、电机控制器和变速器,其功用是向驱动车轮提供转矩，是纯电动汽车唯一的驱动装置。

(3) 整车控制器

整车控制器是纯电动汽车的中枢，它根据驾驶员输入的加速踏板和制动踏板的信号，向电机控制器发出相应的控制指令，对驱动电机进行启动、加速、减速、制动控制。在纯电动汽车制动减速或下坡滑行时，整车控制器配合电池管理系统进行发电回馈，使动力蓄电池反向充电。整车控制器还对动力蓄电池充放电过程进行控制。对于与汽车行驶状况有关的速度、功率、电压、电流及有关故障诊断等信息还需传输到车载信息显示系统进行相应的数字或模拟显示。

(4) 充电系统

充电系统主要包括车载充电机、充电接口和地面充电设备等，主要功能是为纯电动汽车动力蓄电池充电。

(5) 辅助系统

辅助系统包括车载信息显示系统和辅助电气设备等。

137　纯电动汽车的工作原理是怎样的？

纯电动汽车的工作原理如图 4-2 所示。纯电动汽车的电能由动力蓄电池提供，并通过电网对动力蓄电池补充电能。纯电动汽车工作时，驾驶员通过加速踏板和制动踏板控制其行程，传感器将加速踏板、制动踏板机械位移的行程量转换为电信号，输入整车控制器，经处理后给电机控制器发出驱动信号，对驱动电机进行启动、加速、减速、制动控制等。当纯电动汽车行驶时，动力蓄电池输出的直流电经 DC/DC 变换器、电机控制器变为交流电后输送给驱动电机，驱动电机将电能高效地转化为驱动车轮的动能，使车轮转动。当汽车制动减速或下坡滑行时，车轮带动驱动电机转动，通过电机控制器使驱动电机成为交流发电机产生电流，再将交流电变为直流电向动力蓄电池充电，进行制动能量回收。

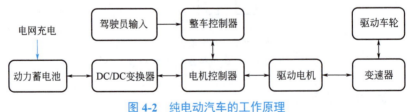

图 4-2　纯电动汽车的工作原理

138　纯电动汽车的驱动形式有哪几种？

纯电动汽车的驱动形式主要有后轮驱动、前轮驱动和四轮驱动。目前纯电动乘用车以前轮驱动为主，动力性要求高的纯电动汽车以四轮驱动为主，商用纯电动汽车以后轮驱动为主，但也有后轮驱动的纯电动乘用车。

(1) 后轮驱动

后轮驱动布置形式如图 4-3 所示。后轮驱动布置的优点是前后负荷均匀，操控性好。

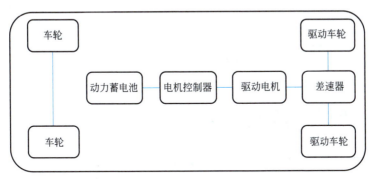

图 4-3　后轮驱动布置形式

(2) 前轮驱动

前轮驱动布置形式如图 4-4 所示。前轮驱动纯电动汽车结构紧凑，有利于其他总成的安排，在转向和加速时行驶稳定性较好。前轮驱动兼转向，结构复杂，上坡时前轮附着力减小，易打滑。适合于中级及中级以下的电动乘用车。市场上的纯电动乘用车以前置前驱布置形式为主。

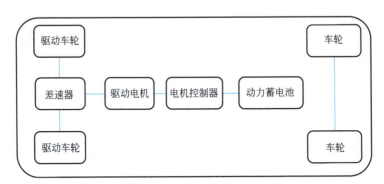

图 4-4　前轮驱动布置形式

(3) 四轮驱动

四轮驱动布置形式如图 4-5 所示。四轮驱动适合要求动力性强的电动跑车或城市 SUV，与四轮驱动内燃机汽车相比，能够取消部分传动零件，提高空间的利用率和动力的传递效率。

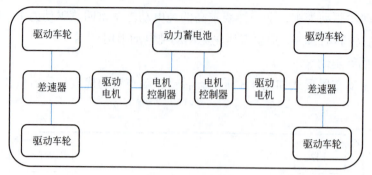

图 4-5　四轮驱动布置形式

139 纯电动汽车有什么特点？

(1) 纯电动汽车与燃油汽车相比的优点

- 零排放。纯电动汽车使用电能，在行驶中无废气排出，不污染环境。
- 能源效率高。纯电动汽车的能源效率已超过燃油汽车，特别是在城市中运行，汽车走走停停，行驶速度不快，纯电动汽车更加适宜。纯电动汽车停止时不消耗电量，在制动过程中，驱动电机可自动转化为发电机，实现制动减速时能量回收。
- 结构简单。因使用单一的电能源，省去了发动机、离合器、多挡变速器、油箱、冷却和排气系统等，所以结构较简单。
- 噪声低。纯电动汽车无发动机产生的噪声，驱动电机噪声也较发动机小。
- 节约能源。纯电动汽车的应用可有效地减少对石油资源的依赖。向动力蓄电池充电的电力可以由水力、核能、太阳能、风力、潮汐等新能源转化。除此之外，如果夜间向动力蓄电池充电，还可以避开用电高峰，有利于电网均衡负荷，减少费用。

(2) 纯电动汽车与燃油汽车相比的缺点

- 续驶里程相对较短。目前纯电动汽车尚不如燃油汽车技术完善，尤其是动力蓄电池的寿命短，使用成本高，存储能量少，一次充电后续驶里程较短，受环境因素影响较大。
- 成本高。目前，纯电动汽车主要采用锂离子蓄电池，成本较高，还需要国家补贴。
- 安全性。锂离子蓄电池的安全性有待进一步提高。
- 充电时间较长。一般交流慢充时间为 6～8h，直流快充时间为 30min 左右，但经常直流快充会对动力蓄电池寿命产生较大影响。
- 配套不完善。纯电动汽车的使用还远不如燃油汽车方便，还要加大配套基础设施的建设。

随着纯电动汽车技术的突破,特别是动力蓄电池容量和循环寿命的提高,以及价格的降低和基础设施的配套完善,纯电动汽车的推广使用一定会得到大的发展。

140 纯电动汽车最高车速的定义及试验方法是怎样的?

纯电动汽车最高车速的定义有最高车速(1km)和 30min 最高车速。

(1) 最高车速(1km)

最高车速(1km)是指纯电动汽车能够往返各持续行驶 1km 以上距离的最高平均车速。

最高车速(1km)可按以下步骤进行试验。

- 将试验车辆加载到试验重量,增加的载荷应合理分布。
- 按有关规定对车辆进行试验前的准备。
- 在直线跑道或环形跑道上将试验车辆加速,使汽车在驶入测量区之前能够达到最高稳定车速,并且保持这个车速持续行驶 1km(测量区的长度)。记录车辆持续行驶 1km 的时间 t_1,单位为 s。
- 随即做一次反方向的试验,并记录通过的时间 t_2,单位为 s。
- 按下式计算最高车速(1km),单位为 km/h。

$$v = \frac{7200}{t_1 + t_2} \tag{4-1}$$

(2) 30min 最高车速

30min 最高车速是指纯电动汽车能够持续行驶 30min 以上的最高平均车速。

30min 最高车速可按以下步骤进行试验。

- 将试验车辆加载到试验重量,增加的载荷应合理分布。
- 按有关规定对车辆进行试验前的准备。
- 使试验车辆以该车 30min 最高车速估计值 ±5% 的车速行驶 30min。试验中车速如有变化,可以踩加速踏板,从而使车速符合 30min 最高车速估计值 ±5% 的要求。
- 如果试验中车速达不到 30min 最高车速估计值的 95%,试验应重做,车速可以是上述 30min 最高车速估计值或者制造厂重新估计的 30min 最高车速。
- 测量车辆驶过的里程 S_1,单位为 m,并按下式计算平均 30min 最高车速,单位为 km/h。

$$v_{30} = \frac{S_1}{500} \tag{4-2}$$

141 纯电动汽车加速能力的定义及试验方法是怎样的?

加速能力是指纯电动汽车从速度 v_1 加速到速度 v_2 所需的最短时间,包括 0～50km/h 加速时间和 50～80km/h 加速时间。

(1) 0～50km/h 加速时间的试验步骤

- 将试验车辆加载到试验重量,增加的载荷应合理分布。
- 将试验车辆停放在试验道路的起始位置,并启动车辆。
- 将加速踏板快速踩到底,使车辆加速到 (50±1)km/h。
- 如果装有离合器和变速器,将变速器置入该车的起步挡位,迅速起步,将加速踏板快速踩到底,换入适当挡位,使车辆加速到 (50±1)km/h。
- 记录从踩下加速踏板到车速达到 (50±1)km/h 的时间。
- 以相反方向行驶再做一次相同的试验。
- 0～50km/h 的加速时间是两次测得时间的算术平均值,单位为 s。

(2) 50～80km/h 加速时间的试验步骤

- 将试验车辆加载到试验重量,增加的载荷应合理分布。
- 将试验车辆停放在试验道路的起始位置。
- 将试验车辆加速到 (50±1)km/h,并保持这个车速行驶 0.5km 以上。
- 将加速踏板快速踩到底,或使用离合器和变速杆(如果有的话)将车辆加速到 (80±1)km/h。
- 记录从踩下加速踏板到车速达到 (80±1)km/h 的时间,或如果最高车速小于89km/h,应达到最高车速的 90%,并应在报告中记录下最后的车速。
- 以相反方向行驶再做一次相同的试验。
- 50～80km/h 的加速时间是两次测得时间的算术平均值,单位为 s。

受燃油汽车使用习惯的影响,实际上也常使用 0～100km/h 的加速时间来表示纯电动汽车的加速能力。

142 纯电动汽车爬坡能力的定义及试验方法是怎样的?

纯电动汽车的爬坡能力包括爬坡车速和坡道起步能力。

（1）爬坡车速

爬坡车速是指纯电动汽车在给定坡度的坡道上能够持续行驶 1km 以上的最高平均车速。

爬坡车速可按以下步骤进行试验。

步骤 1：将试验车辆加载到最大设计总重量，增加的载荷应合理分布。

步骤 2：将试验车辆置于测功机上，并对测功机进行必要的调整，使其适合试验车辆最大设计总重量值。

步骤 3：调整测功机使其增加一个相对于 4% 坡度的附加载荷。

步骤 4：将加速踏板踩到底，使试验车辆加速或使用适当变速挡位使车辆加速。

步骤 5：确定试验车辆能够达到并能持续行驶 1km 的最高稳定车速，同时，记录持续行驶 1km 的时间 t，单位为 s。

步骤 6：调整测功机使其增加一个相当于 12% 坡度的附加载荷。

步骤 7：重复步骤 4 和步骤 5 的试验。

步骤 8：试验完成后，停车检查各部位有无异常现象发生，并详细记录。

步骤 9：用下式计算实际爬坡车速，单位为 km/h。

$$v_\text{p} = \frac{3600}{t} \tag{4-3}$$

（2）坡道起步能力

坡道起步能力是指纯电动汽车在坡道上能够启动且 1min 内向上行驶至少 10m 的最大坡度。

坡道起步能力应在有一定坡度角的道路上进行测试。该坡度角应近似于制造厂技术条件规定的最大爬坡度对应的坡道角。实际坡度和厂定坡度之差，应通过增减重量来调整。当不知道制造厂技术条件规定的最大爬坡度对应的坡道角时，可通过计算获得。

坡道起步能力可按以下步骤进行试验。

● 将试验车辆加载到最大设计总重量。

● 选定的坡道应有 10m 的测量区，测量区前应提供起步区。将试验车辆停放在起步区域。选定的坡度角尽可能地近似于制造厂技术条件规定的最大爬坡度对应的坡道角。如果该坡道坡度角与厂定最大爬坡度对应的坡度角有差别，可根据下式通过增减装载重量的方法进行试验。

$$\Delta m = m \frac{\sin\alpha_0 - \sin\alpha_1}{\sin\alpha_1 + C} \tag{4-4}$$

式中，Δm 为增减的装载重量，应均布于乘客室或货箱中；m 为试验时的车辆最大设计总重量；α_0 为制造厂技术条件规定的最大爬坡度对应的坡度角；α_1 为实际试验坡道所对应的坡度角；C 为滚动阻尼系数，一般为 0.01。

● 以每分钟至少行驶 10m 的速度，通过测量区。如果车辆装有离合器和变速器，应用最低挡启动车辆并以每分钟至少行驶 10m 的速度，通过测量区。

当不知道 α_0 时，可按以下方法进行计算。

纯电动汽车驱动轮的转矩为

$$T_r = T_{e_{max}} i_t \eta_t \qquad (4-5)$$

式中，T_r 为驱动轮的转矩；$T_{e_{max}}$ 为电机峰值转矩；i_t 为传动系统的传动比；η_t 为传动效率。

纯电动汽车行驶驱动力为

$$F_t = \frac{T_r}{r} = mg(\sin\alpha_0 + C) \qquad (4-6)$$

式中，F_t 为行驶驱动力；r 为车轮滚动半径。

由式（4-6）可计算出 α_0，最大爬坡能力用 $\tan\alpha_0 \times 100\%$ 表示。

143 什么是纯电动汽车的续驶里程？

续驶里程是纯电动汽车动力蓄电池充满电后可连续行驶的里程，可以分为等速工况续驶里程和循环工况续驶里程。

（1）等速工况续驶里程

等速工况续驶里程是指纯电动汽车在良好的水平路面上一次充满电后等速行驶直至消耗掉全部携带的电能为止所行驶的里程。

等速工况续驶里程可按以下方法进行试验。纯电动汽车按相关规定给动力蓄电池充满电，以（60±2）km/h 的速度进行等速试验，试验过程中允许停车两次，每次停车时间不允许超过 2min，当车辆的行驶速度达到标准规定的要求时停止试验。记录试验期间试验车辆的停车次数和停车时间。试验工况结束，车辆停止时，记录试验车辆驶过的距离，测量值按四舍五入圆整到整数，该距离即为等速工况续驶里程，单位为 km。

（2）循环工况续驶里程

循环工况续驶里程是指动力蓄电池充满电后，基于一定的循环工况进行行驶，其所能实现的最大的行驶里程。

续驶里程对于综合评价纯电动汽车动力蓄电池、驱动电机及传动效率、纯电动汽车实用性具有积极意义。但此指标与纯电动汽车动力蓄电池装车容量及蓄电池水平有关,在不同车型和装配不同容量动力蓄电池的同种车型间不具有可比性。即使装配相同容量、同种动力蓄电池的同一车型,续驶里程也受到动力蓄电池状态、天气、环境因素等使用条件影响而有一定的波动。

144 纯电动汽车的循环工况主要有哪几种?

(1) NEDC 循环工况

NEDC 的全称为 New European Driving Cycle,翻译成中文就是新欧洲驾驶周期,也可以称它为新标欧洲循环测试。NEDC 是欧洲的续驶测试标准,在我国,工信部在对纯电动汽车的综合里程进行测试的时候,采用的就是 NEDC 测试标准。NEDC 循环工况主要包括匀速行驶、加速行驶和减速行驶。NEDC 循环工况由 4 个市区基本循环和 1 个市郊循环组成,理论试验距离为 11.022km,试验时间为 1180s,如图 4-6 所示。

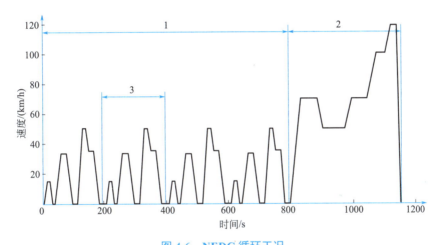

图 4-6 NEDC 循环工况

1—市区循环,0~780s;2—市郊循环,780~1180s;3—市区基本循环

NEDC 测试更加偏于理想化,而对于纯电动汽车来说,这就意味着所测试的续驶里程更长,而实际续驶里程相对更短。

(2) CLTC 循环工况

CLTC 循环工况分为 CLTC-P 循环工况和 CLTC-C 循环工况。我国乘用车行驶工况(CLTC-P)包括低速(1 部)、中速(2 部)和高速(3 部)3 个速度区间,理论试验距离为 14.48km,试验时间为 1800s,工况曲线如图 4-7 所示。

我国轻型商用车行驶工况(CLTC-C)包括低速(1 部)、中速(2 部)和高速(3 部)3 个速度区间,理论试验距离为 16.43km,试验时间为 1800s,工况曲线如

图 4-8 所示。

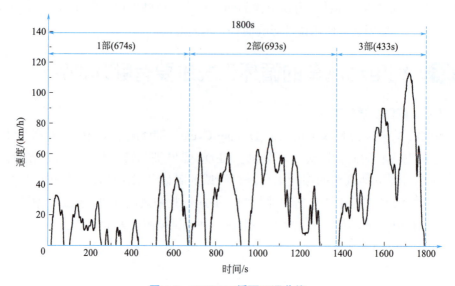

图 4-7 CLTC-P 循环工况曲线

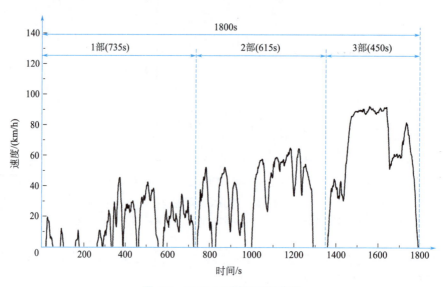

图 4-8 CLTC-C 循环工况曲线

(3) WLTP 循环工况

WLTP 的全称为 World Light Vehicle Test Procedure，即全球统一轻型汽车测试规程。相比 NEDC，WLTP 更加严格。因为该种测试方式分为低速、中速、高速和超高速共 4 个部分。另外，也将车辆的滚动阻力、挡位和车重作为可变因素纳入测试范围，所以 WLTP 循环工况所测试的续驶里程更加贴近实际。WLTP 循环工况属于瞬态循环，持续时间1800s（比NEDC多了620s），行驶距离23.25km（长了一倍多），最高车速为131km/h。WLTP循环工况如图4-9所示。

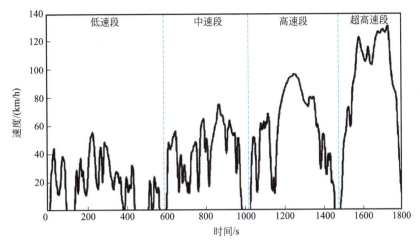

图4-9　WLTP循环工况

（4）FTP-75循环工况

FTP-75循环工况被称为目前最合理的循环工况测试规则。本着测试最真实数据的原则，美国FTP-75循环工况设计了很多接近现实的试验内容。FTP-75循环工况由一个市区循环工况和两个补充循环工况组成。两个补充循环工况分别为SC03高温空调全负荷运转循环和US06高速、高加速度循环。最终试验结果由这三个试验结果通过不同的比例计算而成，因此这样的数据更接近实际使用。

FTP-75循环工况整个运转循环分为三个部分：第一部分为冷启动阶段，耗时505s；第二部分为瞬态阶段，耗时864s；随后熄火浸车600s，再进行第三部分热启动阶段测试，耗时505s，全程时长约为2474s。汽车在长达40min里不断地加速和刹车，很好地模拟了现实拥堵市区交通中走走停停的情况。FTP-75循环工况图如图4-10所示。

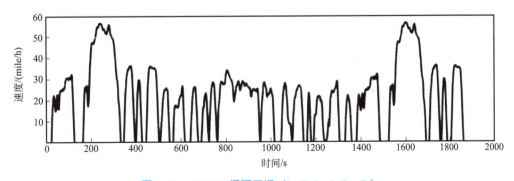

图4-10　FTP-75循环工况（1mile/h=1.6km/h）

我国纯电动汽车可选择 NEDC 循环工况或 CLTC 循环工况确定车型的电能消耗量和续驶里程。选择 NEDC 循环工况的，应按照《电动汽车　能量消耗率和续驶里程　试验方法》（GB/T 18386—2017）进行试验；选择 CLTC 循环工况的，应按照《电动汽车能量消耗量和续驶里程试验方法　第 1 部分：轻型汽车》（GB/T 18386.1—2021）进行试验。

145 什么是纯电动汽车的单位里程能量消耗率？

（1）单位里程电网交流电能量消耗率

单位里程电网交流电能量消耗率是指纯电动汽车经过规定的试验循环后对动力蓄电池重新充电至试验前的容量，从电网上得到的电能除以续驶里程所得的值。单位里程电网交流电能量消耗率评价指标不仅与纯电动汽车本身经济性有关，还受电网、充电设备等影响，因此，也可以选择以动力蓄电池直流电能量消耗率作为评价指标。

（2）单位里程动力蓄电池直流电能量消耗率

单位里程动力蓄电池直流电能量消耗率是指纯电动汽车消耗的动力蓄电池电能除以续驶里程所得的值，它仅以车载动力蓄电池的能量状态作为标准，脱离了充电机的影响，可以比较直接地反映纯电动汽车的实际性能。

146 如何匹配纯电动汽车的动力蓄电池参数？

纯电动汽车的动力蓄电池参数匹配主要包括动力蓄电池容量、数目、电压等参数。纯电动汽车动力蓄电池的参数匹配分两种情况：一种是根据等速（如 60km/h）工况的续驶里程进行匹配；另一种是根据循环工况法（如 NEDC）的续驶里程进行匹配。下面主要介绍根据等速（如 60km/h）工况的续驶里程进行匹配。

（1）动力蓄电池容量

动力蓄电池容量取决于纯电动汽车的续驶里程，动力蓄电池容量越大，纯电动汽车续驶里程越长，但整车重量和成本随之增加。因此合理匹配动力蓄电池的容量可大大提高整车的性能。

纯电动汽车在水平路面上巡航行驶时所消耗的功率为

$$P_{md} = \frac{v_d}{3600\eta_t}\left(mgf + \frac{C_D A v_d^2}{21.15}\right) \quad (4\text{-}7)$$

式中，P_{md} 为纯电动汽车巡航行驶时所消耗的功率；v_d 为纯电动汽车巡航行驶速度；m 为纯电动汽车重量；f 为轮胎滚动阻力系数；C_D 为迎风阻力系数；A 为迎风面积；η_t 为传动系统效率。

动力蓄电池能量应满足

$$E_z \geqslant \frac{mgf + \frac{C_D A v_0^2}{21.15}}{3600 \xi_{SOC} \eta_t \eta_e \eta_d (1-\eta_a)} S \qquad (4\text{-}8)$$

式中，E_z 为动力蓄电池能量；v_0 为电动汽车的行驶速度；ξ_{SOC} 为动力蓄电池放电深度；η_e 为驱动电机及电机控制器整体效率，是指电机转轴输出功率除以电机控制器输入功率再乘以100%；η_d 为动力蓄电池放电效率；η_a 为汽车附件能量消耗比例系数；S 为纯电动汽车续驶里程。

动力蓄电池能量与容量的关系为

$$E_z = \frac{U_z C_z}{1000} \qquad (4\text{-}9)$$

式中，U_z 为动力蓄电池电压；C_z 为动力蓄电池容量。

动力蓄电池容量应满足

$$C_z \geqslant \frac{mgf + \frac{C_D A v_0^2}{21.15}}{3.6 \xi_{SOC} \eta_t \eta_e \eta_d (1-\eta_a) U_z} S \qquad (4\text{-}10)$$

（2）动力蓄电池模块数目

动力蓄电池模块数目必须满足驱动电机供电、纯电动汽车行驶时所需的峰值功率和续驶里程的要求。

动力蓄电池的最低工作电压应能满足驱动电机系统的最小工作电压，由此需要的动力蓄电池模块数目为

$$N_1 \geqslant \frac{U_{e_{min}}}{U_{zd}} \qquad (4\text{-}11)$$

式中，N_1 为满足电机系统最小工作电压所需要的动力蓄电池模块数目；$U_{e_{min}}$ 为驱动电机的最小工作电压；U_{zd} 为动力蓄电池单体模块电压。

满足纯电动汽车行驶时所需的峰值功率要求的动力蓄电池模块数目为

$$N_2 = \frac{P_{e_{max}}}{P_{b_{max}} \eta_e N_0} \qquad (4\text{-}12)$$

式中，N_2 为满足电机峰值功率要求的动力蓄电池模块数目；$P_{e_{max}}$ 为电机峰值功率；$P_{b_{max}}$ 为单体蓄电池最大输出功率；N_0 为动力蓄电池模块所包含的单体蓄电池的数目。

单体蓄电池最大输出功率为

$$P_{b_{max}} = \frac{2U_b^2}{9R_{b_0}} \quad (4\text{-}13)$$

式中，U_b 为单体蓄电池开路电压；R_{b_0} 为单体蓄电池等效内阻。

满足纯电动汽车续驶里程要求的动力蓄电池模块数目为

$$N_3 = \frac{1000SP_{md}}{v_0 \eta_e U_{zd} C_z} \quad (4\text{-}14)$$

式中，N_3 为满足纯电动汽车续驶里程要求的动力蓄电池模块数目。

实际动力蓄电池模块数目为

$$N_z \geqslant \max\{N_1 \quad N_2 \quad N_3\} \quad (4\text{-}15)$$

式中，N_z 为实际动力蓄电池模块数目。

147 如何匹配纯电动汽车的驱动电机参数？

（1）最高转速

驱动电机最高转速与纯电动汽车最高车速之间的关系为

$$n_{max} = \frac{v_{max} i_t}{0.377r} \quad (4\text{-}16)$$

式中，n_{max} 为驱动电机最高转速；v_{max} 为纯电动汽车最高车速；i_t 为纯电动汽车传动系统传动比；r 为车轮半径。

（2）额定转速

驱动电机额定转速为

$$n_e = \frac{n_{max}}{\beta} \quad (4\text{-}17)$$

式中，n_e 为驱动电机额定转速；β 为驱动电机扩大恒功率区系数。

β 值越大，驱动电机在低转速区就可获得越大的转矩，有利于提高纯电动汽车的加速能力和爬坡性能，稳定运行性能好；但 β 值太大，会增大驱动电机的工作电流，同时功率变换器的功率损失和尺寸也会增大，因此 β 值不宜过高。β 通常取值为 2～4。

（3）峰值功率

驱动电机的峰值功率由整车的设计目标来确定，峰值功率应该达到最高车速、最大爬坡度及加速时间分别对应的最大功率需求。

● 根据纯电动汽车最高车速确定驱动电机峰值功率。纯电动汽车以最高车速在平坦路面行驶时所消耗的功率为

$$P_{m_1} = \frac{v_{max}}{3600\eta_t}\left(mgf + \frac{C_D A v_{max}^2}{21.15}\right) \qquad (4\text{-}18)$$

式中，P_{m_1} 为纯电动汽车以最高车速在平坦路面行驶时所消耗的功率。

● 根据纯电动汽车最大爬坡度确定驱动电机峰值功率。纯电动汽车以爬坡车速爬上最大坡度所消耗的功率为

$$P_{m_2} = \frac{v_p}{3600\eta_t}\left(mgf\cos\alpha_{max} + mg\sin\alpha_{max} + \frac{C_D A v_p^2}{21.15}\right) \qquad (4\text{-}19)$$

式中，P_{m_2} 为纯电动汽车以爬坡车速爬上最大坡度所消耗的功率；v_p 为纯电动汽车爬坡车速；α_{max} 为最大坡度角。

● 根据纯电动汽车加速能力确定驱动电机峰值功率。纯电动汽车加速能力是指纯电动汽车从静止起步加速到终止速度所需要的最短时间。纯电动汽车在水平道路上满足加速能力所消耗的功率为

$$P_{m_3} = \frac{1}{3600\eta_t}\left(mgf\frac{v_e}{1.5} + \frac{C_D A v_e^3}{52.875} + \delta m\frac{v_e^2}{7.2t_e}\right) \qquad (4\text{-}20)$$

式中，P_{m_3} 为纯电动汽车在水平道路上满足加速能力所消耗的功率；δ 为纯电动汽车旋转重量换算系数；v_e 为加速终止时的速度；t_e 为加速时间。

驱动电机的峰值功率应能同时满足纯电动汽车对最高车速、最大爬坡度和加速能力的要求，所以纯电动汽车驱动电机的峰值功率为

$$P_{e_{max}} \geq \max\{P_{m_1} \quad P_{m_2} \quad P_{m_3}\} \qquad (4\text{-}21)$$

式中，$P_{e_{max}}$ 为纯电动汽车驱动电机的峰值功率。

(4) 额定功率

正确选择驱动电机的额定功率非常重要。如果选择过小，驱动电机经常在过载状态下运行；相反，如果选择太大，驱动电机经常在欠载状态下运行，效率及功率因数降低，不仅浪费电能，而且需要增加动力蓄电池的容量，综合经济效益下降。额定功率应使驱动电机尽可能在高效率区工作。

驱动电机额定功率应满足纯电动汽车对最高车速的要求，同时要考虑电机过载要求。纯电动汽车驱动电机的额定功率为

$$P_e \geq \max\left\{P_{m_1} \quad \frac{P_{e_{max}}}{\lambda}\right\} \qquad (4\text{-}22)$$

式中，P_e 为纯电动汽车驱动电机的额定功率；λ 为电机的过载系数。

(5) 额定转矩

驱动电机的额定转矩为

$$T_e = \frac{9550 P_e}{n_e} \quad (4\text{-}23)$$

(6) 峰值转矩

驱动电机的峰值转矩应满足纯电动汽车启动转矩和最大爬坡角的要求，同时结合传动系统最大传动比来确定。

$$T_{e_{max}} \geq \frac{mg(f\cos\alpha_{max} + \sin\alpha_{max})r}{\eta_t i_{max}} \quad (4\text{-}24)$$

式中，$T_{e_{max}}$ 为驱动电机的峰值转矩；i_{max} 为传动系统最大传动比。

驱动电机参数初步确定之后，还需验证是否满足一定速度下的最大爬坡度和汽车行驶最高车速的要求，即

$$\frac{mg}{T_{e_{max}}\eta_t}\left(f\cos\alpha_{max} + \sin\alpha_{max} + \frac{C_D A v_p^2}{21.15 mg}\right) \leq \frac{i_t}{r} \leq \frac{0.377 n_{max}}{v_{max}} \quad (4\text{-}25)$$

(7) 额定电压

驱动电机电压等级的确定和动力蓄电池电压等级密切相关。在输出功率一样的条件下，电流会随电压变高而减小，这就降低了对开关和导线等元件的要求。如果电压较高，会增加单体蓄电池串联的数量，使整车重量和成本增加，动力性下降且布置困难。驱动电机额定电压常由驱动电机的参数决定，并正比于驱动电机额定功率。即驱动电机的额定功率越大，驱动电机的额定电压越高。同时，额定电压选择要符合标准系列规定的电压。

148 如何匹配纯电动汽车的传动系统传动比？

纯电动汽车的传动系统传动比的选择应该满足以下原则：最大传动比应该满足纯电动汽车的爬坡性能，同时要兼顾驱动电机低速区工作的效率；最小传动比应该满足纯电动汽车行驶的最高车速，同时尽量降低驱动电机输入轴的转速，兼顾驱动电机高转速工况下的效率。

在驱动电机输出特性一定时，传动系统传动比的选择依赖于整车的动力性指标，即纯电动汽车传动比的选择应该满足汽车最高车速、最大爬坡度以及对加速时间的要求。

假设纯电动汽车采用两挡变速器，分别匹配一挡传动比和二挡传动比。

(1) 一挡传动比

变速器一挡驱动时，最大驱动力应小于或等于驱动轮的峰值附着力，以此确定一挡传动比的上限。对于前轮驱动的纯电动汽车，一挡传动比的上限应满足

$$i_0 i_{g_{12}} \leqslant \frac{mgrb\varphi}{T_{e_{\max}} \eta_t L} \tag{4-26}$$

式中，i_0 为主减速器传动比；$i_{g_{12}}$ 为一挡传动比的上限；b 为纯电动汽车重心至后轴距离；L 为轴距；φ 为路面附着系数。

一挡传动比的下限应满足纯电动汽车在驱动电机峰值转矩下的爬坡度，即

$$i_0 i_{g_{11}} \geqslant \frac{r}{T_{e_{\max}} \eta_t} \left(mgf\cos\alpha_{\max} + mg\sin\alpha_{\max} + \frac{C_D A v_p^2}{21.15} \right) \tag{4-27}$$

式中，$i_{g_{11}}$ 为一挡传动比的下限。

（2）二挡传动比

二挡传动比的上限与最高车速有关，即

$$i_0 i_{g_{22}} \leqslant \frac{0.377 r n_{\max}}{v_{\max}} \tag{4-28}$$

式中，$i_{g_{22}}$ 为二挡传动比的上限。

二挡传动比的下限与纯电动汽车以最高车速行驶时的阻力有关，即

$$i_0 i_{21} \geqslant \frac{r}{T_{u_{\max}} \eta_t} \left(mgf + \frac{C_D A v_{\max}^2}{21.15} \right) \tag{4-29}$$

式中，$i_{g_{21}}$ 为二挡传动比的下限；$T_{u_{\max}}$ 为最高速度对应的输出转矩。

对于两挡变速器，两挡位传动比之间应该分配合理，否则可能由于一、二挡驱动力不连续导致换挡切换时的动力中断，进而影响驾驶体验。因此，二挡时电机基速下的驱动力应大于或者等于一挡时电机最高转速下对应的驱动力，即

$$\frac{9550 P_{e_{\max}} i_{g_2} i_0}{n_e} \geqslant \frac{9550 P_{e_{\max}} i_{g_1} i_0}{n_{\max}} \tag{4-30}$$

式（4-30）整理可得

$$\frac{i_{g_1}}{i_{g_2}} \leqslant \frac{n_{\max}}{n_e} \tag{4-31}$$

式中，i_{g_1} 为一挡传动比；i_{g_2} 为二挡传动比。

149 如何估算纯电动汽车的最高车速？

纯电动汽车最高车速可以根据纯电动汽车驱动力-行驶阻力平衡图估算。当纯电动汽车达到最高车速时，驱动电机处于恒功率区域运行，汽车的驱动力与滚动阻力及空气阻力处于平衡状态。求出纯电动汽车驱动力与行驶阻力曲线的交点，得出最高车速。

如图 4-11 所示为某具有两挡变速器纯电动汽车的驱动力 - 行驶阻力平衡图。从图 4-11 可知，一、二挡驱动力曲线交点出现在车速约为 38km/h 处，当汽车从原地起步加速行驶到此车速时，为了获得最大驱动力，车辆应该从一挡换入二挡。行驶阻力曲线与二挡驱动力曲线存在交点，汽车的最高行驶速度接近 110km/h。

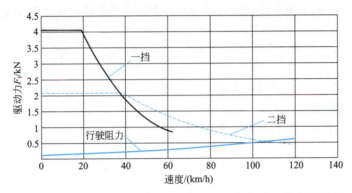

图 4-11　某具有两挡变速器纯电动汽车的驱动力 - 行驶阻力平衡图

150　如何估算纯电动汽车的加速时间？

加速时间是指纯电动汽车从速度 v_1 加速到速度 v_2 所需的最短时间。纯电动汽车从静止起步全力加速至速度 v_a 的加速时间为

$$t = \int_0^{v_a} \frac{\delta m}{3.6 \left[F_t - \left(F_f + F_w \right) \right]} dv \tag{4-32}$$

式中，F_t 为电动汽车的驱动力；F_f 为电动汽车的滚动阻力；F_w 为电动汽车的空气阻力。

如图 4-12 所示为某具有两挡变速器纯电动汽车的行驶速度与时间关系曲线。从图 4-12 中可知，0～50km/h 加速时间约为 7.3s，在国家标准规定的 10s 之内；50～80km/h 的加速时间约为 7.5s，在国家标准规定的 15s 之内。

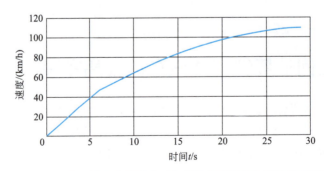

图 4-12　某具有两挡变速器纯电动汽车的行驶速度与时间关系曲线

151 如何估算纯电动汽车的最大爬坡度？

纯电动汽车的爬坡能力与驱动电机的外特性密切相关，纯电动汽车最大动力因数为

$$D_{max} = \frac{F_t - F_w}{mg} = \frac{\frac{T_{s_{max}} i_t \eta_t}{r} - \frac{C_D A v^2}{21.15}}{mg} \quad (4\text{-}33)$$

式中，D_{max} 为纯电动汽车最大动力因数；$T_{s_{max}}$ 为驱动电机最大输出转矩。

纯电动汽车最大爬坡度为

$$i_{\alpha_{max}} = \tan\left(\arcsin\frac{D_{max} - f\sqrt{1 - D_{max}^2 + f^2}}{1 + f^2}\right) \quad (4\text{-}34)$$

式中，$i_{\alpha_{max}}$ 为纯电动汽车最大爬坡度。

如图 4-13 所示为某具有两挡变速器纯电动汽车的爬坡度。由图 4-13 可知，汽车最大爬坡度在 20% 以上满足国家标准。汽车通过 4% 坡度的行驶速度接近 70km/h，高于标准规定的 60km/h；通过 12% 坡度的行驶速度约为 36km/h，满足国家标准规定的 30km/h。

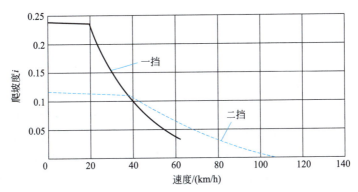

图 4-13　某具有两挡变速器纯电动汽车的爬坡度

152 如何估算纯电动汽车 NEDC 循环工况的单位里程能量消耗率？

纯电动汽车 NEDC 循环工况包括加速工况、等速工况、减速工况和驻车工况，NEDC 循环工况单位里程能量消耗率包括加速工况单位里程能量消耗率、等速工况单位里程能量消耗率、减速工况单位里程能量消耗率、驻车工况单位里程能量

消耗率。

（1）加速工况单位里程能量消耗率

纯电动汽车在平坦路面上加速工况行驶所需要的功率为

$$P_j = \frac{v(t)}{3600\eta_t}\left[mgf + \frac{C_D A v^2(t)}{21.15} + \delta m a_j\right] \quad (4\text{-}35)$$

式中，P_j 为纯电动汽车在平坦路面上加速工况行驶所需要的功率；$v(t)$ 为纯电动汽车行驶速度；a_j 为纯电动汽车加速度。

纯电动汽车行驶速度为

$$v(t) = v_0 + 3.6 a_j t \quad (4\text{-}36)$$

式中，v_0 为加速初始速度；t 为加速时间。

纯电动汽车加速工况行驶的距离为

$$S_j = \frac{v_j^2 - v_0^2}{25920 a_j} \quad (4\text{-}37)$$

式中，v_j 为加速终了速度。

纯电动汽车加速时间为

$$t = \frac{v_j - v_0}{3.6 a_j} \quad (4\text{-}38)$$

纯电动汽车加速工况单位里程能量消耗率为

$$E_j = \frac{1}{\eta_t}\left[\frac{C_D A}{42.3}\left(v_j^2 + v_0^2\right) + \left(mgf + \delta m a_j\right)\right] \quad (4\text{-}39)$$

可以看出，纯电动汽车加速工况单位里程能量消耗率是加速段初始速度和终了速度平方和的函数，在平均速度相同的情况下，加速段初始速度平方和小的能耗低。提高初始速度和增加速度间隔，单位里程能量消耗率都将增加。

（2）等速工况单位里程能量消耗率

纯电动汽车在平坦道路上等速工况行驶所需求的功率为

$$P_d = \frac{v_0}{3600\eta_t}\left(mgf + \frac{C_D A v_0^2}{21.15}\right) \quad (4\text{-}40)$$

纯电动汽车等速工况行驶的距离为

$$S_d = v_0 t_0 \quad (4\text{-}41)$$

纯电动汽车等速工况单位里程能量消耗率为

$$E_d = \frac{1}{3600\eta_t}\left(\frac{C_D A v_0^2}{21.15} + mgf\right) \quad (4\text{-}42)$$

可以看出，纯电动汽车等速工况单位里程能量消耗率是行驶速度平方的函数，提高行驶速度，单位里程能量消耗率将增加。

（3）减速工况单位里程能量消耗率

纯电动汽车减速工况行驶包含两种情况：一种是滑行减速或无再生制动功能下的制动减速，此时电机处于关断状态，电能输出为零，纯电动汽车单位里程能量消耗率为零；另一种是有再生制动功能下的制动减速，此时车轮拖动电机，电机处于发电机工作状态。纯电动汽车能量消耗为负，即动力蓄电池处于充电工作状态。

纯电动汽车减速工况行驶的距离为

$$S_b = \frac{v_{b_0}^2 - v_{b_j}^2}{25920 a_j} \tag{4-43}$$

式中，v_{b_0} 为减速初速度；v_{b_j} 为减速终了速度。

（4）驻车工况单位里程能量消耗率

对于驻车工况，电机处于关断状态，纯电动汽车单位里程能量消耗率为零。

因此，纯电动汽车能量消耗主要发生在加速和等速运行工况，减速和驻车阶段能量消耗可忽略不计。

（5）循环工况单位里程能量消耗率

纯电动汽车 NEDC 循环工况的单位里程能量消耗率为

$$E = \frac{E_j S_j + E_d S_d}{S_j + S_d + S_b} \tag{4-44}$$

153 如何估算纯电动汽车的续驶里程？

纯电动汽车续驶里程分为等速行驶工况续驶里程和循环行驶工况续驶里程。

（1）等速行驶工况续驶里程

动力蓄电池携带的总能量为

$$E = Q_m U_e \tag{4-45}$$

式中，E 为动力蓄电池携带的总能量；Q_m 为动力蓄电池的容量；U_e 为动力蓄电池的额定电压。

纯电动汽车等速工况续驶里程为

$$S_d = \frac{E v_0}{1000 P_d} \eta_e \tag{4-46}$$

式中，S_d 为纯电动汽车等速工况续驶里程；P_d 为纯电动汽车在平坦道路上等速行驶所需求的功率；η_e 为动力蓄电池的放电效率。

（2）循环行驶工况续驶里程

纯电动汽车循环行驶工况包括等速、加速、减速和驻车。动力蓄电池能量消耗主要发生在加速和等速运行工况，减速和驻车阶段能量消耗可忽略不计，而且不考虑制动能量回收。

等速工况动力蓄电池所消耗的能量为

$$E_d = \frac{1000 P_d S_d}{v_0 \eta_e} \qquad (4\text{-}47)$$

加速工况动力蓄电池所消耗的能量为

$$E_j = \frac{1000 P_j S_j}{v(t) \eta_e} \qquad (4\text{-}48)$$

一个 NEDC 循环工况的行驶里程为

$$S_1 = \sum_{i=1}^{k} S_i \qquad (4\text{-}49)$$

式中，S_1 为一个 NEDC 循环工况的行驶里程；S_i 为每个状态行驶的距离；k 为纯电动汽车能够完成的状态总数。

完成一个 NEDC 循环工况动力蓄电池所消耗的能量为

$$E_1 = \sum_{i=1}^{k} E_i \qquad (4\text{-}50)$$

式中，E_1 为完成一个 NEDC 循环工况动力蓄电池所消耗的能量；E_i 为每个状态动力蓄电池所消耗的能量。

纯电动汽车循环工况续驶里程为

$$S = \frac{S_1 E}{E_1} \qquad (4\text{-}51)$$

式中，S 为纯电动汽车循环工况续驶里程。

154 动力蓄电池对纯电动汽车续驶里程有何影响？

对纯电动汽车续驶里程的影响因素较为复杂，其中最主要的因素是动力蓄电池。影响纯电动汽车续驶里程的动力蓄电池参数主要有以下几项。

（1）放电深度

动力蓄电池放电深度越大，纯电动汽车的续驶里程就越长。

（2）比能量

当纯电动汽车携带的动力蓄电池总量一定时，动力蓄电池比能量对续驶里程影响最大，提高动力蓄电池比能量可以提高纯电动汽车的续驶里程。

(3) 单体蓄电池串联数量

增加单体蓄电池串联数量，纯电动汽车的续驶里程会明显增加。

(4) 单体蓄电池并联数量

在保持动力蓄电池总电压不变的情况下，增加单体蓄电池并联数量可显著增加纯电动汽车的续驶里程。

(5) 自行放电率

动力蓄电池的自行放电率是指其在存放期间容量的下降率，即动力蓄电池无负荷时自身放电使容量损失的速度。显然，自放电率越大，动力蓄电池在存放期间的容量损失就越多，能量的无用损耗越多，相应的纯电动汽车的续驶里程也就越短。

155 整车控制器由哪几部分组成？

整车控制器主要由主控芯片、最小系统及信号调理电路组成，如图 4-14 所示。

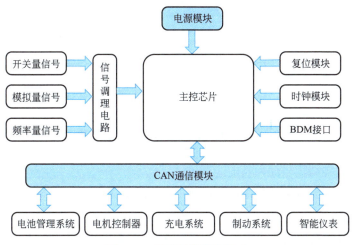

图 4-14　整车控制器的组成

(1) 主控芯片

主控芯片是整车控制器的核心，综合考虑纯电动汽车整车控制器的功能及其运行的外界环境，主控芯片应该具有高速的数据处理性能、丰富的硬件接口、低成本和可靠性高的特点。

(2) 最小系统

最小系统由主控芯片周边的复位模块、时钟模块、BDM（Background

Debugging Mode，背景调试模式）接口和电源模块组成。

（3）信号调理电路

信号调理电路包括开关量信号、模拟量信号和频率量信号的调理电路以及与主控芯片相连的 CAN 通信模块。开关量信号包括钥匙信号、挡位信号、充电开关信号、制动信号等；模拟量信号一般有加速踏板信号、制动踏板信号、蓄电池电压信号等；频率量信号，比如车速传感器的电磁信号。

156 整车控制器的控制原理是怎样的？

纯电动汽车比较重要的开关量信号和模拟量信号由传感器直接传递给整车控制器（Vehicle Control Unit，VCU），而不通过 CAN 总线。纯电动汽车上的其他具有独立系统的电气，一般通过共用 CAN 总线的方式进行信息传递。

如图 4-15 所示为某纯电动汽车整车控制器的控制原理。

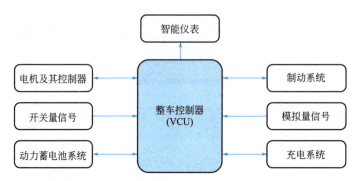

图 4-15　某纯电动汽车整车控制器的控制原理

（1）整车控制器与动力蓄电池系统

动力蓄电池是纯电动汽车能量的唯一来源。整车控制器与电池管理系统通过整车 CAN 总线进行信息交互。电池管理系统实时监测并上报给整车控制器的参数包括动力蓄电池系统的总电流、总电压、最高单体蓄电池电压、最低单体蓄电池电压、动力蓄电池最高温度、蓄电池荷电状态，某些系统还监测动力蓄电池系统的健康状态。

（2）整车控制器与电机及其控制器

整车控制器向电机控制器发送的指令包含驱动电机使能信息、电机模式信息（再生制动，正向驱动，反向驱动）以及相应模式下的电机转矩；电机控制器向整车控制器上报驱动电机和控制器的各种参数及故障报警信息，主要参数包括驱动电机的转速、转矩、电压和电流。

(3) 整车控制器与充电系统

充电系统包括车载充电机、非车载充电机，广义上还包含换电系统。对于充电系统（这里的"充"主要是指非车载充电机），出于最大通用性的考量，需要一套统一的通信协议。以充电枪与车辆上的充电接口的物理连接为开端，整个充电过程中的信息互换都在电池管理系统和充电机之间进行，不再通过整车控制器。

(4) 整车控制器与制动系统

采用复合制动系统的纯电动汽车，需要综合考虑液压制动系统、电机制动和防抱死系统（ABS）的协调一致性，进而需要有自己的管理系统，称为制动控制器（Brake Control Unit，BCU）。制动控制器可以独立于整车控制器之外，只通过CAN通信，也可以把功能集成到整车控制器内部。根据制动踏板的开度和开度变化的速率，整车控制器计算出车辆的制动需求力矩，传递给制动控制器。制动控制器根据车辆的具体状态做出具体力矩分配。车速中等的一般制动，直接切入电机能量回收制动，以最大限度地回收制动能量；车速快，驾驶员需要紧急制动，则制动控制器会首先启动液压制动系统，待减速状态稳定以后，再引入能量回收制动，并逐渐加大比例。行驶在冰雪路面上，制动控制器则会引入ABS，并将其优先级设置为最高，以车辆正常安全行驶为前提。

(5) 整车控制器与智能仪表

智能仪表通过CAN总线与整车控制器相连，从整车控制器获取需要显示的数据。数据传输进仪表控制器以后，信号处理电路将信息还原成各个仪表的显示内容。

157 整车控制器有哪些功能？

整车控制器通过采集加速踏板信号、制动踏板信号和挡位信号等驾驶信息，同时接收CAN总线上电机控制器和电池管理系统发出的数据，并结合整车控制策略对这些信息进行分析和判断，提取驾驶员的驾驶意图和车辆运行状态信息，最后通过CAN总线发出指令来控制各部件控制器的工作，保证车辆的正常行驶。

整车控制器的基本功能包括控制汽车行驶、整车网联化管理、制动能量回收、能量管理与优化、监测车辆状态、设备在线诊断、外接充电管理、故障诊断与处理等。

不同纯电动汽车的整车控制器，其功能是有差异的。如图4-16所示为某纯电动汽车的整车控制器原理。

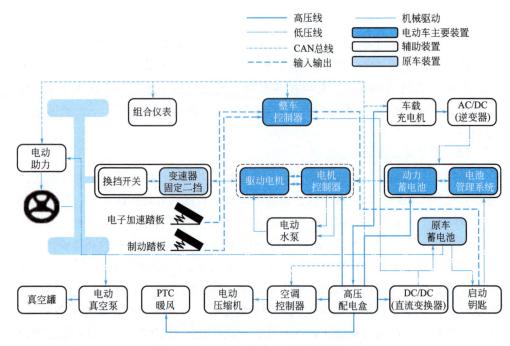

图 4-16 某纯电动汽车的整车控制器原理

该整车控制器具有以下功能。

(1) 驾驶员意图解析

驾驶员意图解析主要是对驾驶员操作信息及控制命令进行分析处理，也就是将驾驶员发出的油门信号和制动信号根据某种规则，转化成驱动电机的转矩需求命令。因而驱动电机对驾驶员操作的响应性能完全取决于整车对油门信号和制动信号的分析处理，直接影响驾驶员的控制效果和操作感觉。

(2) 驱动控制

根据驾驶员对车辆的操控输入（加速踏板、制动踏板以及选挡开关）、车辆状态、道路及环境状况，经分析和处理，向整车控制器发出相应的指令，控制驱动电机的驱动转矩来驱动车辆，以满足驾驶员对车辆驱动的动力性要求；同时根据车辆状态，向整车控制器发出相应指令，保证纯电动汽车的安全性和舒适性。

(3) 制动能量回收控制

整车控制器根据加速踏板和制动踏板的开度、车辆行驶状态信息以及动力蓄电池的状态信息（如 SOC 值）来判断某一时刻能否进行制动能量回收，在满足安全性能、制动性能以及驾驶员舒适性的前提下，回收部分能量。制动能量回收的原则是其不应该干预 ABS 的工作；当 ABS 进行制动力调节时，制动能量回收系统不应该工作；当 ABS 报警时，制动能量回收系统不应该工作；当电驱动系统具有故障时，制动能量回收系统不应该工作。

（4）整车能量优化管理

整车能量优化管理是通过对纯电动汽车的电机驱动系统、电池管理系统、传动系统以及其他车载能源动力系统（如电动空调、电动泵等）的协调和管理，提高整车能量利用效率，延长续驶里程。

（5）充电过程控制

充电过程控制是指与电池管理系统共同进行充电过程中的充电功率控制，整车控制器接收到充电信号后，应该禁止高压系统上电，保证车辆在充电状态下处于行驶锁止状态，并根据动力蓄电池状态信息限制充电功率，保护动力蓄电池。

（6）高压上下电控制

根据驾驶员对行车钥匙开关的控制，进行动力蓄电池的高压接触器开关控制，以完成高压设备的电源通断和预充电控制。高压上下电流程处理是指协调各相关部件的上电与下电流程，包括电机控制器、电池管理系统等部件的供电，预充电继电器、主继电器的吸合和断开时间等。

（7）电动化辅助系统管理

电动化辅助系统包括电动空调、电制动、电动助力转向等。整车控制器应该根据动力蓄电池以及低压蓄电池状态，对 DC/DC 变换器、电动化辅助系统进行监控。

（8）车辆状态的实时监测和显示

整车控制器应该对车辆的状态进行实时监测，并且将各个子系统的信息发送给车载信息显示系统，其过程是通过传感器和 CAN 总线，监测车辆状态及其动力系统、相关电气附件、相关各子系统状态信息，将状态信息和故障诊断信息通过数字仪表显示出来。

（9）故障诊断与处理

连续监测整车电控系统进行故障诊断，并及时进行相应安全保护处理。根据传感器的输入及其他通过 CAN 总线通信得到的驱动电机、动力蓄电池、充电机等的信息，对各种故障进行判断、等级分类、报警显示；存储故障码，供维修时查看。故障指示灯指示出故障类别和部分故障码。在行车过程中，根据故障内容进行故障诊断与处理。

（10）远程控制

远程控制包括远程查询功能、远程空调控制和远程充电控制。远程查询功能是指用户可以通过手机 APP 实时查询车辆状态，实时了解自己车辆的状况，包括剩余 SOC 值、续驶里程等；远程空调控制是指无论是在炎热的夏季还是在寒冷的冬季，用户在出门前就可以通过手机指令实现远程的空调制冷、空调暖风和除霜功能，提前开启远程暖风或远程制冷，用户一上车就可以进入一个舒适的环境；远程充电控制是指用户离开车辆时将充电枪插入充电桩，并不进行立即充电，可以利用电价波谷并在家里实时查询 SOC 值，需要充电时通过手机 APP 发送远程充电指令，进行充电操作。

（11）整车 CAN 总线网关及网络化管理

在整车的网络管理中，整车控制器是信息控制的中心，负责信息的组织与传输、网络状态的监控、网络节点的管理、信息优先权的动态分配以及网络故障的诊断与处理等功能。通过 CAN 总线协调电池管理系统、电机控制器、空调系统等模块相互通信。

（12）基于 CCP 的在线匹配标定

基于 CCP（CAN Calibration Protocol，CAN 校准协议）的在线匹配标定的主要作用是监控电子控制单元的工作变量、在线调整电子控制单元的控制参数、保存标定数据结果以及处理离线数据等。完整的标定系统包括上位机 PC 标定程序、上位机 PC 与电子控制单元通信硬件连接及电子控制单元标定驱动程序三个部分。

（13）换挡控制

挡位管理涉及驾驶员的驾驶安全，正确理解驾驶员意图，以及识别车辆合理的挡位，在基于模型开发的挡位管理模块中得到很好的优化。能在出现故障时做出相应处理，保证整车安全，在驾驶员出现挡位误操作时通过仪表等提示驾驶员，使驾驶员能迅速做出纠正。

（14）防溜车功能控制

纯电动汽车在坡上起步时，驾驶员从松开制动踏板到踩下油门踏板的过程中，会出现整车向后溜车的现象。在坡上行驶过程中，如果驾驶员踩油门踏板的深度不够，整车会出现车速逐渐降到零然后向后溜车的现象。为了防止纯电动汽车在坡上起步和运行时向后溜车的现象，在整车控制策略中增加了防溜车功能。防溜车功能可以保证整车在坡上起步时，向后溜车小于 10cm；整车在坡上运行过程中如果动力不足，整车车速会慢慢降到零，然后保持零车速，不再向后溜车。

158 整车控制器设计有哪些技术要求？

整车控制器是纯电动汽车各动力系统的总成控制器，负责协调电驱动系统、动力蓄电池系统、制动系统等各部件的工作，提高纯电动汽车的动力性、经济性和安全性等。

整车控制器通过向电机控制器、电池管理系统发送指令，间接控制驱动电机运转和动力蓄电池充放电，通过控制主继电器来实现车载模块的上下电。

根据整车控制网络的构成以及对整车控制器输入和输出信号的分析，整车控制器应满足以下技术要求。

- 设计硬件电路时，应该充分考虑纯电动汽车恶劣的行驶环境，注重电磁兼容性，提高抗干扰能力。整车控制器在软硬件上都应该具备一定的自保护能力，以防止极端情况的发生。
- 整车控制器需要有足够多的 I/O 接口，能够快速准确地采集各种输入信息，至少具备两路 A/D 转换通道用于采集加速踏板信号和制动踏板信号，应该具有多个开关量输入通道，用于采集纯电动汽车的挡位信号，同时应该具有多个用于驱动车载继电器的功率驱动信号输出通道。
- 整车控制器应该具备多种通信接口，CAN 通信接口用于与电机控制器、电池管理系统和车载仪表通信，RS232 通信接口用于与上位机通信，同时预留了一个 RS-485/422 通信接口，这可以将不支持 CAN 通信的设备兼容，例如某些型号的车载触摸屏。
- 在不同的路况条件下，纯电动汽车会遇到不同的冲击和振动，整车控制器应该具备良好抗冲击性，才能保证纯电动汽车的可靠性和安全性。

159 纯电动汽车整车工作模式有哪些？

根据纯电动汽车整车工况和动力总成状态不同，纯电动汽车整车工作模式如下。不同车型的整车工作模式控制会有差别。

（1）自检模式

如果钥匙门信号处于 ON 挡，则启动自检模式，闭合主继电器，同时整车控制器进行自检，如果自检失败则进入故障模式；如果自检通过则等待启动信号。

（2）启动模式

驾驶员通过打开钥匙等操作，使整车控制器上电，然后唤醒 CAN 网络上其他节点开始工作。当整车所有设备都正常启动后，系统进入准备（READY）状态，指示可以进行正常驾驶操作。如果钥匙门信号处于启动（START）挡，同时自检模式有效，挡位在 P 挡，没有禁止启动故障，则进行高压上电程序，同时整车控制器给驱动电机系统、DC/DC 变换器及空调控制系统发送高压上电请求命令，若驱动电机系统、DC/DC 变换器及空调控制系统检测没有高压故障，则反馈给整车控制器准许上高压指令，整车控制器通过控制高压预充电及主继电器实现高压上电过程，高压上电结束后仪表上 EV-Ready 灯亮，完成启动模式。

（3）起步模式

起步模式的最重要特点是进入起步模式以后，如果车辆处于水平路面，则车辆会以较慢的速度开始行驶；如果车辆处于斜坡上，则车辆至少会维持住原地不动的状态。这是起步模式的特殊设计，该模式下，不必踩踏加速踏板，驱动电机自动输出一个基础转矩，防止溜车。

(4) 行驶模式

行驶模式是指车辆处于正常运行状态，包括加速、减速和倒车。这个过程中，整车控制器持续监测各个电气系统的电流、电压、温度等参数，以及车辆自身的车速、滑移率等行车参数。识别驾驶员意图，按照加速踏板的开度和开度变化率，计算驱动电机的驱动转矩和动力蓄电池的输出功率。行驶模式主要根据加速踏板位置及车辆行驶状态，实时控制驱动电机转矩指令，实现按驾驶员意图控制车辆运行。

(5) 制动模式

制动踏板被踩下，启动制动模式。整车控制器分析制动踏板的开度和开度变化率以及车速，结合车辆自身的车型参数，推算制动力矩。指挥制动控制器，做出最合理的制动力矩分配方案（提供制动力矩的主体包括液压制动系统和电机回收制动系统），以及是否优先启动 ABS 主导制动过程，安全有效地实现驾驶员的制动意图。

(6) 再生模式

再生模式实现特定工况下控制驱动电机发电给动力蓄电池充电，根据制动踏板状态分为滑行再生发电及制动再生发电两种情况。

(7) 停车模式

停车模式是整车运行过程中无故障出现，驾驶员正常关闭钥匙，整车控制器控制驱动电机和动力蓄电池系统下电，然后控制各个附件设备关闭。

(8) 故障模式

纯电动汽车运行过程中，把系统内出现的故障定义成几个等级。故障等级最低的，一般只是提示驾驶员，比如动力蓄电池温度达到 50℃；故障等级最高的，会强制车辆在一个比较短的时间内停车，比如检测出了系统绝缘故障；而介于之间的故障，不会强制停车，但会对车辆的运行状态进行限制，比如动力蓄电池的 SOC 低于 30%，限速行驶，此时的动力蓄电池已经无法输出额定功率，而只能以一个较小的功率工作。

(9) 充电模式

充电时，插上充电枪，充电机开始工作，整车控制器被触发上电。在检测到充电连接信号后，整车控制器监控整车当前状态，允许充电时启动电池管理系统，然后电池管理系统与充电机进行通信，启动充电过程，整车控制器持续监测电池管理系统及充电机的状态信息，如果充电则仪表控制器上的充电灯显示充电状态。

充电过程出现故障时，整车控制器会及时切断电池管理系统继电器，以中断充电过程，防止发生危险事故。

（10）下电模式

如果钥匙门信号在 OFF 挡，则启动下电模式，整车控制器根据驱动电机、电动空调等高压信号来控制电池管理系统，断开高压继电器，同时整车控制器根据驱动电机系统的温度来确认是否要延时下电，温度降到一定范围内时，关闭驱动电机冷却水泵和冷却风扇，关闭电源主继电器，下电完成。

160 什么是纯电动汽车的低压系统？

纯电动汽车的低压系统是指由 12V 或 24V 低压蓄电池供电的零部件系统，纯电动汽车低压系统一般采用直流 12V 或 24V 电源，一方面为灯光、仪表、车身附件等常规低压电气供电；另一方面为整车控制器、高压电气设备的控制电路和辅助部件供电。

161 什么是纯电动汽车的高压系统？

纯电动汽车的高压系统主要负责车辆的启动、行驶、充放电、空调动力等，并随时检测整个高压系统的绝缘故障、断路故障、接地故障和高压故障等，确保整车设备和人员安全。

纯电动汽车高压系统是指纯电动汽车内部 B 级电压以上与动力蓄电池直流母线相连或由动力蓄电池电源驱动的高压驱动零部件系统，如图 4-17 所示。

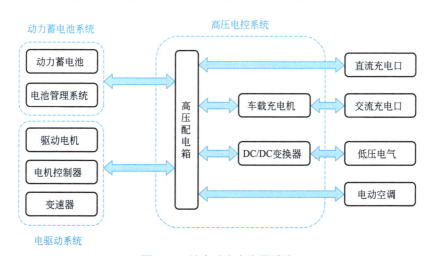

图 4-17　纯电动汽车高压系统

（1）动力蓄电池系统

动力蓄电池系统是纯电动汽车中能源供给装置，需要给整车所有系统提供能源。当电量消耗后，也需要给它进行充电。因此其能源流动既有流出，也有流入。动力蓄电池输出高压直流电，其工作电压可以达到几百伏，输出电流可达到 300A 以上。

（2）电驱动系统

纯电动汽车的电驱动系统主要由驱动电机、电机控制器和变速器共同组成。电机控制器将高压直流电转为三相交流电，并与整车控制器及其他模块进行信号交互，实现对驱动电机的有效控制。驱动电机按照电机控制器的指令，将电能转化为机械能，输出给车辆的传动系统。同时，也可以将行驶中产生的机械能（如制动效能）转化为电能，通过车载充电机输送给动力蓄电池。

（3）高压电控系统

高压电控系统包括高压配电箱（Power Distribution Unit，PDU）、DC/DC 变换器、车载充电机等。高压配电箱是整车高压电的一个电源分配装置，高压系统中各个组件都需要它进行电量分配，比如高压压缩机、高压 PTC（Positive Temperature Coefficient，正温度系数）加热器、电机控制器等；DC/DC 变换器将动力蓄电池的高压直流电转化为整车电气需要的低压直流电，供给蓄电池，以能够保持整车用电平衡；车载充电机（On-Board Controller，OBC）是将交流电转为直流电的装置。受整车布置的影响，越来越多的车型趋向于将 DC/DC 变换器与车载充电机整合为一体，甚至将高压配电箱、DC/DC 变换器与车载充电机整合为三合一控制器。

（4）充电口

充电口包括直流充电口和交流充电口。直流充电口属于快充口，快充口的电是高压直流电，可以不经过处理直接通过高压配电箱输送给动力蓄电池进行充电；交流充电口属于慢充口，慢充口的电是高压交流电，需要经过车载充电机进行转化，转化后的高压直流电经过高压配电箱给动力蓄电池充电。

（5）电动空调

纯电动汽车采用高压电动空调压缩机，由动力蓄电池驱动。暖风通常采用电加热方式，电加热方式有两种：一种是通过加热冷却液，再经过循环为暖水箱提供热量；另一种是直接加热经过蒸发箱的空气实现暖风。

162 纯电动汽车高压系统的电压等级是多少？

纯电动汽车高压系统常见的电压等级分别是 144V、288V、317V、346V、

400V 和 576V 等，但并不限于这些。

163 高压配电箱由哪几部分组成？

纯电动汽车高压配电箱又称为高压配电盒，是高压系统分配单元。纯电动汽车具有高电压和大电流的特点，通常配备 300V 以上的高压系统，工作电流可达 200A 以上，可能危及人身安全和高压零部件的使用安全性。因此，在设计和规划高压动力系统时，不仅要充分满足整车动力驱动要求，还要确保汽车运行安全、驾乘人员安全和汽车运行环境安全。

纯电动汽车高压配电箱的功能是保障整车系统动力电能的传输，是动力蓄电池与各高压设备的电源和信号传递的桥梁，并随时检测整个高压系统的绝缘故障、断路故障、接地故障及高压故障等。

纯电动汽车高压配电箱里面主要有以下几部分。

（1）高压继电器

纯电动汽车主电路电压一般都大于 200V，远高于传统汽车的 12～48V，纯电动汽车除需要传统汽车所需的低电压继电器以外，还需配备特殊的多个高压直流继电器。纯电动汽车中的电路属于高压直流，一般继电器无法满足要求，目前应用最多的是真空型继电器和充气型继电器。

（2）高压连接器

纯电动汽车使用的连接器不同于传统汽车使用的连接器，传统的连接器难以满足纯电动汽车大电流、高电压的要求。所以，对于纯电动汽车，必须使用针对纯电动汽车的大功率连接产品。

（3）高压线束

高压线束是纯电动汽车上的连接器和线缆，是整个汽车运行当中非常关键的连接件。影响高压线束的隐患主要是过热或燃烧，恶劣环境对线束还有屏蔽性能、进水和进尘的风险等。不同于传统汽车 12V 线束，高压线束还需要考虑与整车电气系统的电磁兼容性。在实际使用中，纯电动汽车受到的电磁干扰是传统内燃机汽车的近百倍。纯电动汽车的高压线束是高效的电磁干扰发射天线和接收天线，是导致纯电动汽车出现电磁兼容故障及辐射干扰超过法规要求的最重要原因。高压线束产生的电磁干扰会影响到汽车信号线路中数据传输的完整性和准确性，严重时会影响到整车的操控性和安全性。所以，在高压线束外边常常采用注胶、包裹屏蔽线等方式来减少对整车的电磁干扰。

（4）熔断器

纯电动汽车高压配电箱中，输出端主要连接汽车辅助电源系统，在配电箱内部一般情况下会包括电加热风机支路、空调压缩机支路、DC/DC 变换器支路及充电机支路。这 4 个支路上，每个支路都需要安装线路保护熔断器，目的是在各负载发生短路时能够及时切断电源保护线路，避免车辆发生火灾。目前大多数纯电动汽车的系统最大电压一般在 700V DC 以下，也有少数车型会略高于此电压，所以用于动力蓄电池保护的熔断器以 500V DC 和 700V DC 两种为主，电流等级多为 200～400A。

164 什么是 DC/DC 变换器？

DC/DC 变换器是在直流电路中将一个电压值的电能变换为另一个电压值的电能的装置。DC/DC 变换器具有以下功能。

- 把直流输入电源变换成直流输出电源，向直流电源设备供电。
- 根据输入电压和负载的扰动调节直流输出电压。
- 调节直流电源的输出功率。
- 隔离输入电源和负载。
- 使电子电气系统满足电磁兼容性标准，增强抗干扰能力。

如图 4-18 所示为动力蓄电池的 400V 高压直流电转化为 12V 低压直流电给低压蓄电池充电，并向 12V 低压用电系统供电。

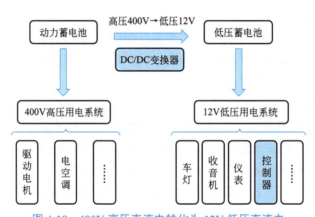

图 4-18　400V 高压直流电转化为 12V 低压直流电

165 什么是 DC/AC 变换器？

DC/AC 变换器是将直流电变换成交流电的装置，也称为逆变器。使用交流电机的纯电动汽车必须通过 DC/AC 变换器将动力蓄电池的直流电变换为交流电。在纯电动汽车上，采用动力蓄电池的直流电作为电源，并且采用三相交流电机作为驱动电机时，三相交流电机不能直接使用直流电源，另外三相交流电机具有非线性输出特性，需要应用逆变器中的功率半导体变换器件，来实现直流电源与三相交流电机之间电流的传输和变换，并要求能够实现频率调节，在所调节的频率范围内保持功率的连续输出，同时实现电压的调节，能够在恒定转矩范围内维持气隙磁通恒定。将直流电变换为频率和幅值可调且电压可调的交流电来驱动三相交流电机。

166 什么是AC/DC变换器？

AC/DC变换器是将交流电压变换成电子设备所需要的稳定直流电压的装置，纯电动汽车中AC/DC变换器的功能主要是将发电机发出的交流电变换为直流电给动力蓄电池充电。

电源变换器在纯电动汽车上的应用实例如图4-19所示。

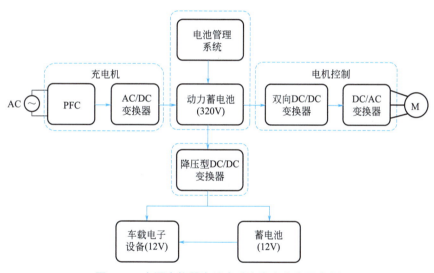

图4-19　电源变换器在纯电动汽车上的应用实例

纯电动汽车动力蓄电池的电压为320V，由电池管理系统进行管理和监测，并通过一个车载充电机（含AC/DC变换器）对动力蓄电池进行充电；动力蓄电池通过一个双向的DC/DC变换器和一个DC/AC变换器来驱动交流电机，同时用于再生制动，将回收的能量存入动力蓄电池；同时，为了将动力蓄电池的320V高电压转换为可供车载电子设备使用和给蓄电池充电的12V电源，需要一个降压型DC/DC变换器。

167 纯电动汽车的空调系统有什么特点?

纯电动汽车的空调系统和传统燃油汽车的空调系统的工作原理相同，只是空调压缩机的驱动方式以及暖风产生方式有所不同。纯电动汽车采用高压电动空调压缩机，由动力蓄电池驱动。暖风通常采用电加热方式，电加热方式有两种：一种是通过加热冷却液，再经过循环为暖水箱提供热量；另一种是直接加热经过蒸发箱的空气实现暖风。如图4-20所示为纯电动汽车空调系统的结构原理。

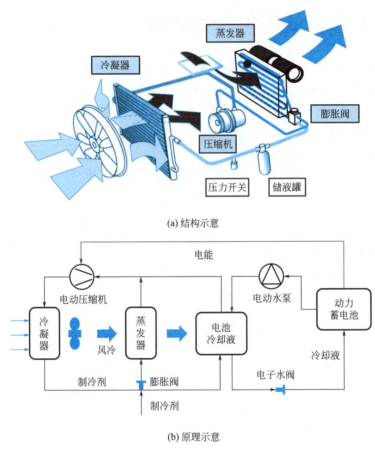

图4-20 纯电动汽车空调系统的结构原理

168 什么是制动能量回收系统?

制动能量回收系统是指纯电动汽车滑行、减速或下坡时，将车辆行驶过程中的动能及势能转化或部分转化为车载可充电储能系统的能量并存储起来的系统。

制动能量回收对于提高纯电动汽车的能量利用率具有重要意义。有关研究表明，在较频繁的制动与启动的城市工况运行条件下，有效地回收制动能量，纯电动汽车大约可降低 15% 的能量消耗，可使纯电动汽车的续驶里程延长 10% ～ 30%。

169 制动能量回收系统的组成与原理是怎样的？

纯电动汽车制动系统主要由两部分组成，即驱动电机再生制动部分和传统液压摩擦部分。因此，纯电动汽车的制动系统是机电复合的制动系统。纯电动汽车制动能量回收系统涉及的主要部件有制动踏板、加速踏板、动力蓄电池、驱动电机、电机控制器（Motor Control Unit，MCU）、整车控制器（VCU）、各种传感器、显示仪表等，如图 4-21 所示。

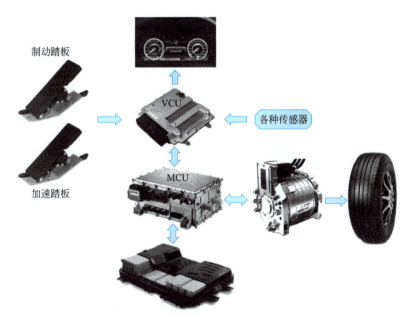

图 4-21　纯电动汽车制动能量回收系统涉及的主要部件

当驾驶员松开加速踏板时，整车控制器根据制动踏板的开度、车辆行驶状态信息以及动力蓄电池的状态信息，来判断某一时刻是否进行制动能量回收。比如，当动力蓄电池的温度过低时，不能进行制动能量回收；根据动力蓄电池的剩余电量，决定制动能量回收的大小，不同车型可能有不同的控制策略。如果动力蓄电池的电量还有很多，比如电量大于 90% 或 95%，则不进行制动能量回收；如果动力蓄电池的电量很少，就能够进行正常的制动能量回收；动力蓄电池电量在两者之间时，就会限制制动能量回收的最大充电电流。

当纯电动汽车减速时，车轮带动驱动电机转动，驱动电机成为交流发电机而产生电流，通过电机控制器将交流电整流为直流电给动力蓄电池充电（制动再生能量）。纯电动汽车整车控制器可通过各种传感器对动力蓄电池、驱动电机进行监控并及时反馈信息，同时通过电功率表、转速表和温度表等仪表进行显示。

制动能量回收的原则是，制动能量回收系统不应该干预 ABS 的工作。当 ABS 进行制动力调节时或 ABS 报警时，制动能量回收系统不应该工作。当驱动电机系统有故障时，制动能量回收系统也不工作。在整个制动的过程中，要保证纯电动汽车的制动稳定性，并尽可能多地回收制动能量，延长纯电动汽车的续驶里程。

如图 4-22 所示为某纯电动汽车制动能量回收等级，具备 4 级制动能量回收级别，分别是轻微（D1）、中等（D2）、强力（D3）和最强（B）。

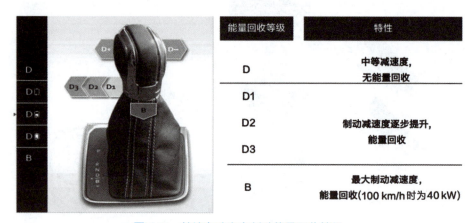

图 4-22　某纯电动汽车制动能量回收等级

170 影响制动能量回收的因素有哪些？

制动能量回收的过程是把驱动轮的部分动能通过电机回馈到动力蓄电池中，因此整车控制系统的各个模块和各模块的使用环境对制动能量回收有较大的影响。影响纯电动汽车制动能量回收的因素主要有以下 4 个方面。

（1）驱动电机特性

当进行制动能量回收时，驱动电机工作在再生制动模式，驱动电机的最大制动转矩影响着能够提供的电制动力大小。向动力蓄电池充电功率的大小由驱动电机的发电功率决定，同时在制定能量回收策略时也要考虑驱动电机的工作温度等因素。

(2) 动力蓄电池特性

当动力蓄电池剩余电量较多时,只能进行小电流充电或者不回收制动能量;当动力蓄电池剩余电量较少时,在不影响安全的前提下可以适当提高制动能量所占比例。同时充电时间过长或充电电流过大会损害动力蓄电池的健康,动力蓄电池应该具有高的充放电循环次数和快速充放电能力。此外动力蓄电池的充电内阻影响动力蓄电池的充电功率,因此要选用内阻小的动力蓄电池。

(3) 车辆行驶工况

车辆在不同工况行驶时,纯电动汽车的制动频率和制动强度不同,当制动越频繁或制动强度越低时,纯电动汽车可以回收的制动能量就越多,例如在车辆频繁起步与停车的城市工况下。在高速公路行驶工况下制动频率较低,所以回收的制动能量也相对较少。

(4) 制动的安全性

当车辆进行制动时,首先需要考虑的是制动系统要满足驾驶员的制动需求和制动时车辆的稳定性,只有在满足这些要求的前提下才能考虑回收制动能量的多少。在有些情况下虽然驱动电机能够提供足够大的制动力,但是为了防止车轮抱死也必须减少制动力的大小来保证行车安全。

171 常见制动能量回收控制策略有哪些?

前轮驱动纯电动汽车制动能量回收系统如图 4-23 所示。

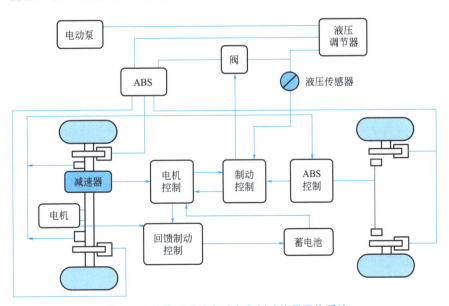

图 4-23 前轮驱动纯电动汽车制动能量回收系统

制动能量回收的控制策略主要关注前后轮制动器提供的制动力和前轮电机提供的再生制动力三部分之间的关系。基于电机再生制动的能量回收控制策略主要有前后轴制动力理想分配时的控制策略、前后轴制动力比例分配时的控制策略和最优能量回收控制策略等。

（1）前后轴制动力理想分配时的控制策略

当减速度要求较小时，仅电机再生制动系统工作。随着制动减速度逐渐增大，前后轴制动力将被控制在理想制动力分配曲线上。其中前轴制动力等于再生制动力和机械制动力总和。当控制系统得到驾驶员的减速度要求时，将根据制动电机的特性和车载动力蓄电池 SOC 值来决定驱动轴制动力由再生制动系统单独提供，还是由机械制动系统和再生制动系统共同提供。

（2）前后轴制动力比例分配时的控制策略

需要的总制动力较小时，全部由再生制动力提供；当需要的减速度增大时，电机再生制动力所占的比例逐渐减小；机械制动力开始起作用；当总制动力大于一定值时意味着这是一个紧急制动，再生制动力减小到零，机械制动提供所有的制动力；当所需的制动减速度在两者之间时，再生制动与机械制动共同作用。

（3）最优能量回收控制策略

当总制动力需求小于此时能提供的最大再生制动力时，仅由再生制动力起作用；当总制动力大于此时能提供的最大再生制动力时，总制动力减去最大再生制动力是应该提供的机械制动力，剩余的需提供的机械制动力将分配为前轮机械制动力和后轮机械制动力。前后轮机械制动力的分配尽量使总的前后轮制动力分配接近理想制动力分配曲线。

172 纯电动汽车对充电设备有什么要求？

纯电动汽车的充电设备是指与纯电动汽车的动力蓄电池相连接，并为其提供电能的设备，是纯电动汽车充电站中最主要的设备。纯电动汽车对充电设备有以下基本要求。

（1）安全性

纯电动汽车充电时，要确保人员的人身安全和动力蓄电池的安全。

（2）使用方便

充电设备应具有较高的智能性，不需要操作人员过多干预充电过程。

（3）成本经济

成本经济、价格低廉的充电设备有助于降低整个纯电动汽车的使用成本，提高运行效益，促进纯电动汽车的商业化推广。

(4) 效率高

高效率是对现代充电设备的重要要求，效率的高低对整个纯电动汽车的能量效率具有重大影响。

(5) 对供电电源污染要小

采用电力电子技术的充电设备是一种高度非线性的设备，会对供电网及其他用电设备产生有害的谐波污染，而且由于充电设备功率因数低，在充电系统负载增加时，对其供电网的影响也不容忽视。

173 什么是非车载充电机？

非车载充电机是指安装在纯电动汽车车体外，将电网的交流电能变换为直流电能，采用传导方式为纯电动汽车动力蓄电池充电的专用装置。

非车载充电机主要由充电机主体和充电终端两个部分组成，如图4-24所示。充电机主体包括三相输入接触器、功率模块和管理模块，其中三相输入接触器与电网相连，将交流电转换为电压、电流可调的直流电。充电机主体的输出经过充电终端的充电线缆接口与纯电动汽车的动力蓄电池相连。充电终端主要包括终端MCU主控制器、整流柜控制系统、IC卡计费系统、信息打印系统、电能测量系统、电池管理系统、充电站监控系统、人机界面等，如图4-25所示。

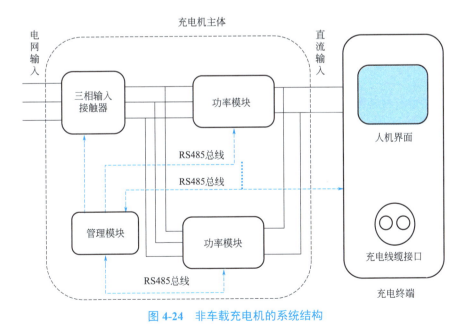

图4-24 非车载充电机的系统结构

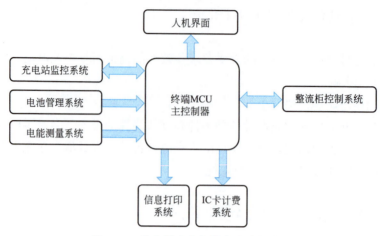

图 4-25　非车载充电机充电终端的结构

174　非车载充电机的技术参数是怎样的？

纯电动汽车非车载充电机输入技术参数见表 4-1。

表 4-1　纯电动汽车非车载充电机输入技术参数

输入方式	输入电压额定值 /V	输入电流额定值 I_N/A	频率 /Hz
1	单相 220	$I_N \leqslant 16$	50
2	单相 220/ 三相 380	$16 < I_N \leqslant 32$	
3	三相 380	$I_N > 32$	

根据动力蓄电池电压等级的范围，非车载充电机输出电压一般分为三级，即 150～350V、300～500V、450～700V。

非车载充电机输出额定电流宜采用 10A、20A、50A、100A、160A、200A、315A、400A、500A。

当非车载充电机的输出功率为额定功率的 50%～100% 时，效率不应小于 90%，功率因数不应小于 0.9。

非车载充电机技术参数误差要求：当交流电源电压在标称值的 ±15% 范围内变化，输出直流电压在规定的相应调节范围内变化时，输出直流电流在额定值的 20%～100% 范围内任意数值上应保持稳定，充电机输出电流精度不应超过 ±1%；当交流电源电压在标称值的 ±15% 范围内变化，输出直流电流在额定值的 0～100% 范围内变化时，输出直流电压在规定的相应调节范围内任意数值上都应保持稳定，充电机输出电压精度不应超过±0.5%。

175 什么是车载充电机？

车载充电机是指固定安装在纯电动汽车上运行，将交流电能转换为直流电能，采用传导方式为纯电动汽车动力蓄电池充电的专用装置。

176 车载充电机的技术参数是怎样的？

车载充电机输入技术参数的推荐值见表 4-2。

表 4-2 车载充电机输入技术参数的推荐值

额定输入电压 /V	额定输入电流 /A	额定输入功率 /kW	额定频率 /Hz
单相 220	10	2.2	50
单相 220	16	3.5	
单相 220	32	7.0	
三相 380	16	10.5	
三相 380	32	21.0	
三相 380	63	41.0	

车载充电机输出技术参数的推荐值见表 4-3。

表 4-3 车载充电机输出技术参数的推荐值

输出电压等级	输出电压范围 /V	标称输出电压推荐值 /V
1	24～65	48
2	55～120	72
3	100～250	144
4	200～420	336
5	300～570	384、480
6	400～750	640

输出电流可根据各厂家动力蓄电池的电压情况设定。车载充电机在额定输入电压、额定负载的状态下，效率应不低于90%，功率因数应不低于0.92。

车载充电机的技术参数误差要求：输入电压波动范围为额定输入电压 ±15%；输入电压频率波动范围为额定输入电压频率 ±2%；车载充电机在恒压输出状态下运行时，其输出电压与设定电压的误差应为 ±1%；车载充电机在恒流输出状态下运行时，其输出电流与设定电流的误差应为 ±5%；车载充电机在允许的输出电流的范围内，输出电流的周期和随机偏差不能大于设定电流值的 10%；车载充电机在稳流区间工作时，其稳流精度应小于 1%，在稳压区间工作时，稳压精度应小于 0.5%。

177 什么是车载双向充电机？

车载双向充电机就是充电机既可以给纯电动汽车动力蓄电池进行充电，又可以在必要时将动力蓄电池的电逆变成交流电，给负载离网供电，或回馈到电网并网馈电。通过车载双向充电机的应用，纯电动汽车不仅仅是一个交通工具，还将成为一个移动的储能电站。

车载充电机呈集成化趋势，车载充电机与DC/DC变换器和电机控制器集成在一起，具有车对车（Vehicle to Vehicle，V2V）、车对负载（Vehicle to Load，V2L）、车对家庭（Vehicle to Home，V2H）、车对电网（Vehicle to Grid，V2G）的双向充电机功能。

178 什么是交流充电桩？

交流充电桩是指固定在纯电动汽车外，与交流电网连接，采用传导方式为具有车载充电装置的纯电动汽车提供交流电源的专用供电装置。交流充电桩只提供电力输出，没有充电功能，需连接车载充电机为纯电动汽车动力蓄电池充电。

交流充电桩输出单相/三相交流电，通过车载充电机转换成直流电给车载动力蓄电池充电，功率较小，有 7kW、22kW、40kW 等，充电速度较慢，一般安装在商业区、写字楼、小区停车场等地。

179 什么是直流充电桩？

直流充电桩是指固定在纯电动汽车外，与交流电网连接，可以为非车载纯电动汽车动力蓄电池提供大功率直流电源的供电装置。直流充电桩直接输出直流电给车载动力蓄电池进行充电，功率较大，有 60kW、120kW、200kW 甚至更高，充电速度较快，故一般安装在大型充电站内。

180 什么是交直流充电桩？

交直流充电桩是采用交直流一体的结构，既可实现直流充电，也可以实现交流充电。白天充电业务多的时候，使用直流充电方式进行快速充电，当夜间充电站用户少时可用交流充电方式进行慢充操作。交直流充电桩具有交流充电接口和直流充电接口。

181 纯电动汽车充电系统是怎样的？

纯电动汽车的充电方式可分为交流充电和直流充电，无论采用交流充电还是直流充电，充电系统的构成基本都是一致的，即从变压器侧取电，经由低压电缆引至非车载充电机（充电桩）处，再给纯电动汽车充电。交流充电系统和直流充电系统的重要区别在于给动力蓄电池充电时是否经过车载充电机，如图4-26所示。交流充电系统经过车载充电机，直流充电系统不经过车载充电机。

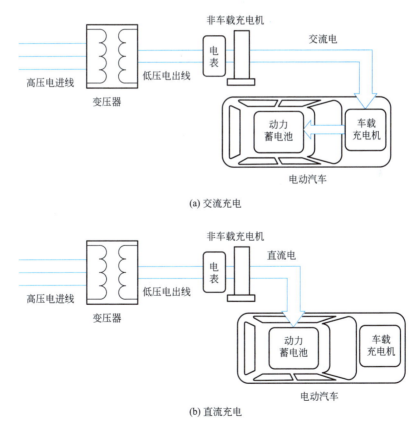

图 4-26　纯电动汽车充电系统示意

182 纯电动汽车常规充电方法有哪些？

纯电动汽车常规充电方法主要有恒流充电、恒压充电和恒流限压充电，现代智能型动力蓄电池充电机可设置不同的充电方法。

（1）恒流充电

恒流充电是指充电过程中使充电电流保持不变的方法。恒流充电具有较大的适应性，容易将动力蓄电池完全充足，有益于延长动力蓄电池的寿命。缺点是在充电过程中，需要根据逐渐升高的动力蓄电池电动势调节充电电压，以保持电流不变，充电时间也较长。

（2）恒压充电

恒压充电是指充电过程中保持充电电压不变的充电方法，充电电流随动力蓄电池电动势的升高而减小。合理的充电电压，应在动力蓄电池即将充足时使其充电电流趋于零。如果电压过高会造成充电初期充电电流过大和过充电，如果电压过低则会使动力蓄电池充电不足。充电初期若充电电流过大，则应适当调低充电电压，待动力蓄电池电动势升高后再将充电电压调整到规定值。恒压充电的优点是充电时间短，充电过程无须调整电压，较适合于补充充电。缺点是不容易将动力蓄电池完全充满电，充电初期的大电流对极板会有不利影响。

（3）恒流限压充电

恒流限压充电是先以恒流方式进行充电，当动力蓄电池端电压上升到限压值时，充电机自动转换为恒压充电，直到充电完毕。

183 纯电动汽车快速充电方法有哪些？

（1）脉冲快速充电法

脉冲充电曲线主要包括预充、恒流区和脉冲区，如图4-27所示。在恒流充电过程中以恒定电流对动力蓄电池进行充电，部分能量被转移到动力蓄电池内部。当动力蓄电池电压上升到上限电压（如4.2V）时，进入脉冲充电模式，用1C的脉冲电流间歇地对动力蓄电池充电。在恒定的充电时间t_c内，动力蓄电池电压会不断升高，充电停止时电压会慢慢下降。当动力蓄电池电压下降到上限电压（如4.2V）后，以同样的电流值对动力蓄电池进行充电，开始下一个充电周期，如此循环充电直到动力蓄电池充满电。

（2）变电流快速充电法

变电流快速充电建立在恒流充电和脉冲快速充电基础上，其充电电流和充电压如图 4-28 所示。该充电方法在充电前期采用分段恒流充电，各段电流逐次减小，并且设置了充电间歇来消除极化现象。该阶段具有较大的充电电流，使动力蓄电池在较短时间内获得大部分充电量。在充电后期，采用的是恒电压充电，通过小电流充电，使动力蓄电池达到完全充电。

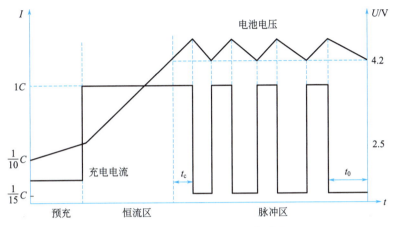

图 4-27 脉冲快速充电的充电曲线

（3）变电压快速充电法

变电压快速充电是指在初始阶段采用的是电压逐次减小的恒电压脉冲充电，在充电脉冲之间设置了充电间歇，如图 4-29 所示。相对于变电流快速充电，变电压快速充电在每个恒电压阶段，其充电电流是按指数规律下降的，更符合动力蓄电池的可充电电流随充电的进行而逐渐下降的特点。如果各段充电电压设置得当，可使整个充电过程的充电电流更接近动力蓄电池的可接受充电电流，加快充电速度。

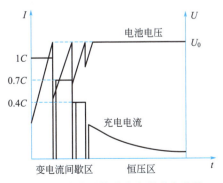

图 4-28 变电流快速充电的充电曲线

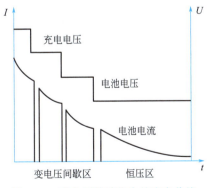

图 4-29 变电压快速充电的充电曲线

184 什么是纯电动汽车的直流快充？

直流快充是用直流充电桩充电接口，把电网的交流电转化成直流电，输送到纯电动汽车的快充接口，电能直接进入动力蓄电池充电，如图 4-30 所示。直流充电桩内置功率转换模块，能将电网的交流电转换为直流电，不需经过车载充电机转换。直流充电的功率取决于电池管理系统和充电桩输出功率，取两者中的小值。

图 4-30　直流充电桩充电示意

快速充电是用直流电充电，每小时最多可充电 40kW。直流快充方式以 150～400A 的高充电电流在短时间内为动力蓄电池充电，与交流慢充方式相比安装成本相对较高。快速充电也可称为迅速充电或应急充电，其目的是在短时间内给纯电动汽车充满电，充电时间应该与燃油车的加油时间接近。大型充电站（机）多采用这种充电方式。

直流快速充电方式主要针对需要进行快速补充电能的情况进行充电，充电机功率很大，一般都大于 30kW，采用三相四线制 380V 供电。这种充电方式对动力蓄电池寿命有一定的影响。快速充电站的关键是非车载快速充电组件，它能够输出 35kW 甚至更高的功率。由于功率和电流的额定值都很高，因此这种充电方式对电网有较高的要求。

185 直流快充有什么特点？

（1）直流快充方式的优点
- 技术较为成熟，接口标准要求较低。
- 充电速度快，增加纯电动汽车长途续航能力，是一种有效的补充方案。

（2）直流快充方式的缺点
- 充电功率较大，接口和用电安全提高，动力蓄电池散热成为重要因素。
- 动力蓄电池不能深度充电，一般为动力蓄电池容量的 80% 左右，容易损害动力蓄电池寿命，需要承担更多的动力蓄电池折旧成本。

- 短时用电消耗大，对配电网要求较高，基础设施配套需求巨大。
- 一般在白天和傍晚时间段充电，属于城市电力负荷高峰时段，对城市电网的安全性是一种威胁，而且不享受夜间电价打折。

186 什么是纯电动汽车的交流慢充？

交流慢充方式是用交流充电桩充电接口，把电网的交流电输入纯电动汽车的慢充接口，经过汽车内部的车载充电机把交流电转成直流电后再输入动力蓄电池，完成充电，如图4-31所示。交流充电桩没有功率转换模块，不做交直流转换。充电功率取决于车载充电机功率。

图 4-31　交流慢充示意

交流慢充方式也可以使用标准家用电源插座或者预装的充电墙盒以及充电桩。交流慢充方式采用恒压、恒流的传统充电方式对纯电动汽车进行充电，相应的充电机的工作和安装成本相对比较低。纯电动汽车家用充电设施（车载充电机）和小型充电站多采用这种充电方式。车载充电机是纯电动汽车的一种最基本的充电设备。由于只需将车载充电机的插头插到停车场或家中的电源插座上即可进行充电，因此充电过程一般由用户自己独立完成。充电时直接从低压照明电路取电，充电功率较小，由220V/16A规格的标准电网电源供电。这种充电方式对电网没有特殊要求，只要能够满足照明要求的供电质量就能够使用。由于在家中充电通常是晚上或者是在电力低谷期，有利于电能的有效利用，因此电力部门一般会给予纯电动汽车用户一些优惠，例如电力低谷期充电打折。

187 交流慢充方式有什么特点？

（1）交流慢充方式的优点
- 充电技术成熟，技术门槛低，使用方便，容易推广普及。
- 充电设施配置简单，占地较小，投资少；动力蓄电池充电过程缓和，动力蓄电池能够深度充满，纯电动汽车续驶里程更长。

- 充电时动力蓄电池发热温和，不易发生高温短路或爆炸危险，安全性较高。
- 接口和相关标准要求较低。
- 充电功率相对低，对配电网要求降低，基础设施配套需求小。
- 一般选择夜间充电，可避开傍晚用电高峰期，享受低谷电价优惠，节能效果较好。

（2）交流慢充方式的缺点

- 充电时间长。
- 用于有慢速充电需求的停车场所，如住宅小区停车场、社会公共停车场等，使用受到限制。

188 交流慢充和直流快充的充电接口有什么不同？

纯电动汽车快充充电接口如图 4-32 所示。直流充电桩输出由 9 根线组成，CC1 和 CC2 为充电连接确认线路；S+ 为充电通信线路 CAN-H；S- 为充电通信线路 CAN-L；DC+ 为直流电源线路正极；DC- 为直流电源线路负极；A+ 为低压辅助电源线路正极；A- 为低压辅助电源线路负极；PE 为设备地线。

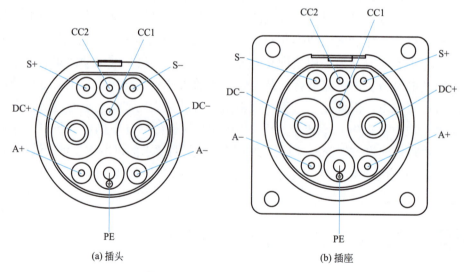

图 4-32　纯电动汽车快充充电接口

纯电动汽车慢充充电接口如图 4-33 所示。交流充电桩输出由 7 根线组成，CC 为充电连接确认线路；CP 为控制引导线路；L 为交流电源线路；NC1 和 NC2 为交流电源线路；N 为中线；PE 为设备地线。

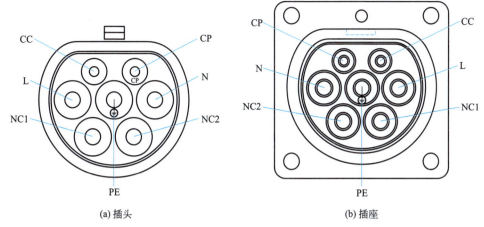

图 4-33 纯电动汽车慢充充电接口

189 什么是纯电动汽车电池更换方式？

纯电动汽车电池更换方式是指采用动力蓄电池更换方式迅速补充车辆电能，动力蓄电池更换可在 10min 以内完成，理论上无限提升了车辆续驶里程。

（1）电池更换方式的优点

- 电池更换客户的感受接近传统的加油站加油。
- 用户只需购买裸车，电池采用租赁的方式，大幅降低了车辆价格。
- 采用适合的充电方式保证电池的健康以及电池效能的发挥，电池集中管理便于集中回收和维护，减少环境污染。
- 选择夜间用电低谷时段慢速充电，降低服务机构运行成本，对电网起到错峰填谷作用。

（2）电池更换方式的缺点

- 基础设施建设成本较高，占用场地大，电网配套要求高。
- 需解决纯电动汽车更换电池方便问题，例如电池设计安装位置、电池拆卸难易程度等。
- 需要纯电动汽车行业众多标准的严格统一，包括电池本身外形和各项参数的标准化，电池和电动汽车接口的标准化，电池和外置充电设备接口的标准化等。
- 电池更换容易导致电池接口接触不良等问题，对电池及车辆接口的安全可靠要求提高。
- 电池租赁带来了资产管理、物流配送、计价收费等一系列问题，使运作更复杂，提高了成本。

190 什么是纯电动汽车无线充电？

纯电动汽车无线充电是指利用无线电能传输技术对动力蓄电池进行充电的一种新型充电方式，主要有 3 种形式，即电磁感应充电方式、磁共振充电方式和微波充电方式。

(1) 无线充电的优点

相对于纯电动汽车的有线充电而言，无线充电具有以下优点。
- 充电设备占地小，充电便利性高。
- 充电设施可无人值守，后期维护成本低。
- 相同占地面积下，可充电的纯电动汽车数量提升，增大空间利用率。

(2) 无线充电的缺点
- 充电效率不高，峰值效率为 90% 左右，传统充电效率为 95% 左右。
- 传递功率不够大，一般为 10kW 以下。
- 无线充电主要采用电磁方式，存在辐射泄漏的安全问题。

纯电动汽车无线充电示意如图 4-34 所示。

图 4-34　纯电动汽车无线充电示意

191 什么是纯电动汽车移动充电？

移动充电是指纯电动汽车在路上巡航时进行充电，有接触式移动充电和感应式移动充电两种。

(1) 接触式移动充电

接触式移动充电系统需要在车体的底部装一个接触拱，通过与嵌在路面上的充电元件相接触，接触拱便可获得瞬时高电流。当纯电动汽车行驶通过移动式充电区时，为纯电动汽车充电。

(2) 感应式移动充电

车载式接触拱由感应线圈所取代，嵌在路面上的充电元件由可产生强磁场的高电流绕组所取代，便成为感应式移动充电系统。

192 什么是纯电动汽车光伏充电？

目前，纯电动汽车充电站主要是利用电网充电，如果纯电动汽车得到大量推广使用，必将额外消耗大量不可再生资源用于发电，煤、石油等化石能源在燃烧发电过程中又造成环境污染，加重了传统能源消耗和环境问题，因此，开发利用清洁的可再生能源给纯电动汽车充电站供电势在必行，光伏充电站是纯电动汽车未来最理想的充电站。

光伏充电站具有以下主要特点。

- 不需要建设专门的电站或是电网来供电给光伏充电站使用，也不需要加大电网的电容量。因为光伏发电系统不但有自身的发电功能，在遇到供不应求的情况时，光伏充电站系统会在电网低谷时段选择从国家电网购买电量储存在储能系统里，这样不仅利于使充电站的电量能满足快速地给纯电动汽车充电并不影响电网的使用，而且也对国家电网低谷时段的电力做了有效利用。相反地，当国家电网到高峰时段用电压力较大时，也同样可以利用充电站储电优势反供电给电网。

- 因为储能光伏充电站是多个储能电池组合成的，所以尽管在遇到供不应求的情况下，也不需要重新建造更大的充电站，其扩大能量的方法非常简单，只要按需求增加电池组数量即可，这在很大程度上节约了充电站的建设成本，给充电站的长远发展提供更多的可能性。

193 纯电动汽车充电需要注意哪些事项？

当纯电动汽车 SOC 显示 20% 左右时，就应该充电。纯电动汽车充电要注意以下事项。

- 选择充电方式。充电方式有快充和慢充，要阅读使用说明书，选择最佳充电方式。

- 快速充电。快速充电的电流和电压较高，短时间内对动力蓄电池的冲击较大，容易令动力蓄电池的活性物质脱落和动力蓄电池发热，因此对动力蓄电池保护散热方面有更高的要求。

- 常规充电。常规充电采用随车配备的车载充电机进行充电，可使用家用电源或专用的充电桩电源。充电电流较小，一般为 16～32A，充电时间为 6～8h。

- 低谷充电。可充分利用电力低谷时段进行充电,降低充电成本。
- 正确掌握充电时间。在使用过程中,应根据实际情况准确把握充电时间,参考平时使用频率及行驶里程情况,把握充电频次。正常行驶时,如果电量表指示红灯和黄灯亮,就应充电;如只剩下红灯亮,应停止运行,尽快充电,否则动力蓄电池过度放电会严重缩短其寿命。充满电后运行时间较短就充电,充电时间不宜过长,否则会形成过度充电,使动力蓄电池发热。过度充电、过度放电和充电不足都会缩短动力蓄电池寿命。
- 避免大电流放电。纯电动汽车在起步、加速、上坡时,尽量避免猛踩加速踏板,形成瞬间大电流放电,大电流放电容易损害动力蓄电池极板的物理性能。
- 车辆长期不用时,动力蓄电池一般采用半电存储,可以为30%～60%。

194 纯电动汽车在充电过程中如何防止过充?

- 设置好时间。用充电桩进行充电时,一定要设置好时间,不要过充电。应该根据纯电动汽车剩余电量的实际情况,选择到底充电多久。如果时间过长,对动力蓄电池是一种伤害。
- 定时去检查。在给纯电动汽车充电时,应该定时去检查一下,看一看电量是否充满。如果充满就应该及时拔掉电源。
- 利用好时段。一般情况下纯电动汽车充满电量需要5～8h,所以充电应该利用好时间段。提前计算好充电时间,比如利用晚上时间,从晚上10点开始充,到第二天早晨6点断电,正好8h。
- 勤充少充。如果选择在办公室充电,而且是用电源充电的话,最好的方法是充电次数多一些,每次充电时间少一些。比如,上午8点半到达办公室就开始充电,中午12点拔掉电源,然后开车回家。
- 尽量不要用快充。在充电的时候,尽量不要用快充的方式给纯电动汽车充电,除非到万不得已的时候。因为快充的原理,就是利用高压将大电流快速输入动力蓄电池。虽然充电过程快,但对动力蓄电池是一种伤害。
- 动力蓄电池不要闲置太久。对于纯电动汽车,用户应该多驾驶。不要闲置一两个月才驾驶一次,那样对动力蓄电池的损伤很大。经常使用,可激发动力蓄电池的能量,变得更加耐用。

195 充电基础设施发展目标是怎样的?

充电是电动汽车使用过程中的重要一环,充电的体验很大程度上决定了消费者的购买决策和用车体验。为此,国家制定了充电基础设施发展目标。

以构建慢充普遍覆盖、快充(换电)网络化部署来满足不同充电需求的立体充电体系为目标,实现充电设施网络与新能源汽车产业协调发展,建立布局合理、集约高效、绿色安全和性能优异的充电基础设施网络。

至 2035 年,建成慢充桩端口达 1.5 亿端以上(含自有桩和公共桩),公共快充端口(含专用车领域)146 万端,支撑 1.5 亿辆以上车辆充电运行,同时实现城市出租车/网约车共享换电模式的大规模应用。充电基础设施发展目标见表 4-4。

表 4-4 充电基础设施发展目标

项目	2025 年	2030 年	2035 年
总体目标	居住区、单位、社会停车场、推广目的地慢充应用覆盖,慢充电能输出占比达 70% 以上;公共快充以 750V 输出为应用主体,实现接口标准前后向兼容;都市核心区推广智能立体停车充电集约化场站	慢充桩电能输出占比达 80% 以上,居住区及停车场慢充设施实现 V2G 电能互动市场化应用;"智能泊车+无线自动充电+机械臂辅助自动充电"及大功率充电占比逐步提高;公共领域运营车辆共享换电较大规模应用	车桩协同智能泊车自主充电应用普及,居民区等停车设施 V2G 电能互动和园区"光储充"应用基本普及;本地光伏电能储能率达 80%;"车储+储充站"对促进全社会可再生能源消纳贡献率达 30% 以上
	在私人领域推广直流慢充集群技术,实现停车位慢充智能接线终端基本覆盖;释放配电和充电位潜力;乡村居所以自有小功率慢充终端充电为主;公共领域提高充电设施快充网点分布密度	形成居住小区市场化服务生态,全面推广毗邻车位充电负荷共享模式;实现分时共享充电智能引导;电能聚合快速充电能量济,边缘计算安全增强;自动充电技术与消防预警联动或社区充电智能化技术应用普及;充电设施与智慧城市多网融合互联互通,实现充电设施与交通、能源等设施支付及安全保障数据融通共享;专用车领域充电配置高效化;充换电设施安全性能、服务能力及方便体验,均位居国际先进列	
应用领域	重点促进私人领域配建慢充设施,基本覆盖城市住宅区及周边停车区域,以及公共区域、社会停车场和县级以上城乡核心区域与高速公路服务区	充电设施覆盖住宅小区及周边区域,以及单位车位、社会停车场和县级以上城市主要区域、乡镇重点区域、城际连线、高速公路服务区	全面覆盖住宅区域、商业、办公区车位,市郊及省、市、乡、镇路网、高速公路沿线等,实现充电设施合理分布及多种充电方式便捷应用
产业规模	慢充设施充电端口达 1300 万端以上;公共快充端口约 80 万端;保障年充电量接近 1000 亿千瓦时供电需求;支撑 2000 万辆以上车辆充电运行	慢充设施充电端口达 7000 万端以上;公共快充端口约 128 万端;保障年充电量接近 3000 亿千瓦时供电需求;支撑 8000 万辆以上车辆充电运行	慢充设施充电端口达 1.5 亿端以上;公共充电端口约 146 万端;保障年充电量接近 5000 亿千瓦时供电需求;支撑 1.5 亿辆以上车辆充电运行

第 5 章　混合动力电动汽车技术

196　什么是混合动力系统?

混合动力电动汽车一般由两个驱动系统组成,其动力源分别为发动机和驱动电机,发动机提供的动力是单向的,驱动电机提供的动力是双向的;它们既可以各自单独驱动,也可以联合驱动,这主要根据混合动力电动汽车的工作模式来确定。

混合动力系统示意如图 5-1 所示。

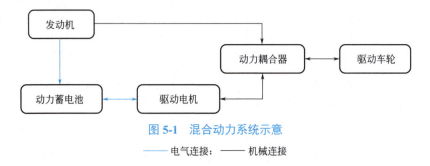

图 5-1　混合动力系统示意

—— 电气连接;　—— 机械连接

197　混合动力系统能产生哪些工作模式?

在有发动机和驱动电机两种动力的情况下,混合动力电动汽车的混合动力系统能够产生以下工作模式。

● 发动机单独向驱动车轮提供动力。该模式是发动机单独驱动模式,可应用于动力蓄电池近乎完全放电,而发动机没有剩余功率给动力蓄电池充电的情况;或可应用于动力蓄电池已经完全放电,而发动机能提供足够的动力去满足混合动力电动汽车动力需求的情况。

- 驱动电机单独向驱动车轮提供动力。该模式是纯电驱动模式，此时发动机关闭，可应用于发动机不能有效运行的情况，例如，极低速状态或在严禁排放的区域内行驶。
- 发动机和驱动电机同时向驱动车轮提供动力。该模式是混合驱动模式，可应用于需要较大动力供给的场合，例如，急剧加速或爬陡坡。
- 发动机向驱动车轮提供动力，同时向动力蓄电池补充能量。该模式是发动机驱动车辆和向动力蓄电池充电同时存在的模式。
- 发动机向驱动车轮提供动力，同时驱动车轮向动力蓄电池补充能量。该模式是发动机驱动车辆，同时驱动车轮给动力蓄电池充电。
- 发动机向动力蓄电池提供能量，同时驱动电机向驱动车轮提供动力。该模式是发动机向动力蓄电池充电，同时驱动电机向驱动车轮提供动力。
- 动力蓄电池从驱动车轮获取能量。该模式是再生制动模式，驱动电机运行在发电机状态，车辆的动能或势能得以回收。回收的能量储存于动力蓄电池中，并在以后重复利用。
- 动力蓄电池从发动机获取能量。该模式是发动机向动力蓄电池充电的模式，此时车辆处于停止、惯性滑行或小坡度下坡运行状态，没有动力应用于驱动车轮或来自驱动车轮。
- 动力蓄电池同时从发动机和驱动车轮获取能量。该模式是同时存在再生制动和发动机向动力蓄电池充电的模式。

对于一辆具体的混合动力电动汽车，究竟采用哪些工作模式，取决于许多因素，例如，驱动系统的实际结构、动力系统的效率特性、驱动车轮的负载特性等。不同厂家生产的混合动力电动汽车，其工作模式是有差别的。

198 混合动力电动汽车主要类型有哪些？

按动力系统结构形式划分，混合动力电动汽车分为串联式混合动力电动汽车、并联式混合动力电动汽车及混联式混合动力电动汽车。

（1）串联式混合动力电动汽车

串联式混合动力电动汽车是指车辆行驶系统的驱动力只来源于驱动电机，如图 5-2 所示。典型的结构特点是发动机带动发电机发电，动力耦合器（包括功率变换器）控制从动力蓄电池和发电机到驱动电机的功率流，或反向控制从驱动电机到动力蓄电池的功率流。发动机通过发电机产生的电能经控制器输送给驱动电机或动力蓄电池，由驱动电机驱动车辆，发动机不直接参与驱动车辆。串联式混合动力电动汽车车型主要有雪佛兰沃蓝达、宝马 i3、广汽传祺 GA5 等。

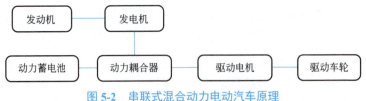

图 5-2　串联式混合动力电动汽车原理

(2) 并联式混合动力电动汽车

并联式混合动力电动汽车是指车辆行驶系统的驱动力由驱动电机及发动机同时或单独提供,如图 5-3 所示。典型的结构特点是并联式驱动系统可以单独使用发动机或驱动电机作为动力源,也可以同时使用发动机和驱动电机作为动力源驱动车辆行驶。电机驱动时,动力蓄电池经过 DC/DC 变换器,给驱动电机提供电能。并联式混合动力电动汽车车型主要有奔驰 S400L、比亚迪秦、本田 CR-Z 等。并联式混合动力电动汽车应用较多,配置也各不相同。

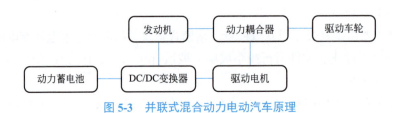

图 5-3　并联式混合动力电动汽车原理

(3) 混联式混合动力电动汽车

混联式混合动力电动汽车具备串联式和并联式两种混合动力系统结构,如图 5-4 所示。典型的结构特点是既可以在串联模式下工作,也可以在并联模式下工作,兼顾了串联式和并联式混合动力电动汽车的特点。值得注意的是,三种形式的动力耦合器结构是不一样的。混联式混合动力电动汽车以丰田系列为主,如普锐斯混合动力电动汽车、卡罗拉混合动力电动汽车、雷克萨斯混合动力电动汽车等。

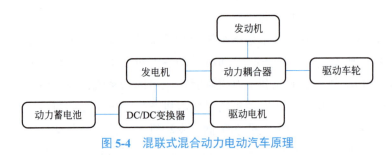

图 5-4　混联式混合动力电动汽车原理

199 什么是微混合型混合动力电动汽车？

混合度是指混合动力电动汽车中的电机峰值功率占动力源总功率（电机峰值功率＋发动机峰值功率）的比例（%）。

微混合型混合动力电动汽车功能示意如图 5-5 所示，它是在传统汽车基础上增加怠速停机功能。微混合型混合动力电动汽车的混合度小于 10%。微混合型混合动力系统搭载的电机功率比较小，仅靠电机无法使车辆起步，起步过程仍需要发动机介入，是一种初级的混合动力系统。在微混合型混合动力系统里，电机的电压通常有 12V 和 42V。在城市循环工况下节油率一般为 5%～10%。

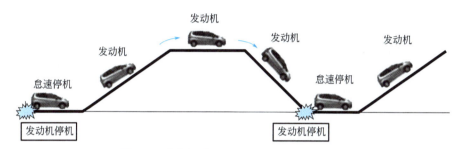

图 5-5 微混合型混合动力电动汽车功能示意

200 什么是轻度混合型混合动力电动汽车？

轻度混合型混合动力电动汽车是以发动机为主要动力源，电机作为辅助动力，在车辆加速和爬坡时，电机可向车辆行驶系统提供辅助驱动力矩的混合动力电动汽车。轻度混合型混合动力电动汽车的混合度大于 10%，可以达到 30% 左右。

轻度混合型混合动力电动汽车功能示意如图 5-6 所示，它是在传统汽车基础

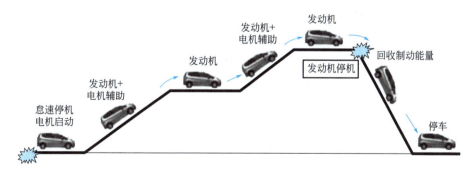

图 5-6 轻度混合型混合动力电动汽车功能示意

上增加怠速停机、电机启动、发动机＋电机辅助、回收制动能量等功能。轻度混合型混合动力系统采用了启动发电一体式（Integrated Starter and Generator，ISG）电机。与微混型混合动力系统相比，轻度混合动力系统除了能够实现用电机控制发动机的启停外，还能够在混合动力电动汽车制动和下坡工况下，实现对部分能量进行回收；在行驶过程中，发动机的动力可以在车轮的驱动需求和发电机发电需求之间进行调节。本田汽车公司旗下的 Insight、Accord 和 Civic 混合动力电动汽车都采用并联式结构的轻度混合动力系统。

201 什么是重度混合型混合动力电动汽车？

重度混合型混合动力电动汽车是以发动机和/或电机为动力源，且电机可以独立驱动车辆正常行驶的混合动力电动汽车。重度混合动力系统可以采用高达 600V 以上的高压电机，混合度大于 30%，可以达到 50% 以上。在城市循环工况下节油率可以达到 30% ～ 50%。

重度混合型混合动力电动汽车功能示意如图 5-7 所示。它是在传统汽车基础上增加怠速停机、纯电驱动启动、发动机＋电机共同驱动、纯电低速驱动、回收制动能量等功能。重度混合型混合动力电动汽车的特点是动力系统以发动机为基础动力，动力蓄电池为辅助动力。采用的电机功率更为强大，完全可以满足车辆在起步和低速时的动力要求。因此，重度混合型混合动力电动汽车无论是在起步还是低速行驶状态下都不需要启动发动机，电机可以完全胜任，在低速时就像一款纯电动汽车。在急加速和爬坡运行工况下车辆需要较大驱动力时，电机和发动机同时对车辆提供动力。随着电机、电池技术的进步，电机参与驱动的工况逐渐增加，重度混合动力系统逐渐成为混合动力技术的主要发展方向。丰田普锐斯混合动力电动汽车采用的就是混联式结构的重度混合型混合动力系统。

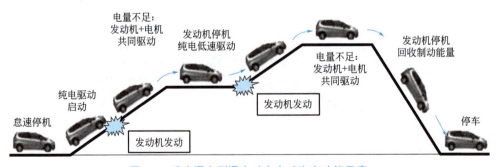

图 5-7　重度混合型混合动力电动汽车功能示意

202 什么是插电式混合动力电动汽车和油电混合动力汽车?

(1) 插电式混合动力电动汽车

插电式混合动力电动汽车是可以利用电网对动力蓄电池充电的混合动力电动汽车,同时也可以在加油站给汽车加油。它可以使用纯电模式驱动车辆行驶,且纯电动续驶里程较长;电能不足时,车辆仍然可以用重度混合模式行驶。插电式混合动力电动汽车的电机功率比纯电动汽车的电机功率稍小,动力蓄电池的容量介于重度混合动力电动汽车和纯电动汽车之间。插电式混合动力电动汽车的动力蓄电池容量较大,可以外部充电,可以用纯电模式行驶,动力蓄电池电量耗尽后再以混合动力模式行驶,属于新能源汽车。

(2) 油电混合动力汽车

油电混合动力汽车是非插电式混合动力汽车,动力来源主要是发动机,电机只是一个辅助动力源,纯电驱动的续驶里程短。油电混合动力汽车的动力蓄电池容量很小,仅在启/停、加/减速的时候供应/回收能量,不能进行外部充电,属于节能汽车。

203 串联式混合动力电动汽车的结构是怎样的?

串联式混合动力电动汽车一般采用发动机-发电机组和动力蓄电池系统两种形式的车载电源系统,输出的电能通过电机控制器输送给驱动电机,由驱动电机将电能转化为机械能驱动汽车行驶。

串联式混合动力电动汽车的结构如图5-8所示,它主要由发动机-发电机组、DC/DC变换器、电机控制器、驱动电机及动力蓄电池等部件组成。在串联式混合动力电动汽车上,由发动机-发电机组所产生的电能和动力蓄电池输出的电能,共同输出到驱动电机来驱动汽车行驶,电力驱动是唯一的驱动模式。发动机与发电机直接连接产生电能,来驱动电机或者给动力蓄电池充电。驱动电机直接与驱动桥的减速机构相连,汽车行驶时的驱动力由驱动电机输出。当动力蓄电池的荷电状态值降到一个预定值时,发动机即开始对动力蓄电池进行充电,来延长混合动力电动汽车的续驶里程。另外,动力蓄电池系统还可以单独向驱动电机提供电能来驱动混合动力电动汽车,使混合动力电动汽车在零污染状态下行驶。发动机与驱动系统并没有机械地连接在一起,这种方式可以很大程度地减少发动机受到的车辆瞬态响应。瞬态响应的减少可以使发动机进行最优的喷油和点火控制,使其在最佳工况点附近工作。

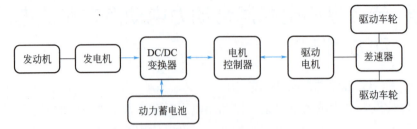

图 5-8　串联式混合动力电动汽车的结构
—— 电气连接；—— 机械连接

204 串联式混合动力电动汽车的工作模式是怎样的?

(1) 纯电驱动模式

纯电驱动模式是指发动机-发电机组关闭，由动力蓄电池系统经功率变换器向驱动电机提供电能，驱动车辆行驶。串联式混合动力电动汽车的纯电驱动模式如图 5-9 所示。

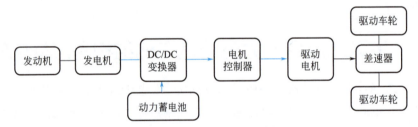

图 5-9　串联式混合动力电动汽车的纯电驱动模式
—— 电气连接；—— 机械连接

(2) 纯发动机驱动模式

纯发动机驱动模式是由发动机-发电机组经 DC/DC 变换器向驱动电机提供电能，驱动车辆行驶；动力蓄电池系统既不供电也不从传动系统中获取能量。串联式混合动力电动汽车的纯发动机驱动模式如图 5-10 所示。

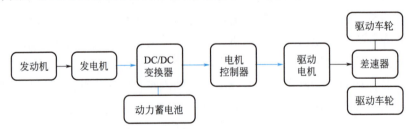

图 5-10　串联式混合动力电动汽车的纯发动机驱动模式
—— 电气连接；—— 机械连接

(3) 混合驱动模式

混合驱动模式是指发动机-发电机组和动力蓄电池系统共同向驱动电机提供电能，驱动车辆行驶。串联式混合动力电动汽车的混合驱动模式如图 5-11 所示。

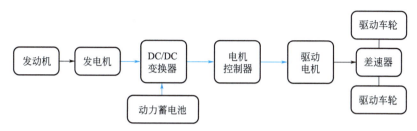

图 5-11　串联式混合动力电动汽车的混合驱动模式
—— 电气连接；—— 机械连接

(4) 行车充电模式

行车充电模式是指发动机-发电机组除向驱动电机提供电能驱动车辆行驶以外，同时还向动力蓄电池系统充电。串联式混合动力电动汽车的行车充电模式如图 5-12 所示。

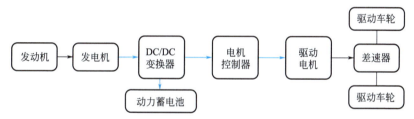

图 5-12　串联式混合动力电动汽车的行车充电模式
—— 电气连接；—— 机械连接

(5) 混合充电模式

混合充电模式是指发动机-发电机组和运行在发电机状态下的驱动电机（发电机）共同向动力蓄电池系统充电。串联式混合动力电动汽车的混合充电模式如图 5-13 所示。

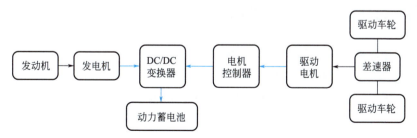

图 5-13　串联式混合动力电动汽车的混合充电模式
—— 电气连接；—— 机械连接

（6）再生制动模式

再生制动模式是指发动机 - 发电机组关闭，驱动电机运行在发电机状态（发电机），通过消耗车辆本身的动能产生电功率向动力蓄电池系统充电。串联式混合动力电动汽车的再生制动模式如图 5-14 所示。

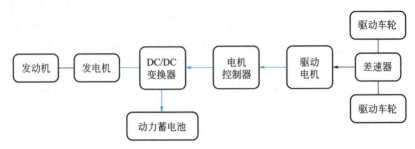

图 5-14　串联式混合动力电动汽车的再生制动模式
—— 电气连接；—— 机械连接

（7）停车充电模式

停车充电模式是指车辆停止行驶，驱动电机不接收功率，发动机 - 发电机组仅向动力蓄电池系统充电。串联式混合动力电动汽车的停车充电模式如图 5-15 所示。

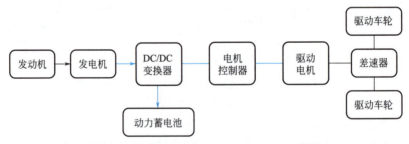

图 5-15　串联式混合动力电动汽车的停车充电模式
—— 电气连接；—— 机械连接

205　串联式混合动力电动汽车有什么特点？

（1）串联式混合动力电动汽车的优点

● 发动机独立于行驶工况，使发动机始终处于高效率区域运转，避免在低速、怠速区域所造成的能源浪费及排放差的情况，因此，提高了发动机的经济性和排放性。

● 串联式结构使混合动力系统只有单一的驱动路线，动力系统的控制策略较简单。

- 动力蓄电池系统具有储能作用，能够根据驱动功率的需求对驱动电机进行功率的补充，发动机用于给动力蓄电池储能，因此可以选择功率较小的发动机。
- 发电机和驱动电机之间采用电气连接，发动机只与发电机采用机械连接，使传动系统及底盘的布置具有较大的空间和灵活性，有利于整车传动系统的布置。
- 由于发动机与车轮在机械上的解耦，发动机运转速度与整车运行速度没有关联，因此发动机选型范围较大。
- 当发动机关闭时，可实现纯电驱动模式行驶，发动机可以延长混合动力电动汽车的续驶里程。

（2）串联式混合动力电动汽车的缺点
- 串联式混合动力电动汽车只能由驱动电机驱动车轮，在化学能→机械能→电能→机械能的能量转换过程中，能量损失较大，能量利用率降低。
- 动力蓄电池系统除了要满足发电机的输出功率外，还要使充放电水平处于合理的区间，避免充电过度和放电过度，这就需要容量较大的动力蓄电池，成本增加，整车重量也增加。
- 由于只有驱动电机直接驱动，因此需要较大功率的电机，增加了整车的重量，同时也增加了成本。

206 串联式混合动力电动汽车的构型是怎样的？

（1）发动机－发电机组与动力蓄电池组直接并联构型

发动机-发电机组与动力蓄电池组直接并联构型如图5-16所示。图5-16中发电机既可以是永磁发电机，也可以是励磁发电机。由于采用三相不控整流桥，为实现串联混合动力电动汽车的各种工作模式，必须依据动力蓄电池组的端电压进行发动机的转速控制，同时实现动力蓄电池的充电/放电管理。该构型由于没有DC/DC变换器，发动机-发电机组工作范围主要指其在转速-功率平面上的工作范围。该工作范围会受发动机和发电机的最低、最高转速限制，以及直流总线最高、最低电压和发电机最大允许输出电流的限制。此外，仅有转速一个控制变量，发动机的工作点难免受到整车实际功率需求变化的影响。把永磁发电机改为励磁（可调）发电机，可以实现发动机-发电机组直流输出的双参数调整，即发动机转速和励磁发电机的励磁电流两个参数调整。若系统参数匹配合理，则可实现相同输出功率条件下，发动机以最佳效率工作点工作。

图 5-16　发动机 - 发电机组与动力蓄电池组直接并联构型

(2) 发动机 – 发电机组 +DC/DC 变换器与动力蓄电池组并联构型

发动机 - 发电机组 +DC/DC 变换器与动力蓄电池组并联构型如图 5-17 所示。在发动机 - 发电机组直流输出端增加一个 DC/DC 变换器，DC/DC 变换器可实现输出直流电压的升压或降压变换，使发动机 - 发电机组直流输出与动力蓄电池组输出解耦，实现发动机 - 发电机组输出的双参数调整，即发动机的转速和 DC/DC 变换器的输出电流或功率，可实现相同输出功率条件下，发动机以最佳效率工作点工作。发动机 - 发电机组输出的电压经三相不控整流桥整流后，可通过控制 DC/DC 变换器开关器件的 PWM 占空比来调节，这样的组合起到了可控升压整流桥的作用。增加 DC/DC 变换器后，动力蓄电池组不再与整流桥的输出端并联，而是与 DC/DC 变换器的输出端并联。因此，整流桥的输出电压不再受动力蓄电池工作电压的限制，发动机可工作在低油耗区，整流桥的输出电压由 DC/DC 变换器升压后与动力蓄电池组的端电压匹配。因为同一转速下整流桥的输出电压越低，输出功率越大，所以增加 DC/DC 变换器的发动机在低转速下也能输出较大功率。增加 DC/DC 变换器后的发动机 - 发电机组转速范围只受发动机和发电机的最低及最高转速限制。

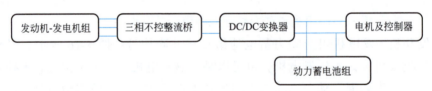

图 5-17　发动机 - 发电机组 +DC/DC 变换器与动力蓄电池组并联构型

(3) 发动机 – 发电机组与动力蓄电池组 + 双向 DC/DC 变换器并联构型

发动机 - 发电机组与动力蓄电池组 + 双向 DC/DC 并联构型如图 5-18 所示。动力蓄电池组的输出端增加了一个双向 DC/DC 变换器，通过对 DC/DC 变换器的升压 / 降压控制，实现动力蓄电池组的充电 / 放电主动管理以及发动机 - 发电机组输出电压的主动匹配，也实现了发动机 - 发电机组输出的双参数调整，即发动机的转速和双向 DC/DC 变换器的输出电流或功率，还可以实现相同输出功率条件下发动机在最佳效率工作点工作。动力蓄电池组输出的电压可通过控制逆向变换器电路开关器件的 PWM 占空比来调节，这样的组合能实现动力蓄电池组的充放电主动控制，且对动力蓄电池组的要求较小，可选择输出电压较低的动力蓄电池组，同时能对发动机-发电机组输出的电压进行主动匹配，使发动机能在最佳效率工作点工作。

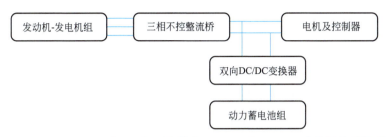

图 5-18　发动机-发电机组与动力蓄电池组+双向 DC/DC 变换器并联构型

（4）发动机–发电机组+DC/DC 变换器与动力蓄电池组+双向 DC/DC 变换器并联构型

发动机-发电机组+DC/DC 变换器与动力蓄电池组+双向 DC/DC 变换器并联构型如图 5-19 所示。发动机-发电机组直流输出增加了一个 DC/DC 变换器，动力蓄电池组的输出端增加了一个双向 DC/DC 变换器。通过发动机-发电机组输出端的 DC/DC 变换器可实现输出直流电压的升压或降压变换，实现了发动机-发电机组直流输出与动力蓄电池组输出的解耦。通过对动力蓄电池组输出端的双向 DC/DC 变换器的升压/降压控制，实现动力蓄电池组的充电/放电主动管理，以及发动机-发电机输出电压的主动匹配，保证在相同输出功率条件下，发动机在最佳效率工作点工作。该构型在发动机-发电机直流输出端和动力蓄电池组输出端均增加了 DC/DC 变换器，能够实现理想的控制效果，但增加了两个 DC/DC 变换器，成本增加，降低了能量转换效率，还增加了控制的复杂度。

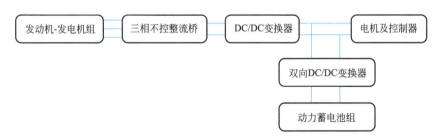

图 5-19　发动机-发电机组+DC/DC 变换器与动力蓄电池组+双向 DC/DC 变换器并联构型

207　并联式混合动力电动汽车的结构是怎样的？

并联式混合动力电动汽车的结构如图 5-20 所示，它主要由发动机、驱动电机、电机控制器、动力蓄电池系统及动力耦合器等部件组成,有多种组合形式,可以根据使用要求进行设计。

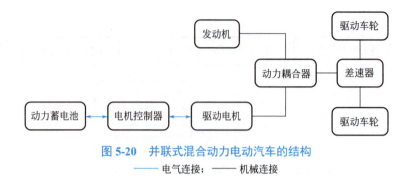

图 5-20　并联式混合动力电动汽车的结构
──── 电气连接；──── 机械连接

208 并联式混合动力电动汽车的工作模式是怎样的?

(1) 纯电驱动模式

当并联式混合动力电动汽车处于起步、低速等轻载工况且动力蓄电池的电量充足时,若以发动机作为动力源,则发动机燃料经济性较低,并且排放性能较差。此时关闭发动机,由动力蓄电池系统提供能量并以电机驱动车辆行驶。但当动力蓄电池电量较低时,为保护动力蓄电池,应该切换到行车充电模式。并联式混合动力电动汽车的纯电驱动模式如图 5-21 所示。

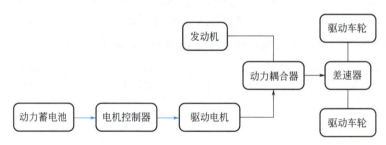

图 5-21　并联式混合动力电动汽车的纯电驱动模式
──── 电气连接；──── 机械连接

(2) 纯发动机驱动模式

当并联式混合动力电动汽车在高速平稳运行时,或者行驶在城市郊区等排放要求不高的地方,可由发动机单独工作驱动车辆行驶。在这种工作模式下,发动机工作于高效区,燃料经济性较好,传动效率较高。并联式混合动力电动汽车的纯发动机驱动模式如图 5-22 所示。

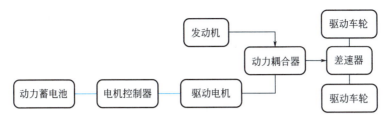

图 5-22 并联式混合动力电动汽车的纯发动机驱动模式
—— 电气连接；—— 机械连接

（3）混合驱动模式

当并联式混合动力电动汽车处于急加速或者爬坡时，发动机和驱动电机均处于工作状态，驱动电机作为辅助动力源协助发动机提供车辆急加速或者爬坡时所需的功率。这种情况下，汽车的动力性处于最佳状态。并联式混合动力电动汽车的混合驱动模式如图 5-23 所示。

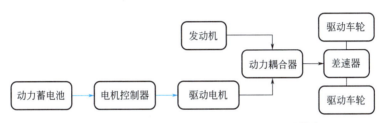

图 5-23 并联式混合动力电动汽车的混合驱动模式
—— 电气连接；—— 机械连接

（4）行车充电模式

当并联式混合动力电动汽车处于正常行驶时，若动力蓄电池荷电状态未达到最高限值，发动机除了要提供驱动车辆所需的动力外，多余能量用于带动发电机给动力蓄电池充电。并联式混合动力电动汽车的行车充电模式如图 5-24 所示。

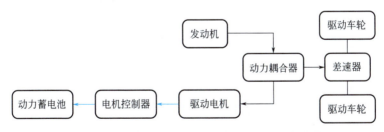

图 5-24 并联式混合动力电动汽车的行车充电模式
—— 电气连接；—— 机械连接

（5）再生制动模式

当并联式混合动力电动汽车减速或者制动时，发动机不工作，利用电机反拖作用不仅可以有效地辅助制动，还可以使驱动电机以发电机模式工作发电，然后给动力蓄电池充电，将回收的制动能量存储在动力蓄电池中，在必要时将能量释放出驱动车辆行驶，使能量利用率提高，提高整车燃料经济性，降低排放。并联式混合动力电动汽车的再生制动模式如图 5-25 所示。

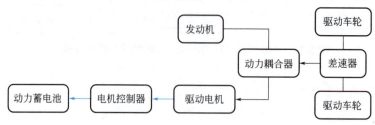

图 5-25　并联式混合动力电动汽车的再生制动模式
—— 电气连接；　—— 机械连接

（6）停车充电模式

当动力蓄电池剩余电量不足时，可以启动发动机和电机，控制发动机工作于高效区并拖动电机为动力蓄电池充电。并联式混合动力电动汽车的停车充电模式如图 5-26 所示。

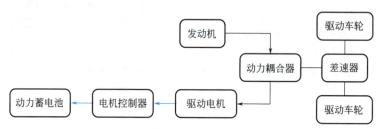

图 5-26　并联式混合动力电动汽车的停车充电模式
—— 电气连接；　—— 机械连接

209　并联式混合动力电动汽车有什么特点？

（1）并联式混合动力电动汽车的优点

● 良好的燃料经济性。并联式混合动力电动汽车布置两套动力传递路线，可根据实际工况选择不同的动力输出路线和动力组合，具有更强的选择性和适应性，避免所有能量在多次转换中的浪费和损失，提高燃料经济性。

● 良好的动力性。在高负载运行时，发动机和驱动电机动力耦合，同时对混合动力电动汽车进行驱动，具有良好的动力性。

● 较高的系统稳定性。并联式混合动力电动汽车布置两套独立动力传递路线，当一条传递路线出现故障时，可以启用另外一条传递路线，保证混合动力电动汽车的正常运行。

- 发动机与驱动电机是两套相互独立的动力系统，都可以单独作为动力源驱动混合动力电动汽车，因此系统整体可靠性较高。
- 电机功率较小。由于发动机可以单独驱动混合动力电动汽车，或与电机共同驱动混合动力电动汽车，因此可以选择功率较小的电机。
- 动力蓄电池容量较小。驱动电机作为辅助动力，所需动力蓄电池容量较小。

(2) 并联式混合动力电动汽车的缺点
- 控制策略较复杂。并联式混合动力电动汽车具有两条驱动路线，可以单独或耦合参与驱动，使该结构具有多种驱动模式，多种驱动模式之间的切换及两种动力的耦合的控制比较复杂。
- 整车布置复杂。由于存在两套动力系统，并且发动机和驱动轴之间存在机械连接，以及考虑两种动力的耦合，因此底盘的布置比较复杂。
- 排放性能相对较差。由于不同驱动模式之间的切换，发动机频繁出现点火启动、熄火，使发动机不能稳定在高效率区域工作，因此排放性能较差。
- 纯电动续驶里程较短。

210 并联式混合动力电动汽车的构型是怎样的?

根据电机位置的不同，并联式混合动力电动汽车的构型可分为 P0、P1、P2、P3、P4 等。P0～P4 构型示意如图 5-27 所示。

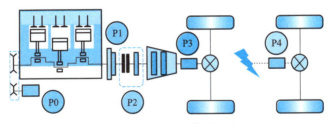

图 5-27　P0～P4 构型示意

(1) P0 构型

P0 构型指电机位于发动机前端附件驱动系统上。电机与发动机曲轴通过传动带柔性连接。在发动机运转时，会有少量能量传递至电机发电。由于传动带柔性连接效率有限，电机为发动机提供助力和回收动能的能力也有限，利用皮带传动兼顾启动和发电的一体机（Belt-Driven Starter Generator，BSG）适用于自动启停，单独使用时以 12～25V 的微混和 48V 的轻混为主，实际常与其他构型配合使用。

P0 构型示意如图 5-28 所示。

图 5-28　P0 构型示意
—— 电气连接；—— 机械连接

(2) P1 构型

P1 构型中，电机位于发动机曲轴上，即传统汽车起动机的位置。P1 构型示意如图 5-29 所示。ISG 电机是对传统发动机的发电机和起动机进行了一体化设计，但是相比 BSG 电机，ISG 电机与发动机之间取消了皮带传动，直接与发动机曲轴输出端连接在一起。当发动机需要重新启动时，ISG 电机充当起动机，直接驱动发动机的曲轴输出端对其进行启动。目前 P1 构型多以轻度混合型混合动力电动汽车为主。本田 IMA 混合动力车型和奔驰的 S400 混合动力车型都采用 P1 构型。P1 构型不能使用纯电驱动模式。

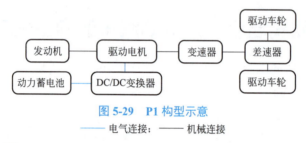

图 5-29　P1 构型示意
—— 电气连接；—— 机械连接

(3) P2 构型

P2 构型示意如图 5-30 所示，典型结构为发动机→离合器→驱动电机→变速器→驱动车轮。P2 构型是目前市场混合动力车型采用最多的模式。电机放在离合器后、变速器前，通过在发动机与变速器之间插入两个离合器和一套电机来实现混合动力，是一种并联式的两个离合器的混合动力系统。P2 和 P1 构型基本相同，唯一区别在于电机和发动机之间有没有离合器，是不是可以切断驱动电机的辅助驱动。P2 构型可以实现纯电驱动。

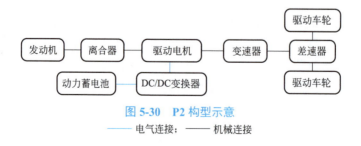

图 5-30　P2 构型示意
—— 电气连接；—— 机械连接

(4) P3 构型

在 P3 构型中，驱动电机位于变速器输出端，与发动机共享一根轴，同源输出，如图 5-31 所示。P3 构型最主要的优势是纯电驱动和动能回收的效率。同时，P3 构型会比 P2 构型少一组离合器，且纯电传动更为直接，更高效。比如比亚迪秦，在急加速方面就表现非常突出。P3 构型比较适合后驱车，有充足的空间予以布置。代表车型有本田 i-DCD、比亚迪秦、长安逸动等。

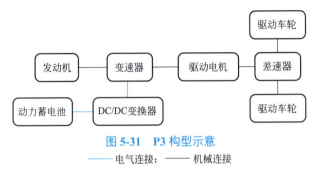

图 5-31　P3 构型示意
——电气连接；——机械连接

(5) P4 构型

在 P4 构型中，驱动电机放在后桥上，另外轮边驱动也称为 P4 构型。P4 构型示意如图 5-32 所示。P4 构型布局最大的特点是驱动电机与发动机不驱动同一轴，这意味着车辆可以实现四驱。如果混合动力车型有两个电机，就是 Pxy 构型。因为 P4 构型不方便纯电驱动与纯发动机驱动间的切换，P4 强混反而是比较少的。因此，大部分 P4 构型混合动力采用插电混动，以驱动电机后驱为主，只有在需要更大功率时才启动发动机驱动前轴。

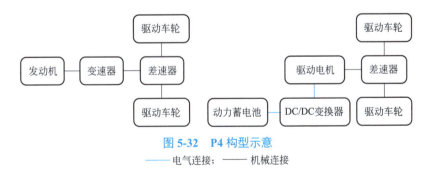

图 5-32　P4 构型示意
——电气连接；——机械连接

现在经常有几种构型混合使用。天逸插电式混合动力系统搭载 1.6T 专属高功率发动机和前后双电机，综合峰值功率为 221kW，综合峰值转矩为 520N·m，0～100km/h 的加速时间为 7s。其中，发动机峰值功率为 147kW，峰值转矩为 300N·m。天逸插电式混合动力系统采用 "P0+P2+P4" 三电机混合构型，如图 5-33 所示。

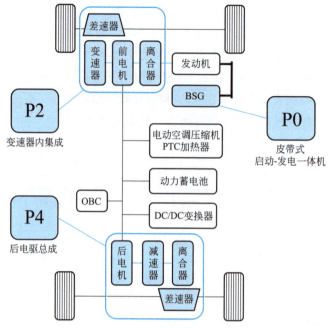

图 5-33 天逸插电式混合动力系统

P0 构型即 BSG（皮带式启动 / 发电一体机）电机，位于发动机附件中，可启动发动机，也可给动力蓄电池充电。它可以有效避免前电机同时驱动车辆和启动发动机带来的抖动冲击感；消除低电量时因动力蓄电池的功率不足，电机同时驱动车辆和启动发动机带来的风险；还可以降低传统起动机的启动噪声。

前置驱动电机采用 P2 构型，集成于变速器内部，可实现纯电驱动，可与发动机实现混合驱动，也可以充当发电机角色，或给动力蓄电池充电，或给后电机提供电能驱动车辆，亦可进行制动能量回收。

后置驱动电机采用 P4 构型，可以单独驱动车辆，与前电机共同驱动实现纯电四驱，与发动机共同驱动实现混合四驱，亦可进行制动能量回收。

211 混联式混合动力电动汽车的结构是怎样的？

混联式混合动力电动汽车的结构如图 5-34 所示，它主要由发动机、发电机、DC/DC 变换器、电机控制器、驱动电机、动力耦合器、动力蓄电池等部件组成。发动机发出的功率一部分通过机械传动系统输送给驱动桥；另一部分则驱动发电机发电。发电机发出的电能输送给驱动电机或动力蓄电池，驱动电机产生的驱动力矩通过动力耦合器传送给驱动车轮。

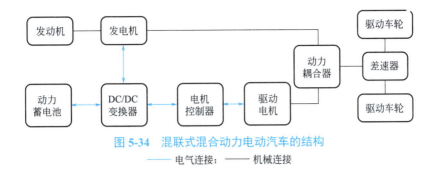

图 5-34 混联式混合动力电动汽车的结构
—— 电气连接；—— 机械连接

212 混联式混合动力电动汽车的工作模式是怎样的？

(1) 纯电驱动模式

纯电驱动模式是指车辆由动力蓄电池通过功率变换器向驱动电机供电，驱动电机通过动力耦合器提供驱动力。此时，发动机、发电机处于关闭状态，如图 5-35 所示。

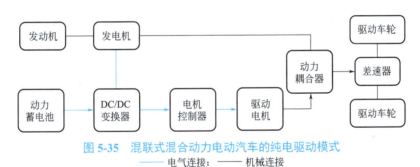

图 5-35 混联式混合动力电动汽车的纯电驱动模式
—— 电气连接；—— 机械连接

(2) 纯发动机驱动模式

纯发动机驱动模式是指仅由发动机向车辆提供驱动力，动力蓄电池既不从传动系统中获取能量，也不提供电能。此时，驱动电机处于关闭状态，如图 5-36 所示。

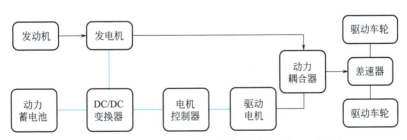

图 5-36 混联式混合动力电动汽车的纯发动机驱动模式
—— 电气连接；—— 机械连接

（3）混合驱动模式

混合驱动模式是指车辆的驱动力由驱动电机和发动机共同提供，并通过动力耦合器合成后，向机械传动装置提供动力，如图5-37所示。

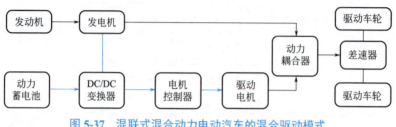

图5-37 混联式混合动力电动汽车的混合驱动模式

—— 电气连接；—— 机械连接

（4）行车充电模式

行车充电模式是指发动机除提供车辆行驶所需要的驱动力外，同时向动力蓄电池进行充电，此时驱动电机关闭，如图5-38所示。

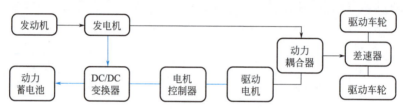

图5-38 混联式混合动力电动汽车的行车充电模式

—— 电气连接；—— 机械连接

（5）再生制动模式

再生制动模式是指发动机关闭，驱动电机运行在发电机状态，通过消耗车辆本身的动能产生电能向动力蓄电池充电，如图5-39所示。

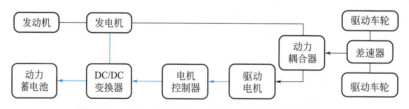

图5-39 混联式混合动力电动汽车的再生制动模式

—— 电气连接；—— 机械连接

（6）停车充电模式

停车充电模式是指车辆停止行驶，发动机带动发电机发电，向动力蓄电池提供电能进行充电，如图5-40所示。

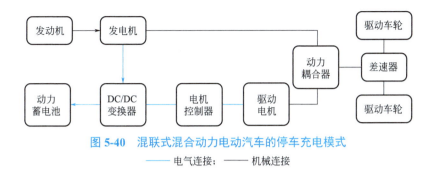

图 5-40 混联式混合动力电动汽车的停车充电模式
──── 电气连接；──── 机械连接

213 混联式混合动力电动汽车有什么特点？

(1) 混联式混合动力电动汽车的优点

- 低排放性。应对复杂的运行工况，混联式混合动力电动汽车具有多种驱动模式，能保证发动机在最佳工作区域工作，最大限度降低有害气体排放。
- 低油耗性。在低速运行时，动力系统主要以串联模式运行，燃料经济性好。
- 较强的动力性。在加速或高速运行时，动力系统主要以并联模式运行，发动机和电机同时提供驱动力，为混联式混合动力电动汽车运行提供较强动力。
- 较好的舒适性。启动及中速以下行驶时，电机独立驱动混联式混合动力电动汽车行驶，可减少噪声，提高舒适性。

(2) 混联式混合动力电动汽车的缺点

- 控制策略较复杂。由于混联式混合动力电动汽车有两套动力系统，可以分别单独驱动或耦合参与驱动，因此该结构具有多种驱动模式。多种驱动模式之间的切换及两种动力的耦合的控制比较复杂。
- 整车布置复杂。由于混联式混合动力电动汽车存在两套动力系统，并且发动机和驱动轴之间存在机械连接，以及考虑两种动力的耦合，因此底盘的布置比较复杂。
- 技术难度较大，成本较高。

214 什么是增程式电动汽车？

目前，对增程式电动汽车的定义有些模糊，在世界范围内尚没有一个严格的定义。《电动汽车术语》(GB/T 19596—2017) 中对增程式电动汽车进行了定义：增程式电动汽车是指一种在纯电驱动模式下可以达到其所有的动力性能，而当车载可充电储能系统无法满足续驶里程要求时，打开车载辅助供电装置为动力系统提供电能，以延长续驶里程的电动汽车，且该车载辅助供电装置与驱动系统没有传动轴（带）等传动连接。这一定义的核心约束在于串联，即车载辅助供电装置（往往就是发动机）不能直接驱动车辆；纯电模式要达到所有动力性能。根据这一定义，通用沃蓝达虽然自称增程式，并且是全球销量最大的增程式电动汽车之一，但由于发动机可以直驱，并非我国定义的增程式电动汽车，所以属于串联式混合动力电动汽车。

增程式电动汽车介于混合动力电动汽车和纯电动汽车之间，兼有纯电动汽车和混合动力电动汽车的特点。增程式电动汽车是一种特殊的混合动力电动汽车。

受新能源汽车政策影响，增程式电动汽车在国内的规模很小，但最近已经有很多企业开始布局增程式电动汽车，而且技术路线也在发生变化。

理想智造 ONE 增程式电动汽车底盘如图 5-41 所示。当动力蓄电池电量充足时，由动力蓄电池的电能驱动车辆行驶；当动力蓄电池的电量下降到一定程度（比如 50%，根据不同车型的需求可以设定不同 SOC 数值）时，发动机启动带动发电机，产生的电能带动驱动电机驱动车辆，也可以为动力蓄电池充电。理想智造 ONE 增程式电动汽车采用 1.2T 三缸涡轮增压发动机与发电机匹配作为增程器；搭载 40.5kW·h 三元锂离子蓄电池，可提供 180km 的续驶里程；在长途行驶中，高功率增程发电系统可将燃油转换成电能，实现超过 520km 的增程续驶里程；在 NEDC 标准下的综合续驶里程超过 700km。

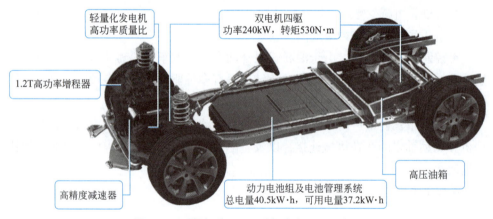

图 5-41　理想智造 ONE 增程式电动汽车底盘

(215) 增程式电动汽车的结构是怎样的？

增程式电动汽车的主要结构如图 5-42 所示。但不同车型的增程式电动汽车，其结构可能会有差异。

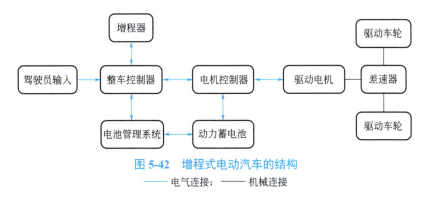

图 5-42 增程式电动汽车的结构
—— 电气连接； —— 机械连接

(1) 驱动电机系统

驱动电机系统与纯电动汽车的类似，也由驱动电机及电机控制器组成。区别在于驱动电机能量来源除动力蓄电池外，还有增程器。发动机到驱动电机之间没有机械连接，通过发电机发电将发动机发出的机械能转化为电能，然后电机控制器根据车辆工况的需求将电能分配给驱动电机，如果有多余的电能将被储存到动力蓄电池中。

(2) 电源系统

电源系统与纯电动汽车的类似，也由动力蓄电池、电池管理系统、车载充电机等组成。区别在于动力蓄电池的要求需兼顾纯电动和混合动力两种模式。

(3) 增程器

发动机、发电机及其控制器共同组成了增程器。增程器是增程式电动汽车的关键组件，发动机/发电机系统与驱动车轮在机械上是分离的，发动机的转速和转矩与速度和牵引转矩的需求无关，因此可控制发动机运行在其转速-转矩平面上的任意点。通常应控制发动机使其运行在最佳工况区，此时发动机的油耗和排放降到最低限度，由于发动机和驱动车轮没有机械连接，因此最佳的发动机运行状态是可以实现的，与驱动电机系统的运行模式和控制策略密切相关。

(4) 整车控制器

整车控制器通过 CAN 网络与发动机控制器、发电机控制器、驱动电机控制器以及电池管理系统进行信息交互，实现增程的控制。增程器、驱动电机、动力蓄电池三者之间通过整车控制器进行电能交互，实现能量的最优分配。同时动力蓄电池通过车载充电机充电，保证纯电驱动模式下的行驶。

(216) 增程式电动汽车的工作模式是怎样的？

如果严格按照增程式电动汽车的定义，增程器不能单独驱动车辆，但目前技术路线已经发生改变，增程器可以单独驱动车辆，因此，增程式电动汽车有 5 种工作模式。但不同车型的增程式电动汽车，其工作模式可能会有差异。

（1）纯电驱动模式

当动力蓄电池能量充足时，使用纯电驱动模式。纯电驱动模式的能量及动力传递路径如图 5-43 所示，增程器（发动机 - 发电机组）处于关闭状态，动力蓄电池是唯一的动力源，相当于一辆纯电动汽车。不同之处是，增程式电动汽车的纯电动行驶里程可以设置得相对较小，不必装备大量的动力蓄电池，既降低了成本又降低了整车重量。动力蓄电池的能量应能够满足车辆起步、加速、爬坡、怠速以及驱动汽车空调等附件的功率需求。

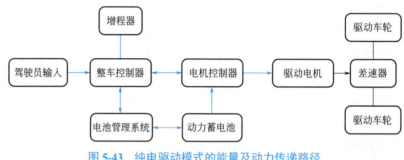

图 5-43　纯电驱动模式的能量及动力传递路径
——电气连接；——机械连接

（2）增程器单独驱动模式

当动力蓄电池能量不足时，使用增程模式。增程器单独驱动模式的能量及动力传递路径如图 5-44 所示。在动力蓄电池 SOC 值降至设定的阈值时，增程器启动，发动机根据制定的控制策略运行在最佳的状况，使发电机发电，一部分用于驱动车辆行驶，多余的电能为动力蓄电池充电。当动力蓄电池电量恢复至充足时，发动机又停止工作，继续由动力蓄电池驱动电机，提供整车功率需求。

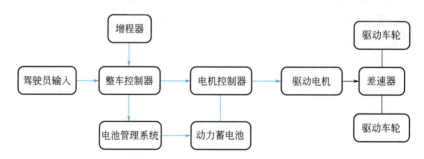

图 5-44　增程器单独驱动模式的能量及动力传递路径
——电气连接；——机械连接

（3）混合驱动模式

当路面需求功率较大，动力蓄电池供能不足时，增程器开启，发动机 - 发电机组联合动力蓄电池一起工作，提供整车行驶需要的动力，混合驱动模式的能量及动力传递路径如图 5-45 所示。

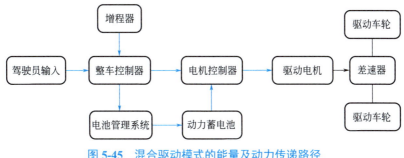

图 5-45　混合驱动模式的能量及动力传递路径
—— 电气连接；—— 机械连接

（4）再生制动模式

在车辆运行过程中，发生减速、制动请求时，驾驶员需要踩下制动踏板。当满足一定的条件时，整车即进入再生制动模式。再生制动模式的能量及动力传递路径如图 5-46 所示。再生制动可以将车辆的动能转化为电能储存在动力蓄电池中，以供车辆驱动使用，提高了整车能量利用率。

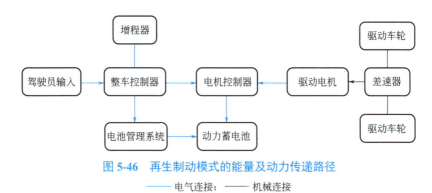

图 5-46　再生制动模式的能量及动力传递路径
—— 电气连接；—— 机械连接

（5）停车充电模式

停车时动力系统全部停止，此时通过车载充电机外接电网对动力蓄电池进行充电，以备下次行车使用。此模式是保证车辆大部分纯电动行驶的基础，可减少燃料发动机的使用频次，能够显著降低车辆的行驶成本以及减少车辆的污染物排放。

217　增程式电动汽车有什么特点？

● 在纯电驱动模式下，发动机不启动，由动力蓄电池给驱动电机提供电能，驱动整车行驶，这样可减少整车对石油的依赖，缓解石油危机。

- 在动力蓄电池电能不足时,为了保证增程式电动汽车性能和动力蓄电池的安全性,进入电量保持模式,由动力蓄电池和发动机联合驱动增程式电动汽车行驶。
- 增程式电动汽车纯电动续驶里程满足大部分人员每天行驶里程的要求,动力蓄电池可利用晚间低谷电力充电,缓解供电压力。
- 增程式电动汽车大部分时间在电量消耗模式下行驶,能达到零排放和低噪声的效果。
- 发动机与机械系统不直接相连,发动机可工作于最佳效率点,大大提高了增程式电动汽车燃料效率。

218 什么是增程器?

增程器是增程式电动汽车中发动机和发电机的集成体。在动力蓄电池能量不足的时候,可以依靠发动机发电增加增程式电动汽车的续驶里程。在其发挥作用的时候,并不是通过发电机为增程式电动汽车提供机械能驱动,而是将机械能转化为电能之后再作用于增程式电动汽车。当增程器工作的时候,它属于混合动力的状态,相当于串联式的混合动力。从技术角度来讲,增程式电动汽车就是串联插电式混合动力电动汽车。

219 如何匹配增程器参数?

增程器参数主要是指发动机和发电机的参数。

发动机功率的选择对增程式电动汽车动力系统的设计至关重要。发动机选型设计中常按照汽车的最高车速来初步选择发动机功率,这是因为汽车的加速性能和爬坡性能可以由汽车的最高车速来体现。增程式电动汽车以最高车速行驶需要的发动机功率为

$$P_{RE} = \frac{1}{3600\eta_t}\left(mgfu_{max} + \frac{C_D A u_{max}^3}{21.15}\right) \quad (5-1)$$

式中,P_{RE} 为增程式电动汽车以最高车速行驶需要的发动机功率;u_{max} 为增程式电动汽车的最高行驶车速;m 为汽车质量;η_t 为传动系统效率;f 为滚动阻力系数;C_D 为风阻系数;A 为迎风面积。

发动机额定功率的选择应大于增程式电动汽车以最高车速行驶需要的发动机功率,以承载连续的非牵引负载,如灯光、娱乐、空调、动力转向装置和制动增压等。

永磁同步电机效率高，功率密度大，一般发电机选择永磁同步电机。发电机的工作电压应与动力蓄电池相匹配，发电机的功率应与发动机功率的选择相协调匹配。要求所选的发动机在发电机工作转速时具有较低的燃料消耗率和较好的排放性能。

220 什么是奥托循环发动机？

奥托循环又称四冲程循环，标准四冲程发动机被称为奥托循环发动机。常规燃油汽车使用的发动机都属于奥托循环发动机。

奥托循环发动机要兼顾汽车的动力性和燃料经济性，在节能方面具有以下缺陷。

- 具有怠速工况。
- 采用奥托循环，部分负荷燃料消耗率高。
- 发动机通过加浓混合气来满足提高输出功率的需求，但浓混合气在发动机内并不能完全被利用，部分以碳氢化合物的形式排放到大气中，或在三元催化转化器中被氧化，降低了燃料利用率。
- 为满足汽车动力性要求，发动机后备功率大，导致日常行驶时经常工作在低负荷非经济区。

221 什么是压缩比和膨胀比？

压缩比是指活塞在下止点时气缸的容积与活塞在上止点时气缸的容积之间的比值；膨胀比是指发动机做功行程结束时气缸的容积与做功行程开始时气缸的容积之比，如图5-47所示。

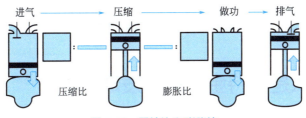

图5-47 压缩比和膨胀比

简单来说，压缩比可理解为混合燃料气体从初始状态到被点燃压缩的程度；膨胀比可理解为混合燃料气体在被点燃后膨胀的程度。高压缩比使混合燃料气体中燃料分子与氧气分子距离更近，燃烧更充分，可以提高发动机效率；高膨胀比可以加长做功行程,有效利用燃烧后废弃残存的高压,因此也可以提高发动机效率。

222 什么是米勒循环发动机？

米勒循环发动机就是一种以奥托循环为基础的机械增压四行程发动机。在进气行程时米勒循环发动机的活塞运动到下止点,但进气门保持开放,同时活塞进行压缩,直到曲轴通过活塞的下止点后70°,进气门才关闭。奥托循环发动机的压缩比等于膨胀比,但米勒循环发动机的压缩比小于膨胀比,延长了做功行程,使得燃烧发出的能量能够得到更加充分的利用,这样就达到了更高的燃烧效率和更低的燃料消耗。奥托循环和米勒循环的比较如图5-48所示。

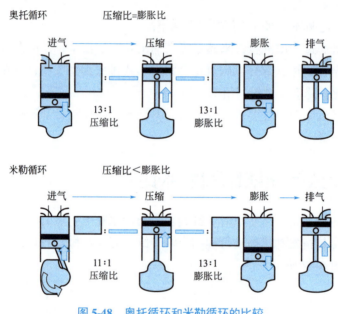

图5-48　奥托循环和米勒循环的比较

223 什么是阿特金森循环发动机？

阿特金森循环发动机工作过程比奥托循环发动机多一个回流行程,即包括进气、回流、压缩、做功、排气五个行程。奥托循环发动机的压缩比等于膨胀比,但阿特金森循环发动机的压缩比小于膨胀比,延长了做功行程,使得燃烧发出的能量能够得到更加充分的利用,这样就达到了更高的燃烧效率和更低的燃料消耗。

阿特金森循环发动机的优点是燃料效率高；缺点是低速时效率低，转矩小。而混合动力电动汽车可以弥补阿特金森循环发动机的缺点。在低速、小负荷工况下可以使用"动力蓄电池组＋驱动电机"的纯电驱动模式，既发挥了低速大转矩的优点，又避开了阿特金森循环发动机在低速、小负荷工况下的缺点，使发动机主要工作在中高速工况下，充分发挥阿特金森循环发动机热效率高的优点，提高整车燃料经济性和排放性能。在大部分负荷范围内，由于没有节气门作用，不存在额外的泵气损失，为提高燃料的做功能力，阿特金森循环发动机采用了较大的膨胀比。在需要提供较大输出功率时，混合动力电动汽车通过驱动电机和动力蓄电池输出能量，辅助发动机提供动力，避免了发动机使用过浓混合气提高输出功率的缺陷。因此，阿特金森循环发动机是混合动力电动汽车的理想发动机。

224 什么是 BSG 电机？

BSG（Belt-driven Starter Generator）电机是指启动-发电一体化电机，是通过皮带与发电机连接的双功能电机，如图 5-49 所示。BSG 电机是混合动力电动汽车非常重要的配置，因为没有 BSG 电机就基本没有行车发电功能。

图 5-49　BSG 电机

225 48V 轻混系统有哪些优势？

● 48V 轻混系统能够使混合动力电动汽车有更好的燃料经济性。48V 轻混系统能使混合动力电动汽车实现滑行启停、回收制动能量，当驾驶员松开油门踏板和制动踏板使混合动力电动汽车处于滑行过程中时，控制系统会断开传动链，切断发动机工作，从而达到节能减排的目的。而在驾驶员重新踩下油门踏板时则会迅速结合传动链，并通过 BSG 电机快速启动发动机且实现与变速器的转速同步，满足驾驶员加速需求。另一种工况则是当混合动力电动汽车处于制动或滑行过程中，可实现能量回收，从而转换成电能储存在动力蓄电池中，用于车载用电系统。由于采用了 48V 电气架构，以往需要皮带或者齿轮驱动的发动机附件，比如水泵、机油泵、空调压缩机等，都可以采用电机来直接驱动，在很大程度上减小了发动机的负担，让发动机输出的机械能能够全部用于混合动力电动汽车的加速，从而达到节能环保的目的。

- 能获得更加顺畅的驾驶体验。在发动机加速过程中 BSG 电机能提供一定的辅助加速能力，也就是可以让发动机加速更快，特别是在低速起步时，由于电机效率比发动机效率更高，所以可以辅助为发动机在低速时的起步加速提供额外的转矩。

226 如何匹配混合动力电动汽车发动机和驱动电机参数？

以并联式混合动力电动汽车为例，根据并联式混合动力电动汽车基本参数和设计目标，将发动机和驱动电机一同考虑进行整车最大总功率的匹配，通过整车最大总功率的匹配，确定发动机与驱动电机的主要参数。

并联式混合动力电动汽车在行驶过程中，其动力来源于发动机和驱动电机。发动机和驱动电机的总功率取决于并联式混合动力电动汽车混合驱动时的最高车速、爬坡能力以及加速性能；发动机峰值功率取决于并联式混合动力电动汽车纯发动机模式时的最高车速；驱动电机峰值功率取决于并联式混合动力电动汽车纯电驱动模式时的最高车速。

下面从并联式混合动力电动汽车混合驱动时的最高车速、最大爬坡度、加速性能、纯发动机模式最高车速、纯电驱动模式最高车速 5 个方面进行发动机和驱动电机功率的匹配。

- 并联式混合动力电动汽车混合驱动时最高车速确定的整车最大总功率为

$$P_{\max_1} = \frac{u_{\max}}{3600\eta_t}\left(mgf + \frac{C_D A u_{\max}^2}{21.15}\right) \tag{5-2}$$

式中，$P_{\max_1}$ 为并联式混合动力电动汽车混合驱动时最高车速确定的整车最大总功率；$u_{\max}$ 为并联式混合动力电动汽车混合驱动时的最高车速；m 为整车质量；η_t 为传动系统效率；f 为轮胎滚动阻力系数；C_D 为空气阻力系数；A 为迎风面积。

- 并联式混合动力电动汽车最大爬坡度确定的整车最大总功率为

$$P_{\max_2} = \frac{u_p}{3600\eta_t}\left(mgf\cos\alpha_{\max} + mg\sin\alpha_{\max} + \frac{C_D A u_p^2}{21.15}\right) \tag{5-3}$$

式中，P_{max_2}为并联式混合动力电动汽车最大爬坡度确定的整车最大总功率；α_{max}为最大坡度角；u_p为爬坡速度。

- 并联式混合动力电动汽车加速性能确定的整车峰值功率为

$$P_{max_3} = \frac{u}{3600\eta_t}\left(mgf + \frac{C_D A}{21.15}u^2 + \delta m \frac{du}{dt}\right) \quad (5\text{-}4)$$

式中，P_{max_3}为并联式混合动力电动汽车加速性能确定的整车最大总功率；δ为旋转质量换算系数；u为行驶速度；du/dt为加速度。

根据加速时间所确定的整车峰值功率为

$$P_{max_3} = \frac{1}{3600\eta_t}\left(mgf\frac{u_e}{1.5} + \frac{C_D A u_e^3}{52.875} + \delta m \frac{u_e^2}{7.2t_e}\right) \quad (5\text{-}5)$$

式中，u_e为加速终止时的速度；t_e为由静止加速到u_e所需要的时间。

并联式混合动力电动汽车整车最大总功率为

$$P_{total} \geq \max\left(P_{max_1}, P_{max_2}, P_{max_3}\right) \quad (5\text{-}6)$$

- 并联式混合动力电动汽车纯发动机模式最高车速确定的发动机峰值功率为

$$P_{f_{max}} = \frac{u_{f_{max}}}{3600\eta_t}\left(mgf + \frac{C_D A u_{f_{max}}^2}{21.15}\right) \quad (5\text{-}7)$$

式中，$P_{f_{max}}$为并联式混合动力电动汽车纯发动机模式最高车速确定的发动机峰值功率；$u_{f_{max}}$为并联式混合动力电动汽车纯发动机模式的最高车速。

- 并联式混合动力电动汽车纯电驱动模式最高车速确定的驱动电机峰值功率为

$$P_{e_{max}} = \frac{u_{e_{max}}}{3600\eta_t}\left(mgf + \frac{C_D A u_{e_{max}}^2}{21.15}\right) \quad (5\text{-}8)$$

式中，$P_{e_{max}}$为并联式混合动力电动汽车纯电驱动模式最高车速确定的驱动电机峰值功率；$u_{e_{max}}$为并联式混合动力电动汽车纯电驱动模式的最高车速。

227 如何匹配混合动力电动汽车的动力蓄电池参数？

匹配混合动力电动汽车的动力蓄电池参数主要是匹配动力蓄电池的总能量或总容量。

动力蓄电池的总能量需要根据混合动力电动汽车纯电驱动模式下的续驶里程确定。动力蓄电池的总能量为

$$E_b \geq \frac{mgf + \dfrac{C_D A u^2}{21.15}}{3600\eta_t \eta_d \eta_e \text{DOD}(1-\eta_a)} S_d \tag{5-9}$$

式中，E_b 为动力蓄电池的总能量；S_d 为纯电动模式匀速行驶的设计目标里程；η_d 为驱动电机效率；η_e 为动力蓄电池放电效率；DOD 为动力蓄电池放电深度；η_a 为汽车附件能量消耗比例系数。

动力蓄电池的总容量为

$$C_b \geq \frac{mgf + \dfrac{C_D A u^2}{21.15}}{3.6\eta_t \eta_d \eta_e \text{DOD}(1-\eta_a)U_e} S_d \tag{5-10}$$

式中，C_b 为动力蓄电池的总容量；U_e 为动力蓄电池的电压。

228 混合动力电动汽车的动力耦合系统具有哪些功能？

（1）动力合成功能

为了满足混合动力电动汽车动力性能和燃料经济性能的要求，动力耦合系统必须能有效合成多个动力源输出。由于各个动力源的输出特性不同，在动力合成过程中，各个动力源不能形成相互干涉，都可以对外输出动力。

（2）动力分解功能

混合动力电动汽车可以在行驶中自行对动力蓄电池充电，因此当动力蓄电池有充电需求时，必须对发动机的动力进行分解，一部分动力驱动混合动力电动汽车，另一部分动力输入发电机发电，对动力蓄电池进行充电。

（3）制动能量回收功能

为了尽可能提高混合动力电动汽车的节能效果，提高混合动力电动汽车的燃料经济性，混合动力电动汽车需要回收制动时车辆的动能。

（4）控制发动机的负载和转速

通过控制发动机的负载和转速，让发动机工作在经济区域，实现较高的燃料经济性能。

229 什么是混合动力电动汽车的转矩耦合？

混合动力电动汽车的转矩耦合是指两个（或多个）动力源的输出动力在耦合过程中，两个（或多个）动力源的输出转矩相互独立，而输出转速必须互成比例，最终的合成转矩是两个（或多个）动力源输出转矩的耦合叠加。典型的转矩耦合有机械式耦合与电磁式耦合。

(1) 机械式耦合

机械式耦合是通过啮合齿轮（组）将多个输入动力合成在一起输出，这种耦合方式结构简单，可以实现单输入和多输入等多种驱动形式，耦合效率较高，控制相对简单；但由于齿轮是刚性啮合的，在动力切换、耦合过程中易产生冲击。机械式耦合是并联式混合动力电动汽车普遍采用的一种耦合方式。机械式耦合混合动力电动汽车系统结构如图5-50所示，机械式耦合通过动力耦合器完成。

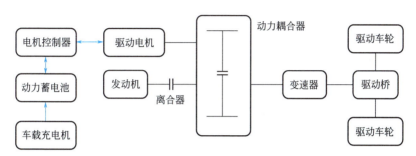

图 5-50　机械式耦合混合动力电动汽车系统结构
——电气连接；——机械连接

动力耦合器输入转矩分别为发动机的输出转矩和驱动电机的输出转矩。动力耦合器的输出转矩的关系为

$$T_3 = \eta_0 \left(T_1 + i_k T_2 \right) \tag{5-11}$$

式中，T_1 为发动机的输出转矩；T_2 为驱动电机的输出转矩；T_3 为动力耦合器的输出转矩；η_0 为动力耦合器的效率；i_k 为动力耦合器传动比。

动力耦合器的输出转速为

$$n_3 = n_1 = \frac{n_2}{i_k} \tag{5-12}$$

式中，n_1 为发动机的输出转速；n_2 为驱动电机的输出转速；n_3 为动力耦合器的输出转速。

(2) 电磁式耦合

电磁式耦合是将驱动电机的转子与发动机输出轴做成一体，通过磁场作用力将驱动电机输出动力和发动机输出动力耦合在一起。这种耦合方式效率高，结构紧凑，耦合冲击小，能量回馈方便；但混合度低，驱动电机一般只能起辅助驱动的作用。由于驱动电机转子具有一定的惯性，所以多用于轻度混合动力电动汽车上，是目前采用较多的动力耦合方式，如本田Insight混合动力电动汽车采用的就是电磁式耦合。

电磁式耦合混合动力电动汽车系统结构如图 5-51 所示。

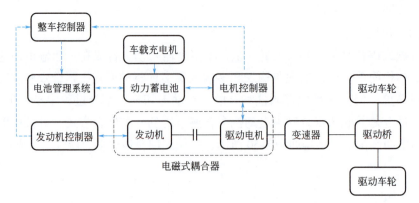

图 5-51　电磁式耦合混合动力电动汽车系统结构
——— 电气连接；　——— 机械连接；　----- 通信连接

电磁式耦合器输入力矩与输出力矩之间的关系为

$$T_3 = T_2 = T_1 \tag{5-13}$$

电磁式耦合器输入转速与输出转速之间的关系为

$$n_3 = n_2 = n_1 \tag{5-14}$$

230　什么是混合动力电动汽车的转速耦合？

混合动力电动汽车转速耦合是指两个动力源的输出动力在耦合过程中，两个动力源的输出转速相互独立，而输出转矩必须互成比例，耦合器的输出转速是发动机转速和驱动电机转速的线性和，输出转矩则与发动机和驱动电机的转矩成比例关系。耦合器的输出转速为

$$n_3 = pn_1 + qn_2 \tag{5-15}$$

式中，n_1 为动力源 1 的输出转速；n_2 为动力源 2 的输出转速；n_3 为转速耦合器的输出转速；p 和 q 由转速耦合器的结构决定。

转速耦合方式分为行星齿轮耦合方式和差速器耦合方式。

(1) 行星齿轮耦合方式

行星齿轮耦合方式是一种普遍采用的动力耦合方式，通常发动机输出轴与太阳轮连接，驱动电机与齿圈连接，行星架作为输出端。这种耦合方式结构简单，传动效率高，混合度高，并且可以实现多种形式驱动，动力切换过程中冲击力小，但整车驱动控制难度较大。如图 5-52 所示为行星齿轮耦合方式。

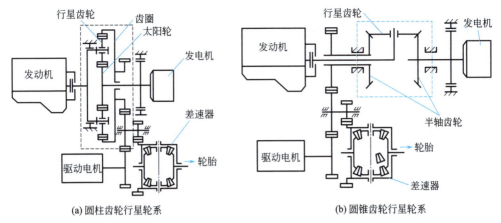

图 5-52　行星齿轮耦合方式

(2) 差速器耦合方式

差速器耦合方式是行星齿轮耦合的一种特殊情况,其耦合方式与行星齿轮耦合方式基本类似,只是两者对发动机和驱动电机的动力性能要求不同,从而导致动力混合程度不同。差速器耦合方式要求发动机和驱动电机动力参数相当,动力混合程度比较高。如图 5-53 所示为差速器耦合方式。

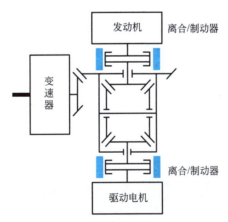

图 5-53　差速器耦合方式

转速耦合的特点是发动机的转矩不可控,发动机的转速可以通过对驱动电机的转速调节而得到控制。在行驶过程中采用转速耦合的混合动力电动汽车,可以通过调节驱动电机转速来调节发动机转速,使发动机在最佳油耗曲线附近工作。即使在发动机的工作点不变的情况下,通过连续调节驱动电机转速,也可以使车速连续变化,因此,采用转速耦合的混合动力电动汽车无须无级变速器便可以实现整车的无级变速。

231 什么是混合动力电动汽车的功率耦合?

功率耦合兼顾了转速耦合和转矩耦合的特点,其输出转矩为发动机和驱动电机转矩的线性和,输出转速为发动机和驱动电机转速的线性和,因此,发动机的转矩和转速都可控。

采用功率耦合的混合动力电动汽车,发动机的转矩和转速都可以自由控制,而不受汽车行驶工况的影响。因此,理论上可以通过调节驱动电机的转速和转矩,使发动机始终处在最佳油耗点工作。但实际上,频繁调节发动机工作点也可能会使经济性有所下降,因此,通常的做法是将发动机的工作点限定在经济区域内,缓慢调节发动机的工作点,使发动机工作相对稳定,经济性能提高。采用功率耦合的混合动力电动汽车理论上不需要离合器和变速器,而且可实现无级变速。与转矩耦合和转速耦合方式相比,功率耦合无论是对发动机工作点的优化,还是在整车变速方面,都更具优越性。

丰田普锐斯混合动力电动汽车和雷克萨斯 RX400h 混合动力电动汽车采用的动力耦合都属于功率耦合。雷克萨斯 RX400h 混合动力电动汽车的动力耦合系统如图 5-54 所示,发动机和 M1 电机通过前排行星齿轮进行转速耦合,通过速度合成实现 M1 电机对发动机转速的调节,使发动机转速与车速相对独立,实现动力耦合器功能,转速合成之后的动力再与 M2 电机的动力形成转矩耦合。功率耦合汇集了转矩耦合和转速耦合的优点,能实现多种工作模式,可以充分发挥混合动力电动汽车节能减排的优势。虽然结构复杂,控制困难,但随着制造技术和控制技术的发展,这种耦合方式已经成为混合动力电动汽车的发展趋势。

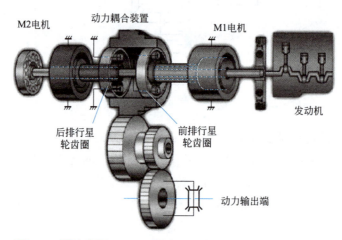

图 5-54 雷克萨斯 RX400h 混合动力电动汽车的动力耦合系统

232 什么是 E-CVT？

E-CVT 的英文全称是 Electronic Continuously Variable Transmission，直译成中文是"电控无级变速器"，但它与燃油汽车的无级变速器不一样，是专门为混合动力电动汽车开发的动力分配机构，丰田公司官方给出的定义是"动力分配器"，因为它并不具备传统变速器系统里面的离合器、液力变矩器或齿轮轴组等这些复杂机构。

丰田普锐斯的 E-CVT 结构示意如图 5-55 所示。可以看出，与传统燃油汽车的变速器相比，其结构比较简单，仅由外齿圈（连接 2 号电机和输出轴）、行星齿轮架（连接发动机）和太阳齿轮（连接 1 号电机）组成。中间的行星齿轮因为是由发动机驱动的，所以当它转动时，既可以带动外齿圈转动，又能带动里面的太阳齿轮转动。1 号电机属于发电机，是发动机的起动机；2 号电机属于驱动电机，用于驱动车轮。

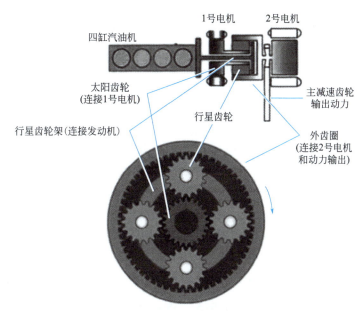

图 5-55　丰田普锐斯的 E-CVT 结构示意

233 混合动力电动汽车能量管理策略是怎样的？

混合动力电动汽车能量管理是根据驾驶员的操作判断驾驶员的意图，在满足混合动力电动汽车动力性能的前提下，最优地分配驱动电机、发动机、动力蓄电池等部件的功率输出，实现能量的最优分配，提高混合动力电动汽车的燃料经济性和排放性能。混合动力电动汽车结构不同，能量管理策略也不同。混合动力电动汽车能量管理策略见表5-1。

表5-1　混合动力电动汽车能量管理策略

混合动力电动汽车结构形式	能量管理策略
串联式混合动力电动汽车	恒温器控制策略
	功率跟踪式控制策略
	综合控制策略
并联式混合动力电动汽车	逻辑门限控制策略
	瞬时优化能量管理策略
	全局最优能量管理策略
	模糊能量管理策略
混联式混合动力电动汽车	瞬时优化能量管理策略
	全局最优能量管理策略
	模糊能量管理策略
	发动机恒定工作点策略
	发动机最优工作曲线策略

234 丰田普锐斯混合动力系统的组成是怎样的？

丰田普锐斯混合动力系统主要由汽油发动机、MG1电机、MG2电机、行星齿轮、减速机构等组成，如图5-56所示。混合动力系统中带有两台电机——MG1电机和MG2电机。MG1电机主要作为发电机使用，用于发电，必要时可驱动汽车；MG2电机主要用于驱动汽车。而MG1电机、MG2电机以及发动机输出轴被连接到一套行星齿轮机构的太阳轮、齿圈和行星架上。动力分配就是通过功率控制单元控制MG1电机和MG2电机，通过行星齿轮机构进行分配。丰田普锐斯混合动力系统不需要变速器，发动机输出经过固定减速机构减速后直接驱动车轮。

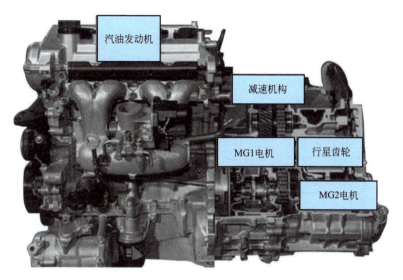

图 5-56 丰田普锐斯混合动力系统的组成

235 丰田普锐斯混合动力电动汽车工作模式是怎样的?

（1）纯电驱动模式

纯电驱动模式是在低速行驶且动力蓄电池电量足够的情况下开启。纯电驱动模式下，通过逆变器总成将动力蓄电池内的直流电转换为交流电，以高电压输出驱动 MG2 电机，MG2 电机旋转的同时带动行星齿轮组的齿圈，通过齿圈将动力输出到车轮，驱动车辆行驶。纯电驱动模式的能量及动力传递路径如图 5-57 所示。

图 5-57 纯电驱动模式的能量及动力传递路径

—— 电力传递路径；—— 机械动力传递路径

（2）油电混合驱动模式

油电混合驱动模式是在日常行驶中比较主要的驱动模式，当系统检测出油门踏板较深或者负载较大的时候，发动机启动，一部分动力给到行星齿轮组的齿圈以直接驱动车辆，另一部分动力分配给 MG1 电机，MG1 电机产生动力用于驱动 MG2 电机辅助行驶，其能量及动力传递路径如图 5-58 所示。

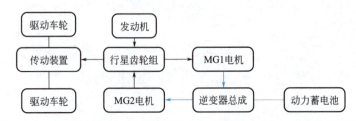

图 5-58　油电混合驱动模式的能量及动力传递路径（动力蓄电池不工作）
──电力传递路径；──机械动力传递路径

当发动机高速运转时，输出的能量过剩，这时发动机通过行星齿轮驱动 MG1 电机（发电机）旋转，将多余的能量转换成电能储存在动力蓄电池中，其能量及动力传递路径如图 5-59 所示。

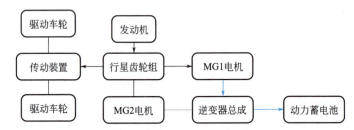

图 5-59　油电混合驱动模式的能量及动力传递路径（动力蓄电池充电）
──电力传递路径；──机械动力传递路径

在混合动力电动汽车需要强劲动力（如爬陡坡或、超车）时，发动机和动力蓄电池同时向 MG2 电机提供能量，增大 MG2 电机的驱动力，提高混合动力电动汽车的动力性，其能量及动力传递路径如图 5-60 所示。

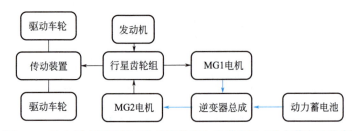

图 5-60　油电混合驱动模式的能量及动力传递路径（动力蓄电池放电）
──电力传递路径；──机械动力传递路径

(3) 能量回收模式

当混合动力电动汽车制动或减速时，混合动力系统使车轮的旋转力带动 MG2 电机旋转，将其作为发电机使用，将摩擦散热所损失的能量转化为电能，并储存在动力蓄电池中，其能量回收模式的能量及动力传递路径如图 5-61 所示。

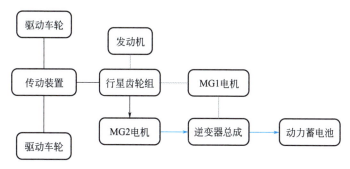

图 5-61　能量回收模式的能量及动力传递路径
──── 电力传递路径；──── 机械动力传递路径

236. 别克君越 30H 车混合动力系统的组成是怎样的？

别克君越 30H 车混合动力系统主要由 1.8L 缸内直喷汽油发动机（型号为 LNK）、电控智能无级变速器（EVT）、高压锂电池组总成等组成，如图 5-62 所示。

图 5-62　别克君越 30H 车混合动力系统

(1) LNK 发动机

LNK 发动机采用阿特金森循环，排量为 1.8L，气缸直径和冲程分别为 80.5mm

和 88.2mm，压缩比为 11.5∶1，峰值功率为 94kW，峰值转矩为 175N·m。LNK 发动机采用了缸内直喷、双可变气门正时、双级可变排量机油泵、水冷式废气再循环系统及排气热交换器等技术，其目的是进一步提高发动机的燃料经济性。

（2）电控智能无级变速器

电控智能无级变速器是混合动力系统的核心部件，其内部集成了 2 个驱动电机/发电机、2 组行星齿轮机构、2 组离合器、扭转减振器、电源转换模块等部件，其中 2 个驱动电机/发电机和 2 组行星齿轮机构同轴布置。该变速器可以实现 4 种不同的驱动模式。

（3）高压锂电池组总成

高压锂电池组总成主要由高压锂电池组、接口模块、混合动力控制模块、接触器盒总成、手动分离器开关等组成。高压锂电池组总成位于乘客舱内后排座椅下方，其主要作用为存储电能；管理高压锂电池组充放电电量与技术状态；控制高压锂电池组对外电能输出的接通与关闭；与车辆其他模块通信。

237 别克君越 30H 车混合动力系统的工作模式是怎样的？

别克君越 30H 车混合动力系统的传动原理如图 5-63 所示，其工作模式分为启动模式、驱动模式及能量回收模式，其中驱动模式又分为纯电机驱动、低速驱动、固定传动比驱动及高速驱动 4 种模式。

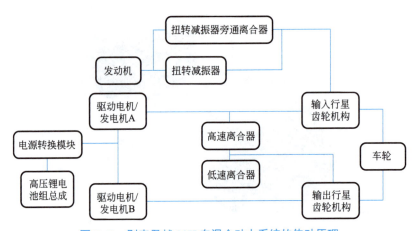

图 5-63　别克君越 30H 车混合动力系统的传动原理

（1）启动模式

启动发动机时，扭转减振器旁通离合器接合，低速离合器和高速离合器均分离，驱动电机/发电机 A 起到起动机的作用。

启动模式时的动力传递路线：驱动电机/发电机 A →输入行星齿轮机构的太阳轮→输入行星齿轮机构的内齿圈→扭转减振器旁通离合器→发动机。

（2）纯电机驱动模式

在纯电机驱动模式下，发动机停止工作，低速离合器接合，高速离合器和扭转减振器旁通离合器均分离。由于低速离合器接合，输出行星齿轮机构的齿圈被固定，驱动电机/发电机 B 驱动车辆行驶。

纯电机驱动模式时的动力传递路线：驱动电机/发电机 B →输出行星齿轮机构的太阳轮→输出行星齿轮机构的行星架→链条传动→主减速器、差速器、半轴→车轮。

（3）低速驱动模式

车辆以纯电机驱动模式行驶，当动力蓄电池（高压锂电池组）的电压降低到标定值时，车辆进入低速驱动模式，此时发动机自动启动，发动机带动驱动电机/发电机 A 发电，驱动电机/发电机 B 驱动车辆行驶。低速驱动模式时，低速离合器接合，高速离合器和扭转减振器旁通离合器均分离。

低速驱动模式时的动力传递路线：驱动电机/发电机 B →输出行星齿轮机构的太阳轮→输出行星齿轮机构的行星架→链条传动→主减速器、差速器、半轴→车轮。

发动机带动驱动电机/发电机 A 发电时的动力传递路线：发动机→扭转减振器→输入行星齿轮机构的内齿圈→输入行星齿轮机构的太阳轮→驱动电机/发电机 A →发电。

（4）固定传动比驱动模式

随着车速的提高（中速），车辆进入固定传动比驱动模式，此时，低速离合器和高速离合器均接合，扭转减振器旁通离合器分离。由于低速离合器、高速离合器均接合，因此输出行星齿轮机构的齿圈、输入行星齿轮机构的太阳轮均被固定在变速器的壳体上，即驱动电机/发电机 A 停止，而发动机、驱动电机/发电机 B 均参与驱动车辆。

发动机驱动车辆的动力传递路线：发动机→扭转减振器→输入行星齿轮机构的内齿圈→输入行星齿轮机构的行星架→链条传动→主减速器、差速器、半轴→车轮。

驱动电机/发电机 B 驱动车辆的动力路线为：驱动电机/发电机 B →输出行星齿轮机构的太阳轮→输出行星齿轮机构的行星架→链条传动→主减速器、差速器、半轴→车轮。

（5）高速驱动模式

高速驱动模式时，高速离合器接合，低速离合器和扭转减振器旁通离合器均分离，此时，驱动电机/发电机 A、驱动电机/发电机 B 及发动机共同驱动车轮。

高速驱动模式时的动力传递路线：在输入行星齿轮机构中，发动机和驱动电机/发电机 A 分别向输入行星齿轮机构的齿圈和输入行星齿轮机构的太阳轮输入动力，再通过输入行星齿轮机构的行星架向车轮输出动力；在输出行星齿轮机构中，驱动电机/发电机 B 和驱动电机/发电机 A 分别向输出行星机构的太阳轮和输出行星机构的内齿圈输入动力，再通过输出行星齿轮机构的行星架向车轮输出动力。

（6）能量回收模式

当车辆处于滑行或制动时，发动机停止工作，低速离合器接合，高速离合器和扭转减振器旁通离合器均分离。由于低速离合器接合，输出行星齿轮机构的齿圈被固定，此时，驱动电机/发电机 B 被车辆反拖驱动而发电，实现再生制动能量回收。

能量回收模式时的动力传递路线：车轮→半轴、差速器、主减速器→链条传动→输出行星齿轮机构的行星架→输出行星齿轮机构的太阳轮→驱动电机/发电机 B→发电。

238 荣威 E550 混合动力系统的组成是怎样的?

荣威 E550 混合动力系统的组成如图 5-64 所示。

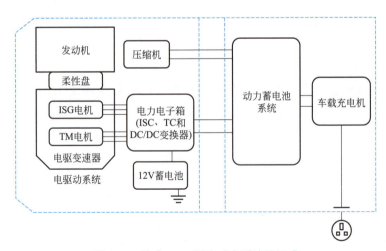

图 5-64　荣威 E550 混合动力系统的组成

（1）发动机

荣威 E550 混合动力系统搭载 1.5L 自然进气汽油发动机，峰值功率为 78kW，峰值转矩为135N·m。

(2) 电驱动系统

电驱动系统主要由TM电机、ISG电机、电驱变速器等组成。其中TM电机为牵引电机，主要作用为输出动力；ISG电机为集成启动发电机，主要作用是启动发动机和给动力蓄电池充电，极端情况下也作为辅助动力输出。TM电机和ISG电机均为三相交流电机，TM电机的峰值功率为50kW，峰值转矩为317N·m；ISG电机的峰值功率为25kW，峰值转矩为147N·m。

(3) 动力蓄电池系统

荣威E550混合动力系统的动力蓄电池系统包括动力蓄电池和电池管理系统，动力蓄电池采用磷酸铁锂电池，其电压为294V，容量为40A·h，电量为11.8kW·h，总质量为153kg，该动力蓄电池能够实现3000次的充电循环。

(4) 电力电子箱

电力电子箱位于发动机舱左后侧位置，有三个接口，分别连接至动力蓄电池、TM电机和ISG电机。电力电子箱的内部有动力驱动控制模块（TC）、逆变器控制模块（ISC）和DC/DC变换器。电力电子箱的散热形式为水冷式，其作用是通过改变来自动力蓄电池电流的相位从而实现向电机分配电流。

239 荣威E550混合动力系统的工作模式是怎样的？

荣威E550混合动力系统主要有7种工作模式，控制系统会根据混合动力电动汽车当前行驶工况和动力蓄电池剩余电量自动进行工作模式的切换。

(1) 纯电驱动模式

动力蓄电池电量充足，且混合动力电动汽车转矩需求适中的情况下进入纯电驱动模式。纯电驱动模式下，C1离合器断开，C2离合器闭合；TM电机工作，驱动混合动力电动汽车，ISG电机和发动机不参与工作。纯电驱动模式的能量及动力传递路径如图5-65所示。图5-65中PEB为Power Electronic Box的缩写，是指荣威E550混合动力系统的电力电子箱。

(2) 串联驱动模式

串联驱动是指发动机仅用于为动力蓄电池充电，混合动力电动汽车通过TM电机驱动行驶。动力蓄电池电量较低，且在混合动力电动汽车转矩需求较低的情况下进入串联驱动模式。串联驱动模式下，C1离合器断开，C2离合器闭合；发动机通过ISG电机发电，通过TM电机独立驱动混合动力电动汽车。串联驱动模式的能量及动力传递路径如图5-66所示。

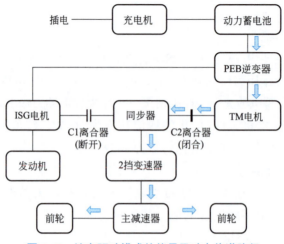

图 5-65 纯电驱动模式的能量及动力传递路径

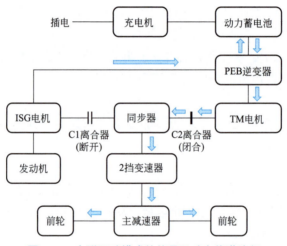

图 5-66 串联驱动模式的能量及动力传递路径

(3) 并联驱动模式

当混合动力电动汽车动力需求较大时，C1、C2 离合器均闭合，两个电机和发动机同时工作，完成驾驶员所需要的加速动作。并联驱动模式的能量及动力传递路径如图 5-67 所示。

(4) 行车充电模式

混合动力电动汽车行驶过程中动力蓄电池电量较低，转矩需求不高，进入行车充电模式。行车充电模式下，C1 离合器闭合，C2 离合器断开，TM 电机不工作，发动机工作，同时驱动 ISG 发电，补充动力蓄电池电量。行车充电模式的能量及动力传递路径如图 5-68 所示。

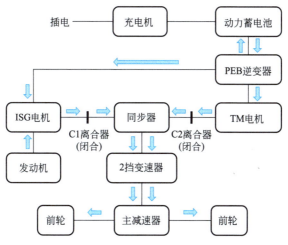

图 5-67　并联驱动模式的能量及动力传递路径

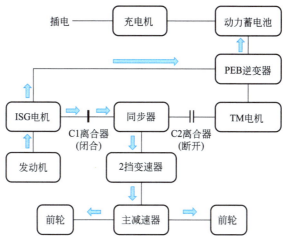

图 5-68　行车充电模式的能量及动力传递路径

(5) 发动机驱动模式

混合动力电动汽车行驶中车速与转矩需求在同一范围内，C1 离合器闭合，C2 离合器断开，发动机直接工作，驱动混合动力电动汽车。发动机驱动模式的能量及动力传递路径如图 5-69 所示。发动机驱动模式仅发生在混合动力电动汽车高速行驶或电量较低时，这时仅有发动机提供动力。

(6) 怠速充电模式

混合动力电动汽车处于静止状态，动力蓄电池电量较低。C1 离合器断开，C2 离合器闭合；发动机工作，通过 ISG 电机向动力蓄电池补充电量。怠速充电模式的能量及动力传递路径如图 5-70 所示。

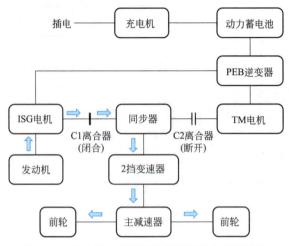

图 5-69 发动机驱动模式的能量及动力传递路径

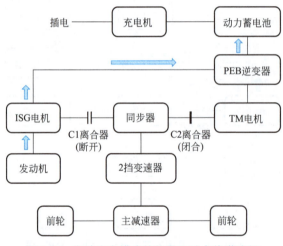

图 5-70 怠速充电模式的能量及动力传递路径

(7) 能量回收模式

能量回收模式分为两种情况。一种情况是在混合动力电动汽车滑行和踏板制动情况下进入能量回收,C1、C2 离合器均闭合,发动机不参与工作,两个电机一起工作,将动能转化为电能,给动力蓄电池充电,其能量及动力传递路径如图 5-71 所示。

另一种情况是在混合动力电动汽车滑行和踏板制动情况下进入动能回收,C1 离合器断开,C2 离合器闭合;仅 TM 电机负责发电,并将动能转化为电能,给动力蓄电池充电,其能量及动力传递路径如图 5-72 所示。

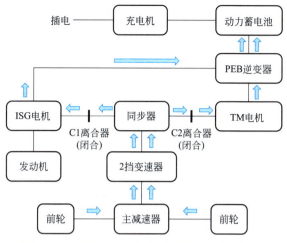

图 5-71 能量回收模式一的能量及动力传递路径

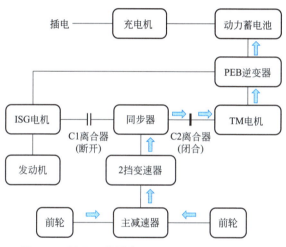

图 5-72 能量回收模式二的能量及动力传递路径

240 上汽名爵 6 混合动力系统的组成是怎样的?

上汽名爵 6 混合动力系统主要由发动机、EDU 变速系统和动力蓄电池组成，如图 5-73 所示。

EDU 变速系统主要由 ISG 电机、TM 电机、C1 离合器、C2 离合器以及齿轮轴系组成，如图 5-74 所示。ISG 电机与发动机输出轴相连，同轴上接着一个 C1 离合器，C1 离合器介于齿轮轴系和发动机之间，可以通过 C1 离合器的开合来控制发动机是否介入直接驱动混合动力电动汽车。而大多数时候发动机是通过 ISG 电机作为发电机使用，也就是说 C1 离合器不常接合，而是将发动机的动能转化为电能储存在动力蓄电池（锂离子电池组）中，然后通过 TM 电机将动力蓄电池中的电能转化为动能，驱动混合动力电动汽车。

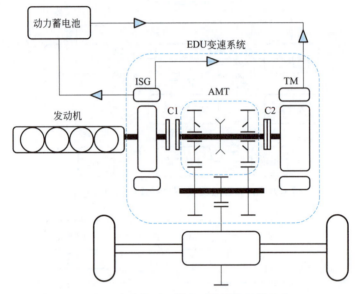

图 5-73　上汽名爵 6 混合动力系统结构示意

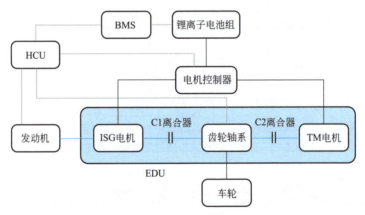

图 5-74　EDU 变速系统

241. 上汽名爵 6 混合动力系统的工作模式是怎样的？

（1）纯电驱动模式

在纯电驱动模式下，发动机不工作，C1 离合器分离，C2 离合器接合，TM 电机工作,通过齿轮轴系把动力传输到车轮,驱动混合动力电动汽车行驶。纯电驱动模式的能量及动力传递路径如图 5-75 所示。

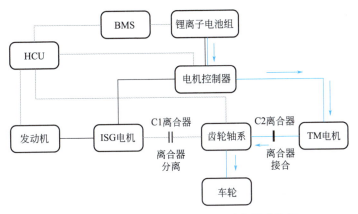

图 5-75　纯电驱动模式的能量及动力传递路径

(2) 串联驱动模式

当混合动力电动汽车在普通城市路况行驶,同时动力蓄电池(锂离子电池组)电量不足时,为了保证动力蓄电池不馈电,并且满足驾驶需求,这时混合动力电动汽车会进入串联驱动模式行驶。串联驱动模式的能量及动力传递路径如图 5-76 所示。由于在串联驱动模式下,C1 离合器分离,发动机不直接驱动混合动力电动汽车,驱动混合动力电动汽车的能量来自动力蓄电池。虽然是靠电能驱动混合动力电动汽车,但这时发动机仍是要工作的,发动机通过 ISG 电机发电,一方面给动力蓄电池充电,另一方面动力蓄电池给 TM 电机放电,然后通过 TM 电机驱动混合动力电动汽车。

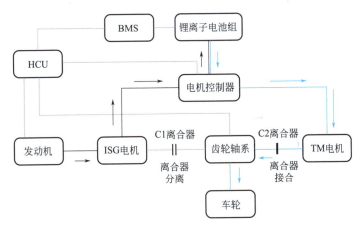

图 5-76　串联驱动模式的能量及动力传递路径

(3) 并联驱动模式

当混合动力电动汽车需要更大的驱动力时，比如加速或越野模式，混合动力电动汽车在并联驱动模式下工作，这时驱动混合动力电动汽车的动力源共有两个：一个是动力蓄电池的动力；另一个是发动机的动力。并联驱动模式的能量及动力传递路径如图 5-77 所示。这时发动机直接驱动混合动力电动汽车。此时不仅 C2 离合器接合，用电能驱动混合动力电动汽车，同时 C1 离合器也接合，发动机与齿轮轴系接通，通过齿轮组将动力输出到差速器，并与电机一同驱动混合动力电动汽车行驶。

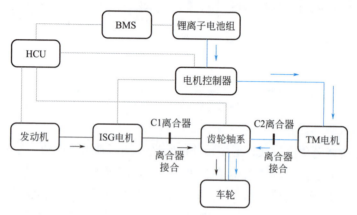

图 5-77 并联驱动模式的能量及动力传递路径

(4) 行车充电模式

在动力蓄电池电量不够驱动混合动力电动汽车的时候，系统进入行车充电模式，这时只有发动机动力源。行车充电模式的能量及动力传递路径如图 5-78 所示。通过 C1 离合器接合，且 C2 离合器分离，发动机动力通过 C1 离合器输出到齿轮

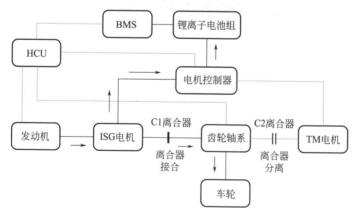

图 5-78 行车充电模式的能量及动力传递路径

轴系，也就是发动机直接驱动混合动力电动汽车；同时一部分动力通过 ISG 电机给动力蓄电池充电。

242 比亚迪秦混合动力系统的组成是怎样的？

比亚迪秦混合动力系统的组成如图 5-79 所示。

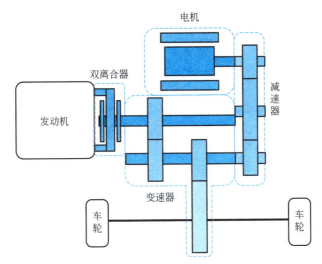

图 5-79　比亚迪秦混合动力系统的组成

比亚迪秦混合动力系统的发动机采用的是 1.5TI 缸内直喷 + 涡轮增压发动机，峰值功率为 113kW，峰值转矩为 240N·m；变速器是 6 速干式双离合自动变速器；电机采用永磁同步电机，最高转速为 12000r/min，峰值功率为 110kW，峰值转矩为 250N·m；动力蓄电池采用三元锂离子蓄电池。

比亚迪秦混合动力系统具有以下特点。

● 整车性能对动力蓄电池依赖小，增加 6 速干式双离合自动变速器，对发动机工作区域调节能力更强。

● 高转速电机、高电压方案，效率更优。

● 有超强的动力性。

● 若高压系统损坏，则车辆仍能正常行驶。

243 比亚迪秦混合动力系统的工作模式是怎样的？

（1）纯电驱动模式

纯电驱动模式下，动力蓄电池提供电能，供电机驱动混合动力电动汽车，可以满足各种工况行驶，如起步、倒车、怠速、急加速、匀速行驶等。纯电驱动模式的能量及动力传递路径如图 5-80 所示，图中箭头表示能量及动力传递路径；DCT 是 Dual Clutch Transmission 的缩写，是指双离合自动变速器。

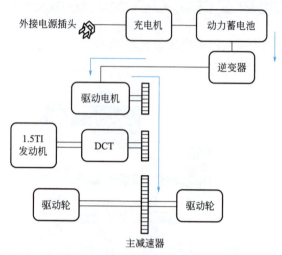

图 5-80　纯电驱动模式的能量及动力传递路径

（2）稳速发电模式

当电量不足时，系统从纯电驱动模式自行切换到稳速发电模式，使用发动机驱动，在混合动力电动汽车以较稳定的速度行驶时，发动机输出的一部分转矩会驱动电机进行发电，对动力蓄电池进行充电。稳速发电模式的能量及动力传递路径如图 5-81 所示。

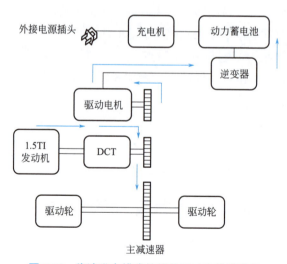

图 5-81　稳速发电模式的能量及动力传递路径

（3）混合动力模式

在混合动力模式下，混合动力电动汽车由发动机和电机共同驱动，实现了最佳的动力性，但仍能保证混合动力系统具有良好的经济性。混合动力模式的能量及动力传递路径如图 5-82 所示。

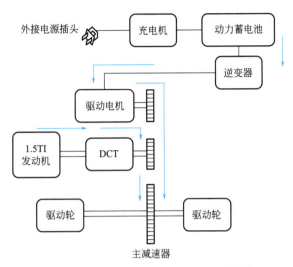

图 5-82　混合动力模式的能量及动力传递路径

（4）燃油驱动模式

当动力蓄电池电量不足或高压系统故障时，可单独使用发动机驱动，实现了高压系统的独立性。燃油驱动模式的能量及动力传递路径如图 5-83 所示。

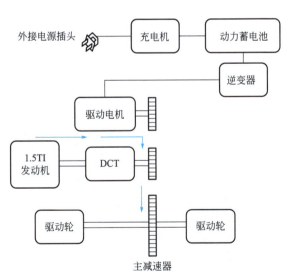

图 5-83　燃油驱动模式的能量及动力传递路径

(5) 能量回收模式

在混合动力电动汽车减速时，电机作为发电机，将混合动力电动汽车的动能转化为电能储存在动力蓄电池内。能量回收模式的能量及动力传递路径如图5-84所示。

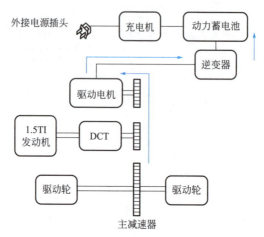

图 5-84　能量回收模式的能量及动力传递路径

244 比亚迪唐混合动力系统的组成是怎样的？

比亚迪唐混合动力系统主要由发动机、变速器、后电机、前电机及电机控制器、动力蓄电池（三元锂离子蓄电池）组成，如图5-85所示。发动机峰值功率为151kW，峰值转矩为320N·m；前电机和后电机能发出的峰值功率为220kW，峰值转矩为500N·m。如果在混动模式下，全车综合峰值功率为371kW，峰值转矩为820N·m。

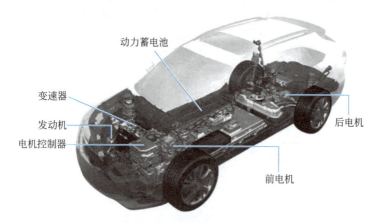

图 5-85　比亚迪唐混合动力系统

245 比亚迪唐混合动力系统的工作模式是怎样的？

（1）最经济模式

在最经济模式下，发动机停止工作，位于底盘中部的电池包（内置动力蓄电池）为前电机和后电机供电，前电机和后电机共同组成电四驱模式。最经济模式的能量及动力传递路径如图 5-86 所示。在最经济模式下，比亚迪唐就是一辆纯电动汽车，实测纯电能耗仅为 17kW·h/100km。

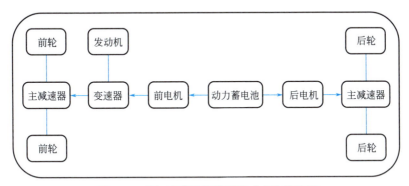

图 5-86　最经济模式的能量及动力传递路径

（2）最强劲模式

在最强劲模式下，2.0T 发动机与前电机、后电机同时工作，电机控制器为前电机和后电机分配最佳的输出功率。最强劲模式的能量及动力传递路径如图 5-87 所示。0～100km/h 的加速时间为 4.98s。

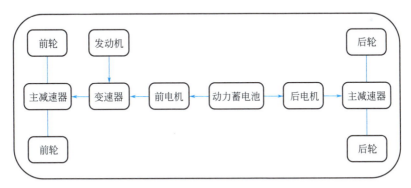

图 5-87　最强劲模式的能量及动力传递路径

（3）行车发电模式

当动力蓄电池电量过低或低于所设定的 SOC 目标值时，前电机不再输出动力转而成为发电机为动力蓄电池充电，此时前轮由发动机单独驱动，后轮由后电机驱动。行车发电模式的能量及动力传递路径如图5-88所示。城市环境下行驶，实测每1.5km能补充1%～2%的电能，长途行驶时动力蓄电池电量最高能回充至70%，为下一段城市纯电行驶带来强而有力的电能保障。

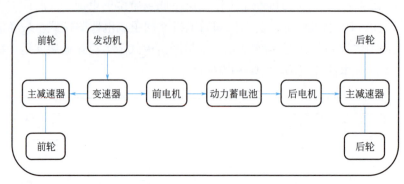

图5-88　行车发电模式的能量及动力传递路径

（4）怠速发电模式

在动力蓄电池SOC低于15%以内行驶，在等红灯的时候系统自动切换至发动机带动前电机为动力蓄电池充电。怠速发电模式的能量及动力传递路径如图5-89所示。实测大约5min能补充1%～2%的电能。在必要时可以采取强制原地发电，在P挡模式下把油门踏板踩到底即可激活。这种模式主要用于应急使用，一旦遇上意外情况，可以通过这样的形式为动力蓄电池充电。

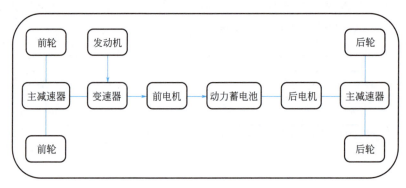

图5-89　怠速发电模式的能量及动力传递路径

第6章 燃料电池电动汽车技术

246 燃料电池电动汽车有哪些类型？

按多电源的配置不同，燃料电池电动汽车的类型有纯燃料电池驱动的电动汽车、燃料电池与辅助动力蓄电池联合驱动的电动汽车、燃料电池与超级电容器联合驱动的电动汽车以及燃料电池与辅助动力蓄电池和超级电容器联合驱动的电动汽车。其中采用燃料电池与辅助动力蓄电池联合驱动的电动汽车使用较为广泛。

（1）纯燃料电池驱动的电动汽车

纯燃料电池驱动的电动汽车只有燃料电池一个动力源，燃料电池电动汽车需要的所有功率都由燃料电池提供。纯燃料电池驱动的电动汽车的动力系统如图6-1所示。燃料电池系统将氢气与氧气反应产生的电能通过DC/DC变换器和电机控制器传给驱动电机，驱动电机将电能转化为机械能再传给减速机构，从而驱动燃料电池电动汽车行驶。这种系统结构简单，控制和整体布置容易；系统部件少，有利于整车的轻量化；整体的能量传递效率高，从而提高燃料电池电动汽车的燃料经济性。

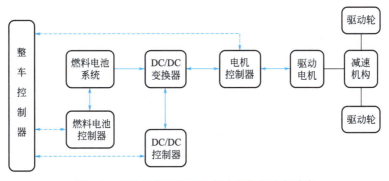

图6-1 纯燃料电池驱动的电动汽车的动力系统
—— 电气连接； —— 机械连接； ---- 通信连接

(2) 燃料电池与辅助动力蓄电池联合驱动的电动汽车

燃料电池与辅助动力蓄电池联合驱动的电动汽车的动力系统如图 6-2 所示。在该动力系统结构中，燃料电池和动力蓄电池一起为驱动电机提供能量，驱动电机将电能转化成机械能后传给减速机构，从而驱动燃料电池电动汽车行驶。在燃料电池电动汽车制动时，驱动电机变成发电机，动力蓄电池将储存回馈的能量。在燃料电池和动力蓄电池联合供能时，燃料电池的能量输出变化较为平缓，随时间变化波动较小，而能量需求变化的高频部分由动力蓄电池分担。

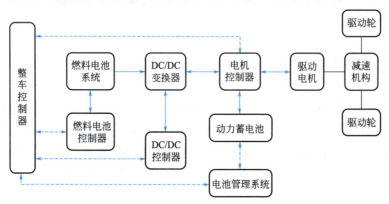

图 6-2　燃料电池与辅助动力蓄电池联合驱动的电动汽车的动力系统
——— 电气连接；——— 机械连接；----- 通信连接

(3) 燃料电池与超级电容器联合驱动的电动汽车

燃料电池与超级电容器联合驱动的电动汽车和燃料电池与辅助动力蓄电池联合驱动的电动汽车结构相似，只是把动力蓄电池换成超级电容器，如图 6-3 所示。相对于动力蓄电池，超级电容器充放电效率高，能量损失小，循环寿命长，常规制动时再生能量回收率高，正常工作温度范围宽；超级电容器瞬时功率比动力蓄

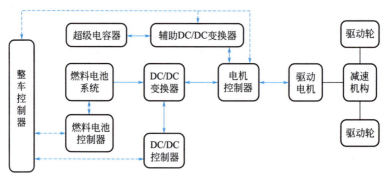

图 6-3　燃料电池与超级电容器联合驱动的电动汽车的动力系统
——— 电气连接；——— 机械连接；----- 通信连接

电池大，汽车启动更容易。燃料电池和超级电容器动力系统可以降低燃料电池的放电电流，发挥超级电容器均衡负载的作用，提高燃料电池电动汽车的续驶里程及动力性。

（4）燃料电池与辅助动力蓄电池和超级电容器联合驱动的电动汽车

燃料电池与辅助动力蓄电池和超级电容器联合驱动的电动汽车的动力系统如图6-4所示。在该动力系统结构中，燃料电池、动力蓄电池和超级电容器一起为驱动电机提供能量，驱动电机将电能转化成机械能后传给减速机构，从而驱动燃料电池电动汽车行驶。在汽车制动时，驱动电机变成发电机，动力蓄电池和超级电容器将储存回馈的能量。在燃料电池、动力蓄电池和超级电容器联合供能时，燃料电池的能量输出较为平缓，随时间变化波动较小，而能量需求变化的低频部分由动力蓄电池承担，能量需求变化的高频部分由超级电容器承担。在这种结构中，各动力源的分工更加明细，因此它们的优势也得到更好的发挥。

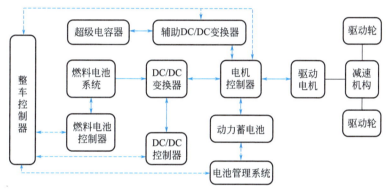

图6-4 燃料电池与辅助动力蓄电池和超级电容器联合驱动的电动汽车的动力系统
—— 电气连接；—— 机械连接；----- 通信连接

(247) 燃料电池电动汽车由哪几部分组成？

典型燃料电池电动汽车的主要结构如图6-5所示。

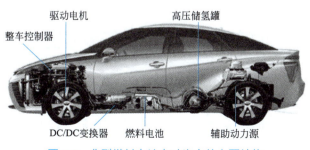

图6-5 典型燃料电池电动汽车的主要结构

（1）燃料电池

燃料电池是燃料电池电动汽车的主要动力源，它是一种不燃烧燃料而直接以电化学反应方式将燃料的化学能转变为电能的高效发电装置。

（2）高压储氢罐

高压储氢罐是气态氢的储存装置，用于给燃料电池供应氢气。为保证燃料电池电动汽车一次充气后有足够的续驶里程，需要多个高压储氢罐来储存气态氢气。一般轿车上需要2～4个高压储氢罐，大客车上需要5～10个高压储氢罐。

（3）辅助动力源

根据燃料电池电动汽车的设计方案不同，其采用的辅助动力源也有所不同，可以用动力蓄电池、飞轮储能器或超大容量电容器等共同组成双电源系统。动力蓄电池可采用镍氢蓄电池或锂离子蓄电池。

（4）DC/DC变换器

燃料电池电动汽车中的燃料电池需要装置单向DC/DC变换器，动力蓄电池和超级电容器需要装置双向DC/DC变换器。DC/DC变换器的主要功能有调节燃料电池的输出电压，能够升压到650V；调节整车能量分配；稳定整车直流母线电压。

（5）驱动电机

燃料电池电动汽车用的驱动电机类型主要有直流电机、异步电机、永磁同步电机和开关磁阻电机等，具体选型必须结合整车开发目标，综合考虑电机的特点，以永磁同步电机为主。

（6）整车控制器

整车控制器是燃料电池电动汽车的"大脑"，由燃料电池管理系统、动力蓄电池管理系统、驱动电机控制器等组成，它一方面接收来自驾驶员的需求信息（如点火开关、油门踏板、制动踏板、挡位信息等）实现整车工况控制；另一方面基于反馈的实际工况（如车速、制动、电机转速等）以及动力系统的状况（燃料电池及动力蓄电池的电压、电流等），根据预先匹配好的多能源控制策略进行能量分配调节控制。

248 燃料电池电动汽车的工作原理是怎样的？

燃料电池电动汽车的工作原理如图6-6所示，高压储氢罐中的氢气和空气中的氧气在车载的燃料电池中发生氧化还原反应，产生出电能驱动电机工作，驱动电机产生的机械能经变速传动装置传给驱动轮，驱动燃料电池电动汽车行驶。

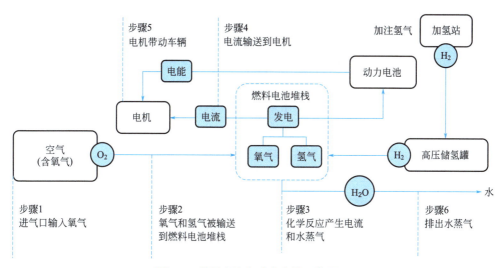

图 6-6 燃料电池电动汽车的工作原理

249 燃料电池电动汽车有哪些特点?

(1) 燃料电池电动汽车的优点

● 效率高。燃料电池的工作过程是化学能转化为电能的过程，不受卡诺循环的限制，能量转换效率较高，可以达到 30% 以上。

● 续驶里程长。采用燃料电池系统作为能量源，克服了纯电动汽车续驶里程短的缺点，其长途行驶能力及动力性已经接近传统内燃机汽车。

● 绿色环保。燃料电池没有燃烧过程，以纯氢作为燃料，生成物只有水，属于零排放。采用其他富氢有机化合物用车载重整器制氢作为燃料电池的燃料，生产物除水之外还可能有少量的 CO_2，接近零排放。

● 过载能力强。燃料电池除了在较宽的工作范围内具有较高的工作效率外，其短时过载能力可达额定功率的 200% 或更大。

● 低噪声。燃料电池属于静态能量转换装置，除了空气压缩机和冷却系统以外无其他运动部件，因此与内燃机汽车相比，运行过程中噪声和振动都较小。

● 设计方便灵活。燃料电池电动汽车可以按照线控的思路进行设计，改变传统的汽车设计概念，可以在空间和重量上进行灵活的配置。

(2) 燃料电池电动汽车的缺点

●燃料电池电动汽车的制造成本和使用成本高。

●经济且无污染地获取纯氢燃料还存在技术难点。

●辅助设备复杂，且重量和体积较大。

250 燃料电池热管理系统设计应遵循什么原则?

● 热管理系统应能有效地对燃料电池堆进行散热和降温,以确保燃料电池堆工作温度始终在正常使用范围内,以免温度过高影响燃料电池堆的使用寿命。

● 为确保特定区域使用的燃料电池系统低温启动性能,应设计有加热元器件。在燃料电池系统内置加热元器件进行热设计时,应具备相应的安全设计,当加热元器件温度过高时,能够自动切断加热元器件电源。

● 对于热管理系统中的液冷流路,当系统可能发生泄漏甚至产生安全隐患时,热管理系统设计应考虑具有相应的检测手段,并发出报警信号。

● 燃料电池系统零部件应尽量选用阻燃等级较高或不燃烧的材料,即使在热失控的极端条件下,系统内零部件至少不会加剧燃烧反应。

● 在燃料电池热管理系统中,燃料电池的最大耐受温度应考虑燃料电池局部热点问题,防止燃料电池局部温度过高造成危险。当燃料电池的温度达到最大耐受温度时,需要限定燃料电池的输出功率,直至燃料电池温度达到安全温度后,方可放开限定功率。

● 燃料电池运行一段时间后,冷却液电导率上升,有导致燃料电池堆内部短路的风险,热管理系统需要实时采集冷却液电导率信号,提供电导率报警功能。若电导率超过一定值,需要更换离子过滤器,降低冷却液的电导率。

● 热管理系统能提供液位报警、流量报警等功能,当液位和流量过高及过低时进行报警,及时发现冷却液泄漏等现象,保证冷却液的流量稳定。

251 如何匹配燃料电池电动汽车驱动电机参数?

为保证燃料电池电动汽车各种行驶工况需要,满足其动力性要求,必须根据其动力性指标来确定驱动电机参数,即由最高车速、加速时间和最大爬坡度三个指标来确定驱动电机参数。驱动电机参数主要包括以下几项。

(1) 最高转速

驱动电机的最高转速由燃料电池电动汽车的最高车速和机械传动系统传动比来确定。增大驱动电机的最高转速有利于降低其体积,减轻重量,但最高转速的增大导致传动比增大,从而会加大传动系统的体积、重量和传动损耗。因此应综合考虑各方面因素来确定驱动电机的最高转速。

驱动电机最高转速和额定转速的比值称为扩大恒功率区系数。在驱动电机额定功率一定的前提下,扩大恒功率区系数越大,最高转速越低,对应的驱动电机额定转矩也越大。额定转矩越大,需要对驱动电机的支撑要求越高,并且需要更大的电机电流和电力电子设备电流，增加了功率变换器的尺寸和损耗。由于驱动电机扩大恒功率区系数大是车辆起步加速和稳定运行所必需的，所以额定转矩的减小，只能通过选用高速电机来解决。但这又会增加传动系统的尺寸，因此必须协调考虑最高车速和传动系统的尺寸。

驱动电机的最高转速为

$$n_{\max} = \frac{30 v_{\max} i_t}{3.6 \pi r} \tag{6-1}$$

式中，$n_{\max}$ 为驱动电机的最高转速；$v_{\max}$ 为燃料电池电动汽车的最高车速；i_t 为燃料电池电动汽车传动系统传动比；r 为车轮半径。

(2) 额定转速

驱动电机的额定转速为

$$n_e = \frac{n_{\max}}{\beta} \tag{6-2}$$

式中，n_e 为驱动电机的额定转速；β 为驱动电机扩大恒功率区系数。

(3) 峰值转矩

驱动电机的峰值转矩由最大爬坡度确定，汽车爬坡时车速很低，可忽略空气阻力，则有

$$T_{g_{\max}} = \frac{mgr}{\eta_t i_t}\left(f\cos\alpha_{\max} + \sin\alpha_{\max} \right) \tag{6-3}$$

式中，$T_{g_{\max}}$ 为根据最大爬坡度确定的电机峰值转矩。

(4) 峰值功率

水平路面上，车辆从 0 到目标车速 v_j 的加速时间为

$$t = \int_0^{v_j} \frac{\delta m}{F_t - F_f - F_w} dv \tag{6-4}$$

燃料电池电动汽车行驶驱动力与驱动电机峰值功率、峰值转矩之间的关系为

$$F_t = \begin{cases} \dfrac{T_{\alpha_{\max}} \eta_t i_t}{r} & n \leqslant n_e \\ 9550 i_t \dfrac{P_{e_{\max}} \eta_t}{n_e r} & n > n_e \end{cases} \tag{6-5}$$

式中，$T_{\alpha_{\max}}$ 为根据峰值功率 $P_{e_{\max}}$ 折算的恒转矩区驱动电机峰值转矩。

当给定汽车加速时间后，可根据式（6-3）～式（6-5）求得驱动电机峰值功率。

一般驱动电机峰值功率 $P_{e_{\max}}$ 满足加速性能指标要求，其折算后的峰值转矩 $T_{\alpha_{\max}}$

也可以满足汽车爬坡性能指标要求,即 $T_{\alpha\max} > T_{g\max}$,因此,驱动电机峰值转矩可设计为 $T_{e\max} = T_{\alpha\max}$。如果燃料电池电动汽车对爬坡度有特殊要求,则取 $T_{e\max} = T_{g\max}$,通过调整驱动电机峰值功率和扩大恒功率区系数重新匹配。

(5) 额定功率

主要克服滚动阻力和空气阻力的驱动电机额定功率为

$$P_e = (F_f + F_w)\frac{v}{3600\eta_t} \tag{6-6}$$

式中,v 可按车辆最高设计速度的 90% 或我国高速公路最高限速 120km/h 取值。

(6) 额定转矩

驱动电机的额定转矩为

$$T_e = \frac{9550 P_e}{n_e} \tag{6-7}$$

(7) 工作电压

工作电压的选择涉及用电安全、元器件的工作条件等问题,工作电压过低,导致电流过大,从而导致系统电阻损耗增大,而工作电压过高,对逆变器的安全性造成威胁。一般燃料电池电动汽车工作电压为 280～400V,但工作电压的设计有增高的趋势。

252 如何匹配燃料电池电动汽车燃料电池输出功率?

燃料电池电动汽车中燃料电池输出功率主要根据等速工况和加(减)速工况确定,取两者最大值。

燃料电池电动汽车在平坦路面上等速行驶时所需的燃料电池功率为

$$P_i = \frac{v}{3600\eta_t}\left(mgf + \frac{C_D A v^2}{21.75}\right) \tag{6-8}$$

式中,P_i 为燃料电池电动汽车在平坦路面上等速行驶时所需要的燃料电池功率。

燃料电池电动汽车加(减)速行驶所需要的燃料电池功率为

$$P_j = \frac{v(t)}{3600\eta_d\eta_t}\left[mgf + mgi + \frac{C_D A v^2(t)}{21.75} + \delta m a_j\right] \tag{6-9}$$

式中,P_j 为燃料电池电动汽车加(减)速行驶所需要的燃料电池功率;$v(t)$ 为燃料电池电动汽车加（减）速行驶速度；a_j 为燃料电池电动汽车加（减）速度。

燃料电池电动汽车行驶速度为

$$v(t) = v_0 + 3.6a_j t \tag{6-10}$$

式中，v_0 为加速起始速度；t 为行驶时间。

253 如何匹配燃料电池电动汽车辅助动力源参数？

燃料电池电动汽车的辅助动力源一般为动力蓄电池，在汽车起步的工况下，完全由辅助动力源提供动力；当汽车在加速或爬坡等工况时，为主动力源提供补充；同时在燃料电池电动汽车制动时吸收制动回馈的能量。

辅助动力源用的动力蓄电池在燃料电池电动汽车有较大功率需求时，可以对其进行大电流的放电，待燃料电池响应跟上后放电电流就大幅降低，大电流放电的持续时间不长；在燃料电池电动汽车进行制动回馈时，又可以在短时间内接受较大电流的充电，即动力蓄电池要具有瞬间大电流充放电的能力，虽然充放电电流很大，但由于持续时间都较短，因此动力蓄电池的充电或放电深度都不大，动力蓄电池的荷电状态的波动范围也不大。

动力蓄电池的功率需求包括最大放电功率需求和最大充电功率需求。对于燃料电池电动汽车，动力蓄电池的首要作用是提供瞬时功率。根据燃料电池电动汽车的动力性能要求，分析各个工况，如汽车起步、爬坡、超车等的功率需求，除以机械效率，可以得到对动力源的峰值功率需求，该功率由动力蓄电池和燃料电池共同提供。

当燃料电池电动汽车长时间匀速运行时，可以认为此时功率仅由燃料电池提供，由此可以计算出燃料电池的功率，则系统对动力蓄电池的放电功率需求为总功率需求减去燃料电池的功率。

另外，燃料电池电动汽车在紧急制动时产生的制动功率很大，但以此功率来设计动力蓄电池的最大充电功率是不合理的。实际上，制动能量回收效益最明显的是在城市循环工况下，根据城市循环工况的统计特性来选择最大充电功率。

根据上述分析，动力蓄电池的额定功率为

$$P_{xe} = \frac{P_{e_{max}}}{\eta_e} + P_{fd} - P_{ro} + P_{ff} \tag{6-11}$$

式中，P_{xe} 为动力蓄电池的额定功率；P_{fd} 为车辆辅助电气系统的功率需求；P_{ro} 为燃料电池的输出功率；P_{ff} 为辅助系统的功率需求。

动力蓄电池的质量为

$$m_x = \frac{P_{xe}}{\rho_{xg}} \tag{6-12}$$

式中，m_x 为动力蓄电池的质量；ρ_{xg} 为动力蓄电池的比功率。

动力蓄电池的额定容量为

$$C_{xe} = \frac{m_x \rho_{xn}}{U_e \eta_d} \tag{6-13}$$

式中，C_{xe} 为动力蓄电池的额定容量；ρ_{xn} 为动力蓄电池的比能量；U_e 为动力蓄电池的额定电压；η_d 为动力蓄电池的放电效率。

254 如何匹配燃料电池电动汽车传动系统传动比？

燃料电池电动汽车传动系统传动比是传动系统中各部件传动比的乘积，主要是变速器和主减速器传动比的乘积。

由于燃料电池电动汽车的动力全部由驱动电机提供，通过控制驱动电机能够在较大的范围满足车速要求。最大传动比根据驱动电机的峰值转矩和最大爬坡度对应的行驶阻力确定。

$$i_{t_{max}} \geqslant \frac{F_{\alpha_{max}} r}{\eta T_{e_{max}}} \tag{6-14}$$

式中，$i_{t_{max}}$ 为传动系统最大传动比；$F_{\alpha_{max}}$ 为最大爬坡度对应的行驶阻力；$T_{e_{max}}$ 为驱动电机的峰值转矩。

燃料电池电动汽车大多数时间是以最高挡行驶的，即用最小传动比的挡位行驶。因此，最小传动比的选择是很重要的。应考虑满足最高车速的要求和行驶在最高车速时的动力性要求。

- 由最高车速和驱动电机的最高转速确定传动系统最小传动比的上限。

$$i_{t_{min}} \leqslant \frac{0.377 n_{max} r}{v_{max}} \tag{6-15}$$

- 由驱动电机最高转速对应的最大输出转矩和最高车速对应的行驶阻力确定传动系统最小传动比的下限。

$$i_{t_{min}} \geqslant \frac{F_{v_{max}} r}{\eta_t T_{v_{max}}} \tag{6-16}$$

式中，$F_{v_{max}}$ 为燃料电池电动汽车最高车速对应的行驶阻力；$T_{v_{max}}$ 为驱动电机最高转速对应的最大输出转矩。

255 氢如何分类？

氢分为灰氢、蓝氢和绿氢，见表 6-1。要实现燃料电池电动汽车的可持续发展，使用的燃料氢必须由灰氢变成绿氢。

表 6-1 氢的分类

分类	说明
灰氢	由化石能源制取的氢气称为灰氢，制氢过程排放二氧化碳等温室气体
蓝氢	化石能源制氢 + 碳捕获与封存技术（CCS）获取的氢气称为蓝氢
绿氢	由核能、可再生能源通过电解水等手段获得的氢气称为绿氢。制氢过程没有室温气体排放

256 氢气具有哪些主要特性？

（1）易泄漏与扩散

氢分子尺寸较小，容易从缝隙或孔隙中泄漏，且氢气扩散系数比其他气体更高，在空间中能够以很快的速度上升，同时进行快速的横向移动扩散。因此当氢气泄漏时，氢气将沿着多个方向迅速扩散，并与环境空气混合。

（2）易燃性

氢气是一种极易燃的气体，燃点只有 574℃。点火源包括快速关闭阀门产生的机械火花，未接地微粒过滤器的静电放电，电气设备、催化剂颗粒和加热设备产生的火花，通风口附近的雷击等，必须以适当的方式消除或隔离点火源，并应在未遇见点火源的情况下进行操作。

（3）爆燃爆轰

氢气与空气形成的蒸气云爆炸属于爆燃范畴，是不稳定过程。在爆燃过程中，氢气点燃形成的火焰不断加速，甚至超过声速，从而形成爆轰波。氢气在空气中的爆炸浓度为 4%～75.6%（质量分数）。为了避免爆炸，需要将氢气的质量分数控制在 4% 以下。若在封闭区间内发生爆炸，如车载储氢罐内，压力瞬间可达初始压力的几倍甚至几十倍，因此，为了避免发生爆炸事故，通常在车载储氢系统上安装安全泄放装置。

（4）淬熄

氢气火焰很难熄灭，例如，由于水汽会加大氢 - 空气混合气体燃烧的不稳定，加强燃烧能力，大量水雾的喷射会使氢 - 空气混合燃烧加剧。与其他可燃气体相比，氢气的淬熄距离最低。由于氢存在重燃和爆炸的危险，通常只有切断氢气供应后，才能扑灭氢火。

（5）氢脆

氢脆是指溶于金属中的高压氢在局部浓度达到饱和后引起金属塑性下降、诱发裂纹甚至开裂的现象，氢脆的影响因素众多，例如环境的温度和压力，氢气的纯度、浓度和暴露时间，以及材料裂纹前的应力状态、物理和力学性能、微观结构、表面条件和性质。另外，使用不当材料也易产生氢脆问题。因此，氢环境下应用的金属材料要求与氢具有良好的相容性，需进行氢与材料之间的相容性试验。

257 燃料氢气的技术指标是怎样的？

燃料氢气的技术指标应符合表 6-2 的要求，燃料氢气的纯度要求非常高。表 6-2 中，总硫是指氢气中以二氧化硫（SO_2）、硫化氢（H_2S）、羰基硫（COS）及甲基硫醇（CH_3SH）等各种形态存在的硫化物；总卤化物是指氢气中以氯化氢（HCl）、溴化氢（HBr）、氯（Cl_2）和有机卤化物（R-X）等各种形态存在的卤化物。工业氢关注的是氢气纯度，而燃料电池用氢关注的是敏感杂质含量，所以，工业氢不等于燃料电池用氢。

表 6-2 燃料氢气的技术指标

项目名称	技术指标	项目名称	技术指标
氢气纯度（摩尔分数）	99.97%	一氧化碳（CO）	0.2μmol/mol
非氢气体总量	300μmol/mol	总硫（按 H_2S 计）	0.004μmol/mol
水（H_2O）	5μmol/mol	甲醛（HCHO）	0.01μmol/mol
总烃（按甲烷计）	2μmol/mol	甲酸（HCOOH）	0.2μmol/mol
氧（O_2）	5μmol/mol	氨（NH_3）	0.1μmol/mol
氦（He）	300μmol/mol	总卤化物（按卤离子计）	0.05μmol/mol
总氮（N_2）和氩（Ar）	100μmol/mol	最大颗粒物浓度	1mg/kg
二氧化碳（CO_2）	2μmol/mol		

258 氢气的制备方法主要有哪些？

氢气是燃料电池常用的燃料，但地球周围单质氢是极少的，燃料电池电动汽车大规模推广使用必须要解决氢源问题。氢能产业涉及制氢、储氢和输氢等环节，其中制氢成本最高。氢气的主要制备方法如下。

(1) 电解水制氢

电解水制氢一般有两种方式。一种是采用电解水制氢站方式生产氢气，就地储存加注，如图 6-7 所示。

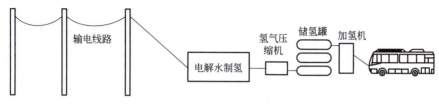

图 6-7　电解水制氢站生产氢气

另一种是由专业的电解水制氢企业生产氢气，通过车船或管道等方式运到加氢站，如图 6-8 所示。

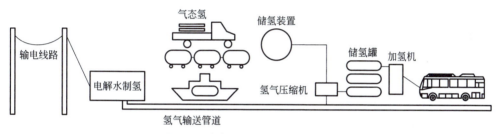

图 6-8　电解水制氢企业生产氢气

(2) 天然气制氢

以天然气为原料，由天然气大规模集中重整制氢，根据加氢站的分布范围不同，氢气可通过车船或小规模管道等方式运到各加氢站的储氢容器，为燃料电池电动汽车进行液体氢加注或以高压氢方式加注，如图 6-9 所示。

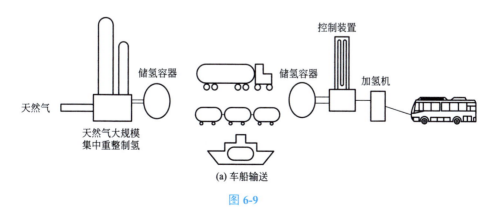

(a) 车船输送

图 6-9

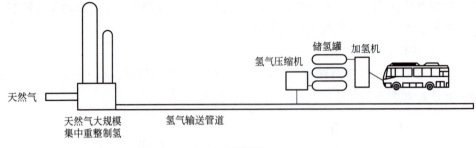

(b) 管道输送

图 6-9　大型企业天然气重整制氢

也可以利用现有的天然气输送管道，进行天然气站内重整制氢，制取的氢气储存在高压储氢罐中，为燃料电池电动汽车加氢，如图 6-10 所示。

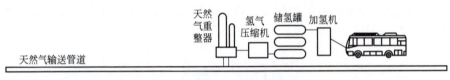

图 6-10　天然气站内重整制氢

(3) 利用太阳能和风能电解水制氢

利用太阳能和风能电解水制氢方案如图 6-11 所示。

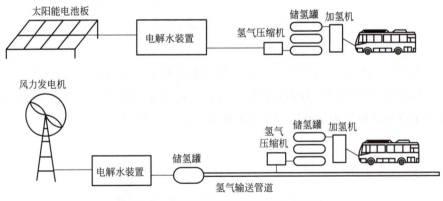

图 6-11　利用太阳能和风能电解水制氢

(4) 从化工厂或炼油厂的副产品尾气中获取氢气

氢气由化工厂或炼油厂的副产品尾气中获取，进行分离纯化后，通过车船或管道等方式运到加氢站，为燃料电池电动汽车进行液氢加注或高压氢方式加注，如图 6-12 所示。

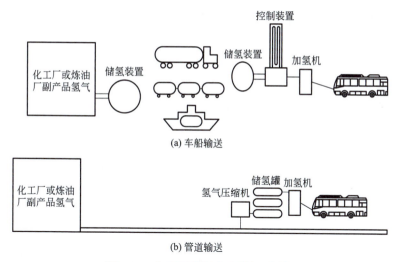

图 6-12 化工厂或炼油厂副产品制氢

(5) 利用其他化石燃料或有机生物质制氢

利用其他化石燃料或有机生物质制氢,通过车船或管道输送到加氢站,同时将此过程中的温室气体二氧化碳(CO_2)进行地下埋藏处理,其方案如图 6-13 所示。

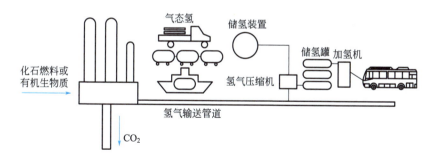

图 6-13 化石燃料或有机生物质制氢

(6) 利用城市固体垃圾或有机物质制氢

利用城市固体垃圾或有机物质制氢如图 6-14 所示。

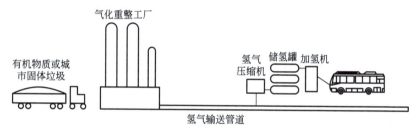

图 6-14 利用城市固体垃圾或有机物质制氢

259. 氢气的储存方法主要有哪些？

（1）气态储氢

气态存储是对氢气加压，减小体积，以气体形式储存于特定容器中。根据压力大小的不同，气态储存又可分为低压储存和高压储存。氢气可以像天然气一样用低压储存，使用巨大的密封储槽，该方法适合大规模储存气体时使用。气态高压储存是较普通和较直接的储存方式，通过高压阀的调节就可以直接将氢气释放出来。普通高压气态储氢是一种应用广泛、简便易行的储氢方式，而且成本低，充放气速度快，且在常温下就可进行。但其缺点是需要厚重的耐压容器，并要消耗较大的氢气压缩功，存在氢气易泄漏和容器爆破等不安全因素。

（2）液态储氢

氢气在一定的低温下，会以液态形式存在。因此，可以低温液态储氢。与空气液化相似，低温液态储氢也是先将氢气压缩，在经过节流阀之前进行冷却，产生一些液体。分离液体后，将其储存在高真空的绝热容器中。液态储氢具有较高的体积能量密度。常温、常压下液态氢的密度为气态氢的 845 倍，体积能量密度比压缩储存要高好几倍，与同一体积的储氢容器相比，其储氢重量大幅度提高。液态储氢工艺特别适用于储存空间有限的运载场合，如航天飞机用的火箭发动机、汽车发动机和洲际飞行运输工具等。若仅从重量和体积上考虑，液态储氢是一种极为理想的储氢方式。但是由于氢气液化要消耗很大的冷却能量，液化 1kg 氢需耗电 4～10kW·h，因此增加了储氢和用氢的成本。另外液态储氢容器必须使用超低温用的特殊容器，由于液态储氢的装料和绝热不完善容易导致较高的蒸发损失，因而其储存成本较高，安全技术也比较复杂。

（3）固体储氢

固态储氢是利用固体对氢气的物理吸附或化学反应等作用，将氢储存于固体材料中。固体储氢需要用到储氢材料，寻找和研制高性能的储氢材料成为固态储氢的当务之急，也是未来储氢发展乃至整个氢能利用的关键。固态储氢是以金属氢化物、化学氢化物或纳米材料等作为储氢载体，通过化学吸附和物理吸附的方式实现氢的存储。固态储氢具有储氢密度高、储氢压力低、安全性好、放氢纯度高等优势，其体积储氢密度高于液态储氢。

260. 氢气的输送方法主要有哪些？

根据输送过程中氢气的状态不同，氢气的输送方法可以分为气态氢输送、液态氢输送和固态氢输送，其中气态氢输送和液态氢输送是主要输送方式。

(1) 气态氢输送

气态氢输送可分为高压长管拖车输送和管道输送两种方式。高压长管拖车输送是氢气近距离输送的重要方式，技术较为成熟，国内常以20MPa长管拖车运氢，单车运氢约300kg；国外则采用45MPa纤维全缠绕高压氢瓶长管拖车运氢，单车运氢可提至700kg。

管道输送是实现氢气大规模、长距离运输的重要方式。管道运行压力一般为 1.0～4.0MPa，具有输氢量大、能耗小和成本低等优势，但建造管道一次性投资较大。在初期可积极探索掺氢天然气方式，以充分利用现有管道设施。

(2) 液态氢输送

液态氢输送通常适用于距离较远、运输量较大的场合。其中，液态氢罐车可运7t氢，铁路液态氢罐车可运8.4～14t氢，专用液态氢驳船的运量则可达70t。采用液态氢储运能够减少车辆运输频次，提高加氢站单站供应能力。日本、美国已将液态氢罐车作为加氢站运氢的重要方式之一。

(3) 固态氢输送

轻质储氢材料兼具高的体积储氢密度和质量储氢率，作为运氢装置具有较大潜力。将低压高密度固态储罐作为随车输氢容器使用，加热介质和装置固定放置于充氢和用氢现场，可以同步实现氢的快速充装及其高密度、高安全输送，提高单车运氢量和运氢安全性。

261 车载储氢系统由哪几部分组成？

(1) 加氢模块

加氢模块一般包含加氢口、压力表、过滤器、单向阀等，通过与加氢枪连接实现燃料电池电动汽车加注氢气的功能。为了保证加氢过程的安全可靠，应在充分考虑加氢时的温升、静电消除、气密性等问题的基础上，对加氢模块进行安全设计。

(2) 储氢模块

储氢模块一般包含储氢罐、组合阀、限流阀、压力传感器、安全泄放装置等。当管路内的压力异常降低或流量反常增大时，限流阀能够有效、自动切断储氢罐内的氢气供应，压力传感器可以通过氢控制器向燃料电池电动汽车或燃料电池控制器传递压力信息。

(3) 供氢模块

供氢模块一般包含减压阀、安全阀、排空阀、电磁阀等。为了保证供氢模块的安全可靠，减压阀应能保证输出压力的稳定可靠，安全阀能够实现管路压力超过一定限值后的起跳泄放功能，并在管路压力恢复正常后，可以恢复原状态。

(4) 控制监测模块

控制监测模块一般由电气系统组成，通过氢控制器实现车载储氢系统运行状态的监测，其中包括储氢罐的开启状态、罐内的温度、管路的压力以及氢浓度传感器测量值；稳定、高效地控制罐口组合阀和其他电磁阀的开启及关闭，计算车载储氢系统运行的耗氢量，对剩余氢气量进行估算，实现不同故障的识别；通过CAN总线与整车通信，将接收来的信息发送给整车控制器，并接收整车控制器的指令做出相应动作。

262 储氢罐主要有哪些类型？

储氢罐的分类如图6-15所示。

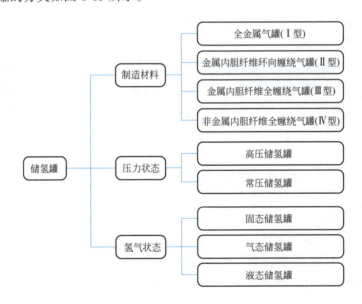

图6-15 储氢罐的分类

目前最常用的是根据储氢罐制造材料的不同而进行的分类。不同类型储氢罐，其适用场景和相关性能也有所不同，目前Ⅰ型、Ⅱ型储氢罐技术较为成熟，主要用于常温常压下的大容量氢气储存，Ⅲ型和Ⅳ型储氢罐主要是高压储氢，适用于燃料电池电动汽车、加氢站等。

Ⅰ型和Ⅱ型储氢罐的储氢密度低，安全性能差，难以满足车辆储氢密度的要求。Ⅲ型、Ⅳ型储氢罐具有安全性高、重量轻、储氢密度高等优点，在燃料电池电动汽车中得到了广泛的应用，国外多为Ⅳ型储氢罐，国内多为Ⅲ型储氢罐。Ⅳ

型储氢罐具有优良的氢脆性能、低成本、高质量的储氢密度和循环寿命，已成为引领国际燃料电池电动汽车高压储氢罐发展的方向。

不同储氢罐的特点见表 6-3。

表 6-3 不同储氢罐的特点

项目	I 型储氢罐	II 型储氢罐	III 型储氢罐	IV 型储氢罐
材料	纯钢质金属	钢质内胆，纤维环绕	铝内胆，纤维缠绕	塑料内胆，纤维缠绕
压力 /MPa	17.5～20	26.3～30	30～70	70 以上
使用寿命 / 年	15	15	15～20	15～20
储氢密度	低	低	高	高
成本	低	中等	最高	高
应用情况	加氢站等固定式储氢应用		车载储氢应用	车载储氢应用

263 储氢罐有什么特点？

目前，车载高压气态储氢罐主要包括III型和IV型，车载储氢罐具有以下特点。

（1）轻量化

车载储氢罐的质量影响燃料电池电动汽车的续驶里程，储氢系统的轻量化既是成本的体现，也是高压储氢商业化道路上不可逾越的技术瓶颈。IV型储氢罐因其内胆为塑料，重量相对较轻，具有轻量化的潜力，比较适合乘用车使用，目前丰田公司生产的燃料电池电动汽车已经采用了IV型储氢罐的技术。

（2）高压力

我国的储氢罐多以金属内胆为主（III型），工作压力大多为35MPa。为了能够装载更多的氢气，提高压力是较重要且方便的途径。目前国际上已经采用70MPa的储氢罐。

（3）高储氢密度

车载储氢罐大多为III型、IV型。我国的储氢罐多为III型，其储氢密度一般在5%左右，进一步提升存在困难。而塑料内胆的全复合材料储氢罐（IV型）采用高分子材料做内胆，碳纤维复合材料缠绕作为承力层，储氢密度可达6%以上，最高能达到7%，成本可以进一步降低。

（4）长寿命

普通乘用车寿命一般是15年左右，在此期间，III型储氢罐会被定期检测，以保证安全性。IV型储氢罐由于内胆为塑料，不易疲劳失效，因此与III型储氢罐相比，疲劳寿命较长。

264 储氢罐具有哪些要求？

储氢罐的要求见表 6-4。

表 6-4 储氢罐的要求

项目名称	要求
公称水容积	A 类气瓶的公称水容积不大于 450L；B 类气瓶的公称水容积不大于 230L
设计循环次数	A 类气瓶的设计循环次数为 11000 次；B 类气瓶的设计循环次数为 7500 次
设计使用年限	A 类气瓶的设计使用年限为 15 年；B 类气瓶的设计使用年限为 10 年。当气瓶实际使用年限未达到设计使用年限，但充装次数达到设计循环次数时，气瓶应当报废
许用压力	在充装和使用过程中，气瓶的许用压力为公称工作压力的 1.25 倍
温度范围	在充装和使用过程中，气瓶的温度应不低于 -40℃ 且不高于 85℃
氢气品质	充装气瓶的压缩氢气成分应符合燃料电池电动汽车用氢气品质的要求
工作环境	设计气瓶时，应考虑其连续承受机械损伤或化学侵蚀的能力，其外表面至少应能适应不同的工作环境

265 加氢站的类型有哪些？

根据氢气来源不同，加氢站分为站外供氢加氢站和站内制氢加氢站。

(1) 站外供氢加氢站

站外供氢加氢站是通过长管拖车、液态氢槽车或管道输送氢气至加氢站，在站内进行压缩、存储、加注等操作。在国外的站外供氢加氢站中，液态氢加氢站工艺比较成熟。通常在液态氢工厂将气态氢降至 -253℃ 进行液化，然后通过液态氢槽车将液态氢运输至加氢站，并储存于站内的液态氢储罐中，低温液态氢泵吸入液态氢后进行增压，并在高压气化器中气化为高压气态氢，存入储氢罐组，待有车辆加氢时，从储氢罐组中取气加注。

(2) 站内制氢加氢站

站内制氢加氢站是在加氢站内配备制氢系统，得到的氢气经纯化、压缩后进行存储、加注。站内制氢包括电解水制氢、天然气重整制氢等方式，可以省去较高的氢气运输费用，但是增加了加氢站系统的复杂程度和运营水平。

加氢站工艺流程如图 6-16 所示。

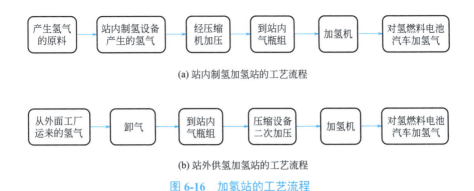

图 6-16 加氢站的工艺流程

266 加氢站的主要设备有哪些？

以站外供氢加氢站为例，加氢站的主要设备如下。

(1) 卸氢系统

卸氢系统由氢气长管拖车和卸气柱组成。一般站外供氢加氢站会有一主一辅两个长管拖车车位，其设计最大的工作压力约为 25MPa，储氢量为 250～300kg，通过泊位内的卸气柱将拖车上的氢气卸载。一般长管拖车内氢气压力降低至某一个数值时（一般设定为 5MPa），卸气会停止，此时氢气长管拖车驶出加氢站，继续去制氢厂运气。

(2) 增压系统

氢气压缩机和冷却机组两大部分组成增压系统。其中，压缩机有隔膜式压缩机与离子式压缩机。隔膜式压缩机通过隔膜的往复运动来压缩和运送气体，对比离子式压缩机，它可使氢气纯度更高，目前，站外供氢加氢站一般采用隔膜式压缩机。冷却机组有风冷机组和水冷机组。风冷机组设计比较简单，缺点为寿命短、耗电量大等，所以，一般会选择水冷机组。增压系统基本工艺如下：来自卸气柱的氢气进入增压系统，在压缩机内，氢气经过压缩，汇集后通过换热冷却再排出。压缩机之前的管道会设置急切断阀，它的作用是在紧急情况可自行停机，并同时设置必要的联锁控制系统。

(3) 储氢系统

储氢系统由储氢瓶组组成。根据加氢站的连续加注要求，站内的固定储氢量需要若干个储氢瓶组，可分为低、中、高三级容量配置。

(4) 加氢系统

加氢系统由高压管路和加氢机组成。加氢机内配备温度和压力传感器、软管防拉裂保护、控制系统以及过压保护等。加氢机目前使用质量流量计，通过氢气的加注质量来测定记录数据。质量流量计的优势是它可以无温度压力修正误差，损失的压力较少，计量的重复度不超过 0.2%，相对误差不超过 0.35%。

（5）氮气系统

氮气系统别名为置换吹扫系统。设备和氢气管道常采用氮气来吹扫置换。置换吹扫系统的基本工艺是，作为控制气体的高压氮气（储存在氮气瓶中）经过减压器使得其降低到 0.8MPa 的压力，便可供给气动阀、紧急切断阀的气动执行机构。同时，接至各吹扫口，在系统调试或维修过程中使用氮气便可对系统进行吹扫。

（6）放散系统

放散方式分为不可控放散（超压安全泄放）和可控放散（手动放散）。不可控放散是由设备运行等故障引起的，一般放散量很少且概率较低；可控放散为对设备和氢气管道进行泄压后，用氮气吹扫置换，使储罐内的氢气彻底排出，以确保安全。一般加氢站卸气柱和加氢设备的放散统一汇至集中放散总管。

（7）技防系统

技防系统包括过程控制系统（用于实现对整个装置的集中监视和控制）、紧急停车系统（用于事故状态下对加氢站的主要阀门进行切断）、视频监控系统（用于重要部位图像监控和站内入侵检测）、泄漏报警系统（用于氢气泄漏报警及联锁、火焰检测探头、可燃气体泄漏报警探测器和含氧量检测探头）、数据管理系统（站内数据接入管理计算机进行统一管理）、防雷防静电系统、水喷淋降温系统、消防系统等。

267 加氢站的基本要求是什么？

- 加氢站可采用氢气长管拖车运输、液氢运输、管道运输或自备制氢系统等方式供氢。
- 加氢站可与汽车加油、加气和电动汽车充电站等设施联合建站。
- 加氢站及各类加氢合建站的火灾危险类别应为甲类。加氢站及各类加氢合建站内有爆炸危险房间或区域的爆炸危险等级应为 1 级区域或 2 级区域。1 级区域是指在正常情况下，爆炸性气体混合物有可能出现的场所；2 级区域是指在正常情况下，爆炸性气体混合物不能出现，仅在不正常情况下偶尔短时间出现的场所。
- 加氢站及各类合建站内的建筑物耐火等级不应低于二级。
- 加氢站、加氢加气合建站、加氢加油合建站的等级划分应符合相关要求。
- 加氢站与充电站合建时，其等级划分应符合相关的规定，充电工艺设施的设计应遵循《电动汽车充电站设计规范》（GB 50966—2014）和《电动汽车充电站通用要求》（GB/T 29781—2013）的有关规定。

268 加氢机由哪几部分组成？

加氢机是指给燃料电池电动汽车提供氢气燃料充装服务，并带有计量和计价等功能的专用设备。

加氢机系统主要由高压氢气管路及安全附件、质量流量计、加氢枪、控制系统和显示器等组成。加氢机系统工作的典型流程框图如图6-17所示，图中虚上方为加氢机的主要组成部分，虚线下方是加氢机与外部的主要接口。氢气从气源接口进入加氢机进气管路，依次经过气体过滤器、进气阀、质量流量计、加氢软管、拉断阀、加氢枪后通过燃料电池电动汽车加氢口充入车载储氢罐。加氢机的控制系统自动控制加氢过程，并与加氢站站控系统、汽车加氢通信接口等实时通信。

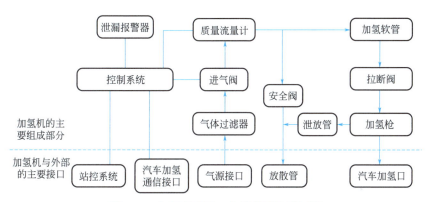

图6-17 加氢机系统工作的典型流程框图

269 加氢口是怎样的？

加氢口是指燃料电池电动汽车上与加氢枪相连接的部件总成。加氢口外保护盖内侧应有明显的工作压力、氢气标志等，如"35MPa、氢气""70MPa、氢气""35MPa、H_2""70MPa、H_2"。

270 加氢枪有哪些类型？

加氢枪是指安装在加氢机加氢软管末端，用于连接加氢机与燃料电池电动汽车的加注接口。

(1) A 型加氢枪

A 型加氢枪适用于加氢机关闭之后加注软管处于高压状态的装置。只有当加氢枪与加氢口正确连接时，才能进行加氢。A 型加氢枪配备一个或多个集成阀门，通过关闭该阀门能够首先停止加氢，然后在卸枪之前安全地放空枪头中的气体。其操作机制应确保在排空动作之前排空管路已打开，并且在卸下加氢枪之前加氢枪截止阀和加氢口针阀之间的气体已安全地排放出去。

(2) B 型加氢枪

B 型加氢枪适用于加氢机关闭之后加注软管处于高压状态的装置。B 型加氢枪进气口之前直接或间接地安装一个独立的三通阀门，并且通过该阀门实现在卸下加氢枪之前安全地排空枪头内残留气体。只有当加氢枪与加氢口正确连接时，才能进行加氢。在卸下加氢枪之前应先放气。外部的三通阀应有标记指示开、关及放气的位置。

(3) C 型加氢枪

C 型加氢枪适用于加氢机关闭之后加注软管被泄压（小于或等于 0.5MPa）的装置。只有当加氢枪与加氢口正确连接时，才能进行加氢。通过接收来自加氢枪的正确连接信号，加氢机可控制相关功能。

第7章 新能源汽车故障诊断技术

271 新能源汽车高压防护用品主要有哪些?

新能源汽车高压防护用品见表 7-1。

表 7-1 新能源汽车高压防护用品

用品名称	用途描述
绝缘手套	绝缘手套是用天然橡胶制成的,能起到对人的保护作用,具有防电、防油、耐酸碱等功能,主要在新能源汽车高压系统设备操作时使用,如动力蓄电池高压回路放电、验电、高压部件的拆装等。绝缘手套上一般标有最大使用电压值,该值越大,手套越厚。使用时应根据设备的最大电压值选择绝缘手套
绝缘鞋	绝缘鞋是在新能源汽车高压操作时使人与大地保持绝缘的防护用品,防止电流通过人体与大地之间构成通路,对人体造成电击伤害。绝缘鞋的内帮或鞋底上应有标准号、电绝缘字样(或英文缩写 EH)、闪电标记、耐电压数值等。绝缘鞋应放在干燥、通风处,不能随意乱放,并且避免接触高温、尖锐物品和酸碱油类物质
绝缘帽	新能源汽车在举升状态时,对其维护与检修的操作人员要佩戴绝缘帽。佩戴前要检查绝缘帽有无裂纹,有无变形,下颚带是否完好、牢固;佩戴时必须按照头围的大小调整并系好下颚带
绝缘服	绝缘服是操作人员带电作业时需要穿的,可以对身体进行防护。绝缘服具备阻燃、绝缘性能,可防高压电
绝缘垫	又称绝缘毯、绝缘橡胶板等,是具有较大电阻率和电击穿强度的胶垫。在维护和检修新能源汽车时,将绝缘垫铺设于地面,可以起到绝缘的作用
防护眼镜	在维修与检修新能源汽车时,要佩戴防护眼镜。防护眼镜主要用于防御电气拉弧产生的电火花对眼睛造成损伤。使用前需要对防护眼镜进行检查,看镜片是否有裂痕和损坏

272 新能源汽车高压系统维护与检修专用工具主要有哪些？

新能源汽车高压系统维护与检修专用工具见表7-2。

表7-2　新能源汽车高压系统维护与检修专用工具

用品名称	用途描述
万用表	万用表是可测量电压、电流、电阻的仪表，是新能源汽车最常用的检测仪器
钳形电流表	钳形电流表也称电流钳，由电流互感器和电流表组合而成。当捏紧钳头扳手时，电流互感器的钳头张开；当放开钳头扳手时，钳头闭合。钳形电流表可以在不断开电路的情况下测量线路电流，使用前先检查其是否能正常工作
绝缘工具	绝缘工具属于高压作业工具，能够保证带电作业的安全
高压放电仪	新能源汽车动力蓄电池和一些高压部件都带有电容，断开电源后电容仍然会存储部分电量，为了避免发生触电事故，需要用高压放电仪对新能源汽车的高压端口进行放电
车辆诊断测试仪	车辆诊断测试仪是新能源汽车检测维修不可缺少的重要设备之一，每种新能源汽车都有专用的车辆诊断测试仪。车辆诊断测试仪在使用时，将诊断线插到诊断接口上，另一端连接到笔记本电脑上。将车钥匙置于ON挡，开启车辆诊断测试仪，按照屏幕上的显示进行操作，以启动所需功能。测试时，要查询故障码，根据故障码，确定车辆的具体故障。必须注意：只能使用选定的车辆诊断测试仪相匹配的诊断线

273 新能源汽车高压系统检修有哪些安全防护要求？

● 诊断维修人员必须穿戴必要的安全防护用品，如绝缘鞋、绝缘手套、防护眼镜等，其耐压等级必须大于1000V。

● 使用前必须检查绝缘手套、绝缘鞋等防护用品是否有破损、破洞或裂纹等，应完好无损，确保安全。

● 使用前必须检查绝缘手套、绝缘鞋等防护用品，不能带水进行操作，保证内外表面洁净、干燥，确保安全。

● 维护和保养新能源汽车部分所需工具：万用表、钳流表（含直流及交流）、具有绝缘手柄的操作工具（含力矩扳手、快速扳手、螺丝刀等）等。检测用仪器需要先检查功能及附件均工作正常后方可使用，对于操作工具，应提前使用绝缘胶带包裹与标准件接触点以外的裸露金属部分，避免因仪器故障或操作工具裸露金属部分误触带电部件，导致高压事故。

● 维修新能源汽车高压系统时，必须设置专职监护人一名，监护人的工作职责为监督维修的全过程。
- 严禁未经培训的人员进行高压部分检修，禁止一切带有侥幸心理的危险操作，避免发生安全事故。
- 严禁不按章操作。

274 新能源汽车检修时要注意哪些事项？

- 电气电路的检修必须由持电工证的合格电工执行，并严格遵守电工安全操作规程进行。
- 高压操作区域应张贴警示标志和隔离带，以防非预期人员进入或操作。
- 高压操作区域应配备绝缘垫、消防设施和救援设施。
- 操作工具不得随意摆放，不可放在衣兜，更不能放在高压零部件上，使用后需放至指定位置。
- 操作前，检查安全设施或工具是否完好，确认完好后再操作。
- 操作前，应检查车辆情况，尤其是高压部件的情况，确认完好后再进行操作，车辆熄火，断开高压维修开关或高压输出连接器。
- 高压零部件识别：橙色线缆以及所连接部分和带高压标志的都是高压零部件。非专业人士不能对高压线路、高压元件进行切割或打开。
- 拔掉后的高压维修开关、连接器或接口需做绝缘处理。
- 禁止高压正负极同时操作。
- 在进行检修作业时应严格防止高压线束的绝缘层破损漏电。
- 高压操作时，保证至少两人在场：一人操作，一人保持一定距离观察，起到安全提醒作用。
- 在清洗车辆时，请避开高、低压元件，严禁用水直接冲洗高、低压元件。
- 制定高压作业指导书，操作人员需根据作业指导书进行操作。
- 各螺栓连接处的扭矩要严格按照螺栓扭矩要求来执行。

275 新能源汽车高压线缆维修保养有哪些要求？

- 高压线缆无断裂、老化龟裂、变色、烧蚀、外皮破损、导体外露现象，绝缘性能良好。
- 高压线缆固定牢靠，固定点无松动、脱落，驱动电机、转向电机、电动空压机的高压线缆预留出 30～50mm 的振动余量，与棱边有防护，与周边无磨损。
- 高压线缆与 B 级电压部件电连接部位，端子无缺陷，固定螺栓无松动，无端子氧化、烧蚀现象，高压线缆维修拆装后保证端子导电面清洁，无灰尘及油污，避免接触电阻变大，异常发热。

● 检测高压线缆与地之间绝缘电阻高于 20MΩ；检测屏蔽层接地情况，接地电阻小于 0.5Ω。

● 维修保养完成后整车上电，通过车载绝缘检测设备实施绝缘检测，如有绝缘故障应及时处理。

276 新能源汽车高压连接器维修保养有哪些要求？

● 高压连接器不应有损伤、变形等缺陷，插接处不应有锈蚀引起的拆卸困难，高压连接器安装牢靠，无松脱现象，密封圈不应从护套中脱出。

● 高压连接器端子与屏蔽层之间绝缘电阻值 ≥ 20MΩ。

● 高压连接器外壳无腐蚀、破损，连接器内部清洁，无异物和水，高压连接器导电部位无氧化、异常发热、烧蚀现象。

● 高压连接器经维修插拔后，保证插接到位，锁止结构安装到位，无虚接。

● 维修保养完成后整车上电，通过车载绝缘检测设备实施绝缘检测，如有绝缘故障应及时处理。

● 对于连接器故障，需直接更换高压线束总成，更换方法参见车辆自带的"维修手册"。

277 举例说明新能源汽车高压系统检测项目有哪些？

新能源汽车高压系统要根据实际车型确定具体检测项目、检测工具、检测方法和标准值。北汽 EV160 电动汽车高压系统检测项目参见表 7-3。

表 7-3　北汽 EV160 电动汽车高压系统检测项目

高压系统部件	检测项目	检测工具	检测方法	标准值
动力蓄电池	动力蓄电池正负极与车身（外壳）绝缘电阻的检测	兆欧表	● 拔掉高压动力箱动力蓄电池输入线 ● 将钥匙打到 ON 挡 ● 将兆欧表黑表笔接于车身，红表笔逐个测量动力蓄电池正负极端子	动力蓄电池正极绝缘电阻 ≥ 1.4MΩ；负极绝缘电阻为 1.0MΩ

续表

高压系统部件	检测项目	检测工具	检测方法	标准值
动力蓄电池	数据采集	笔记本电脑、CAN卡	电脑监控	
	充电测试	笔记本电脑、CAN卡、钳形电流表	电脑监控，充电桩监控，钳流表测量充电机输出线缆	
	温度监控	笔记本电脑、CAN卡、温度计	监控整车环境温度，电脑监控	
	压差监控	笔记本电脑、CAN卡、监控系统	充放电末端压差监控	
	CAN口检查	笔记本电脑、CAN卡	目测	
	放电测试	行车记录仪	车辆按工况行驶，进行监控	
	管理系统绝缘监控电路检查	绝缘表	将车辆电源关闭，打开高压盒输入插头，用绝缘表检测	总正：1.5MΩ 总负：大于1.0MΩ
车载充电机	车载充电机正负极绝缘电阻的检测	兆欧表	● 将低压蓄电池负极断开 ● 拔掉高压盒八芯插头 ● 将兆欧表黑表笔接于车身，红表笔逐个测量高压盒八芯插头的B（正极）H（负极）	车载充电机绝缘阻值在环境温度为（23±2）℃和相对湿度为45%～75%时，车载充电机正负极输出与车身（外壳）之间的绝缘电阻≥1000MΩ；在环境温度为（23±2）℃和相对湿度为90%～95%时，车载充电机正负极输出与车身（外壳）之间的绝缘电阻≥20MΩ
DC/DC变换器	DC/DC变换器正负极绝缘电阻的检测	兆欧表	● 将低压蓄电池负极断开 ● 拔掉高压盒八芯插头 ● 将兆欧表黑表笔接于车身，红表笔逐个测量A（正极）和G（负极）	DC/DC变换器绝缘阻值在环境温度为（23±2）℃和相对湿度为80%～90%时高压输入与车身（外壳）绝缘电阻≥1000MΩ；在工作温度-20～65℃和相对湿度为5%～80%时高压输入与车身（外壳）绝缘电阻≥20MΩ

续表

高压系统部件	检测项目	检测工具	检测方法	标准值
空气压缩机	空调压缩机正负极绝缘电阻的检测	兆欧表	• 将低压蓄电池负极断开 • 拔掉高压盒八芯插头 • 将兆欧表黑表笔接于车身，红表笔逐个测量 C（正极）和 F（负极）	向空调压缩机内充入 $50cm^3±1cm^3$ 的冷冻机油和 $63g±1g$ 的 HFC-134a 制冷剂后，空调压缩机正负极对车身（外壳）的绝缘电阻 $\geq 5MΩ$；清空空调压缩机内部的冷冻机油后，空调压缩机正负极对车身（外壳）的绝缘电阻 $\geq 50MΩ$
PTC加热器	PTC加热器正负极绝缘电阻的测量	兆欧表	• 将低压蓄电池负极断开 • 拔掉高压盒八芯插头 • 将兆欧表黑表笔接于车身，红表笔逐个测量 D（正极）和 E（负极）	PTC加热器正负极与车身（外壳）绝缘电阻 $\geq 500MΩ$
电机控制器、驱动电机	电机控制器、驱动电机正负极输入绝缘阻值的测量	兆欧表	• 将低压蓄电池负极断开 • 拔掉高压盒电机控制器输入插头 • 将兆欧表黑表笔接于车身，红表笔逐个测量正负极端子	电机控制器正负极输入端子与车身（外壳）绝缘电阻值 $\geq 100MΩ$
熔断器盒	熔断器盒正负极绝缘阻值的测量	兆欧表	• 将低压蓄电池负极断开 • 拔掉高压盒八芯插头、动力蓄电池输入插头和驱动电机控制器输出插头 • 将兆欧表黑表笔接于车身，红表笔逐个测量熔断器盒端（动力蓄电池输入，驱动电机控制器输出）	熔断器盒端（动力蓄电池输入，驱动电机控制器输出）与车身（外壳）绝缘阻值为无穷大

278 动力蓄电池系统故障如何分级？

（1）一级故障

一级故障是最严重的故障。一级故障表明动力蓄电池在此状态下功能已经丧失，请求其他控制器立即（1s 内）停止充电或放电。如果其他控制器在指定时间内未做出响应，电池管理系统将在 2s 后主动停止充电或放电（即断开高压继电器）。

动力蓄电池上报一级故障一段时间后会造成整车出现安全事故，如起火、爆炸、触电等，动力蓄电池在正常工作下不会上报该故障，电池管理系统一旦上报该故障表明动力蓄电池处于严重滥用状态。

（2）二级故障

二级故障表明动力蓄电池在此状态下功能已经丧失，请求其他控制器停止充电或者放电；其他控制器应在一定的延时时间内响应动力蓄电池停止充电或放电请求。其他控制器响应动力蓄电池二级故障的延时时间建议少于 60s，否则会引发动力蓄电池上报一级故障。

动力蓄电池上报二级故障会造成整车进入跛行，暂时停止能量回收，停止充电，动力蓄电池正常工作下不会上报该故障，电池管理系统一旦上报该故障，表明动力蓄电池某些硬件出现故障或动力蓄电池处于非正常工作条件下。

（3）三级故障

三级故障表明动力蓄电池性能下降，电池管理系统降低最大允许充/放电电流。

动力蓄电池上报三级故障对整车无影响或不同程度地造成整车进入限功率行驶状态，动力蓄电池正常工作状态可能上报该故障，电池管理系统一旦上报该故障，表明动力蓄电池处于极限环境温度下或单体蓄电池一致性出现一定劣化等，应该查找原因进行排除。

动力蓄电池系统的故障一般在仪表上只显示动力蓄电池故障、动力蓄电池绝缘故障及动力蓄电池系统断开三种故障信息，只能很粗略判断故障位置，并不能精确定位。

279 单体蓄电池主要故障及处理办法有哪些？

单体蓄电池主要故障及处理办法见表 7-4。

表 7-4 单体蓄电池主要故障及处理办法

故障名称	现象	处理办法
单体蓄电池 SOC 偏低或偏高	动力蓄电池系统性能下降，影响电动汽车的续驶里程；但动力蓄电池系统能够正常使用，无须更换	对出现 SOC 偏低的单体蓄电池单独充电，对出现 SOC 偏高的单体蓄电池单独放电，从而保证所有单体蓄电池的一致性

续表

故障名称	现象	处理办法
单体蓄电池容量不足	单体蓄电池容量不足，会造成动力蓄电池充电不足，能量下降，从而造成电动汽车的续驶里程缩短	对出现容量不足的单体蓄电池进行更换
单体蓄电池内阻偏大	单体蓄电池内阻偏大，会造成动力蓄电池充电不足，性能下降，从而造成电动汽车的动力性不足，续驶里程缩短	对出现内阻偏大的单体蓄电池进行更换
单体蓄电池过充电或过放电	如果出现单体蓄电池过充电或过放电现象，则会造成动力蓄电池内部短路、蓄电池热失控，严重时会起火、爆炸	检查电池管理系统
单体蓄电池内部短路	如果出现单体蓄电池内部短路现象，会造成动力蓄电池热失控，严重时会起火、爆炸，影响行车安全	更换内部短路的单体蓄电池
单体蓄电池外部短路	如果出现单体蓄电池外部短路现象，会造成动力蓄电池热失控，严重时会起火、爆炸，影响行车安全	排除短路故障，更换造成外部短路的单体蓄电池
单体蓄电池极性装反	如果出现单体蓄电池极性装反现象，会造成动力蓄电池热失控，严重时会起火、爆炸，影响行车安全	更换极性装反的单体蓄电池

280 电池管理系统主要故障及处理办法有哪些？

电池管理系统主要故障及处理办法见表 7-5。

表 7-5 电池管理系统主要故障及处理办法

故障	现象	处理办法
CAN 通信故障	无法监控新能源汽车运行状态	检查 CAN 网络
总电压测量故障	无法监控动力蓄电池系统的总电压	检查动力蓄电池的总电压测量模块
单体蓄电池电压测量故障	无法监控单体蓄电池电压	检查单体蓄电池的电压测量模块
温度测量故障	无法监控动力蓄电池系统的温度	检查动力蓄电池的温度测量模块
电流测量故障	无法监控动力蓄电池系统的电流	检查动力蓄电池的电流测量模块
冷却系统故障	动力蓄电池系统的温度偏高	检查动力蓄电池的冷却系统

动力蓄电池系统的线路或连接件主要故障及处理办法有哪些？

动力蓄电池系统的线路或连接件主要会出现的故障及处理办法见表 7-6。

表 7-6　力蓄电池系统的线路或连接件主要会出现的故障及处理办法

故障	现象	处理办法
动力蓄电池之间虚接	动力不足，续驶里程缩短	紧固虚接的动力蓄电池
动力蓄电池之间断路	无法启动	检查动力蓄电池之间的连接，把断路的动力蓄电池重新连接
快速熔断器断开	无法启动	检查快速熔断器，使断开的快速熔断器重新接合
动力电插接器断开	无法启动	检查动力电插接器，使断开的动力电插接器重新接合
动力电插接器虚接	插接器易烧蚀，动力不足	检查动力电插接器，使虚接的动力电插接器重新接合
信号电插接器故障	无法监控新能源汽车的运行状态	检查信号电插接器，排除信号电插接器的故障
正极、负极接触器故障	无法启动	检查正极、负极的接触线
电源线短路	动力蓄电池热失控，严重时会起火、爆炸	检查电源线

 驱动电机系统的故障是如何分类的？

根据故障的危害程度，驱动电机系统的故障可分四级，见表 7-7。

表 7-7　驱动电机系统的故障分类

故障等级	故障类型	故障特性描述
1 级	致命故障	危害人身安全
		影响行车安全
		对周围环境造成严重危害
		造成车辆在故障发生地不能行驶
		主要零部件功能失效
		引起整车其他相关主要零部件严重损坏

续表

故障等级	故障类型	故障特性描述
2级	严重故障	造成车辆不能正常行驶，但可以从发生故障地点移动到路边，等待救援
		性能发生较明显的衰退
3级	一般故障	非主要零部件故障，可以从发生故障地点非正常开到停车场
		非主要零部件故障，能用易损备件和随车工具在短时间内排除
4级	轻微故障	不需要更换零部件，车辆仍能正常行驶
		不需要更换零部件，可用随车工具在短时间内排除

283 驱动电机系统的故障模式是什么？

驱动电机系统的故障模式见表7-8。

表7-8 驱动电机系统的故障模式

故障模式	故障类型
损坏型故障模式	断裂、碎裂、裂纹、开裂、点蚀、烧蚀、击穿、变形、压痕、烧损、磨损和短路
退化型故障模式	老化、剥离、异常磨损、腐蚀和退磁
松脱型故障模式	松动和脱落
失调型故障模式	间隙超差、干涉和性能失调
堵塞与渗漏型故障模式	堵塞、漏水和渗水
性能衰退或功能失效型故障模式	性能衰退、功能失效、公害限值超标、异响和过热

284 驱动电机系统的致命故障主要有哪些？

驱动电机系统的主要致命故障见表7-9。

表7-9 驱动电机系统的主要致命故障

零部件名称	故障模式	情况说明
电机定子绕组	烧损	电机绕组之间由于短路或电机运行温度过高造成烧损
	击穿	电机绕组绝缘击穿，造成对电机外壳短路或绕组匝间短路

续表

零部件名称	故障模式	情况说明
电机转速/位置传感器	功能失效	不能产生电机转速/位置信号，造成驱动电机系统不能工作
转子花键	断裂或碎裂	转子花键断裂或异常磨损，不能传递转矩
接线板	烧损	控制器和电机之间电气连接失效
	击穿	控制器输出线间短路或对外壳短路
电机轴承	碎裂	电机轴承碎裂，不能正常支撑转子
	烧损	电机轴承温度过高，造成内部润滑脂蒸发，出现烧损
控制器电容器	烧损	控制器电容器本体或连接失效
	击穿	控制器电容器正负极之间或对外壳短路
控制器功率器件	烧损	功率器件功能失效
	击穿	功率器件的阳极、阴极、门极之间或端子对外壳短路
电压电流传感器	烧损	传感器功能失效，造成控制器不能工作
	击穿	传感器正负极之间或对外壳短路，造成控制器不能工作
接触器	烧损	接触器线包或触头烧损，功能失效，造成控制器不能工作
	间隙超差	接触器无法可靠接触或断开，造成控制器不能工作
电路板	烧损	电路板部分元器件烧损，造成电路板部分或全部功能失效，控制器不能工作
	击穿	电路板部分元器件击穿或带电部分对安装支座、外壳击穿，造成电路板部分或全部功能失效，控制器不能工作
充电电阻	烧损	控制器不能工作
熔断器	烧损	控制器不能工作
电缆线和连接件	烧损	电缆和连接件因磨损或其他原因造成短路、接地等故障，造成控制器不能工作
温度传感器	烧损	传感器功能失效，造成控制器不能工作
	击穿	信号线间短路或对壳体短路，造成控制器不能工作
电机安装支座	脱落	电机发生明显位移，造成车辆无法安全行驶

续表

零部件名称	故障模式	情况说明
电机永磁体	性能衰退	驱动电机系统 400h 可靠性试验后，电机失磁过高，造成峰值转矩或峰值功率性能低于技术条件规定指标的 5%
通信	功能失效	控制器不能工作
软件	功能失效	控制器不能工作

285 驱动电机系统的严重故障主要有哪些？

驱动电机系统的严重故障见表 7-10。

表 7-10 驱动电机系统的严重故障

零部件名称	故障模式	情况说明
电机永磁体	性能衰退	电机性能低于技术条件规定指标，造成整车动力性能下降
电机转速/位置传感器	功能失效	不能产生电机转速/位置信号，但驱动电机系统能在故障模式下工作
冷却风机	烧损	因冷却风机不能运转，控制器或电机无法连续正常工作
冷却风机	干涉	风机风罩与叶片干涉，造成风机不能正常运转，控制器或电机无法连续正常工作
冷却液体泵	烧损	因冷却液体泵不能运转，控制器或电机无法连续正常工作
冷却管路	堵塞	因冷却液无法循环，造成控制器或电机无法连续正常工作
冷却管路	漏液	冷却系统缺液，造成控制器或电机无法连续正常工作
电机轴承	异常磨损	电机轴承出现非正常磨损，需对轴承进行清洗和润滑处理后，电机仍可正常使用
风机或水泵接触器	烧损	风机或水泵无法启动，控制器或电机无法连续正常工作
风机或水泵接触器	间隙超差	接触器无法可靠接触或断开，造成风机和水泵无法正常启动，控制器或电机无法连续正常工作
温度传感器	烧损	传感器功能部分失效，控制器无法连续正常工作
温度传感器	击穿	信号线间短路或对壳体短路，控制器无法连续正常工作
电缆线和连接件	磨损	电缆和连接件因磨损造成短路、接地等故障，导致控制器无法连续正常工作

续表

零部件名称	故障模式	情况说明
电机安装支座	脱落	电机发生明显晃动或振动,造成车辆无法连续行驶
电机	异响	车辆回修理厂检查电机轴承,对其进行清洗和润滑或更换处理
软件	性能失调	造成控制器无法连续正常工作

286 驱动电机系统的一般故障主要有哪些?

驱动电机系统的一般故障见表7-11。

表7-11 驱动电机系统的一般故障

零部件名称	故障模式	情况说明
冷却风机	烧损	乘客下车,驾驶车辆缓慢回到修理厂
风机或水泵接触器	烧损	风机或水泵无法启动,驾驶车辆缓慢回到修理厂
风机或水泵接触器	间隙超差	风机或水泵无法启动,驾驶车辆缓慢回到修理厂
电机定子绕组	温度过高	驾驶车辆缓慢回到修理厂
电机连接螺栓	松动	个别松动,需进修理厂紧固
控制器连接螺栓	松动	个别松动,需进修理厂紧固
电机冷却管路接头	漏液或渗液	紧固接头处,需进修理厂紧固
控制器冷却管路接头	漏液或渗液	紧固接头处,需进修理厂紧固
散热器	漏液或渗液	需进修理厂修理或更换
控制器插头	松动	插头重新插接
电缆线和连接线	磨损	磨损处用绝缘胶带和波纹管包好
电机安装支座	脱落	个别脱落,不影响行车安全,需进修理厂
线束	松动	需进修理厂检查修理
温度传感器	烧损	传感器功能部分失效,控制器可在限制条件下工作,需更换传感器

287 驱动电机系统轻微故障主要有哪些？

驱动电机系统轻微故障见表 7-12。

表 7-12　驱动电机系统轻微故障

零部件名称	故障模式	情况说明
安装螺栓	松动	个别松动，紧固螺栓
导线固定件	松动	个别松动，紧固固定件
外壳	腐蚀	外壳锈蚀
	剥离	外壳油漆剥离
	脱落	非关键焊点脱落
可恢复性故障保护	性能失调	出现故障保护且自动在很短时间内恢复，或关闭电源后重新启动能够自动恢复

288 驱动电机系统常见故障及处理方法有哪些？

驱动电机常见故障及处理方法见表 7-13。

表 7-13　驱动电机常见故障及处理方法

故障现象	故障原因	处理方法
电机在空转时不能启动	电源未接通	检查开关、接触器触点及电机引出线头，查出后修复
	逆变器控制原因	检查逆变器
	定子绕组故障	检查定子绕组，找出故障并修复
	电源电压太低	检查电源电压和每个连接处
电机通电后不启动，嗡嗡响	定子、转子绕组断路	查明断路点进行修复
	绕组引出线首末端接错或绕组内部接反	定子绕组中通入直流电，检查绕组极性，判断绕组首末端是否正确
	电机负载过大或被卡住	检查设备，排除故障
	电源未能全部接通	紧固接线柱松动的螺钉，用万用表检查电源线某相断线或假接故障

续表

故障现象	故障原因	处理方法
定子过热	输电线或定子绕组一相断线，造成走单相	检查开关、接触器触点及电机引出线头，查出后修复；检查定子绕组，找出故障并修复
	过载	减少负载或增加电机容量
	绕组匝数不对	检查绕组电阻
	通风不良	检查风机是否正常
绝缘电阻低	绕组受潮或被水淋湿	进行加热烘干处理
	绕组绝缘粘满粉尘、油垢	清洗绕组油垢，并进行干燥、表面处理
	引出线绝缘老化破裂	重包引出线绝缘
	绕组绝缘老化	不能安全运行时，需要更换
电机振动	轴承磨损，间隙不合格	检查轴承间隙，应符合设计要求
	气隙不均匀	调整气隙
	转子不平衡	重新校对平衡
	笼型转子导条断裂	更换转子
	定子绕组故障	查出绕组故障点并进行处理
	转轴弯曲	校直转轴
	铁芯变形或松动	校正铁芯，或重新叠装铁芯
电机空载运行时空载电流不平衡，且相差较大	绕组首端接错	查明首末端，改正后再启动电机
	电源电压不平衡	测量电源电压，找出原因并消除
	绕组有故障	拆开电机检查绕组极性和故障
电机运行时有杂音，不正常	轴承磨损，有故障	检查并更换轴承
	定子、转子铁芯松动	检查松动原因，重新压装铁芯
	电压不平衡	测量电源电压，检查电压不平衡原因
	绕组有故障	检查绕组故障并处理
	轴承缺少润滑脂	清洗轴承，添加规定量的润滑脂
	气隙不均匀，定子、转子相擦	调整气隙，提高装配精度

续表

故障现象	故障原因	处理方法
轴承发热超过规定	润滑脂过多或过少	拆开轴承盖，检查油量，按规定增减润滑脂量
	脂质不好，含有杂质	检查油脂内有无杂质，更换好润滑脂
	轴承与轴配合过松或过紧	采取措施，使轴承与轴配合符合要求
	轴承与端盖配合过松或过紧	采取措施，使轴承与端盖配合符合要求
	油封间隙配合太紧	更换或修理油封
	轴承内盖偏心，与轴相擦	修理轴承内盖，使其与轴的间隙合适
	电机两侧端盖或轴承盖未装平	按正确工艺将端盖或轴承盖装入止口内，然后均匀紧固螺钉
	轴承有故障、磨损、杂物等	更换损坏的轴承，对含有杂质的轴承要彻底清洗，换油
	轴承间隙过大或过小	更换新轴承

289 电机控制器常见故障及处理方法有哪些？

电机控制器的故障主要包括 IGBT 故障、输入电源线和接地线故障、整流二极管短路、直流母线接地错误、直流侧电容短路、晶闸管短路、温度超限报警、相电流过流、过电压以及欠电压等高压电气系统故障等。某电机控制器常见故障及处理方法见表 7-14。不同车型的故障码和故障说明是不同的，应以企业提供的维修手册为准。

表 7-14　某电机控制器常见故障及处理方法

故障码	故障说明	处理方法
1	W 相 IGBT 饱和保护	重新启动系统，如不能消除或经常发生，需要专业维修
2	U 相 IGBT 饱和保护	重新启动系统，如不能消除或经常发生，需要专业维修
3	V 相 IGBT 饱和保护	重新启动系统，如不能消除或经常发生，需要专业维修
100	高压欠压	表示系统高压未接通，如高压已接通，而长时间没有消除，需专业维修

续表

故障码	故障说明	处理方法
171	系统上电自检异常	需专业维修
190	高压过低	重新启动系统,如不能消除或经常发生,需要专业维修
191	旋变检查异常	检查旋变信号线,重新启动系统,如不能消除或经常发生,需要专业维修
192	瞬间超速保护	检查旋变信号线,重新启动系统,如不能消除或经常发生,需要专业维修
194	过流保护	重新启动系统,如不能消除或经常发生,需要专业维修
196	24V 瞬间断路	检查供电系统是否断路或接触不良
199	15V 驱动电源工作异常	重新启动系统,如不能消除或经常发生,需要专业维修
203	15V 驱动电源启动异常	重新启动系统,如不能消除或经常发生,需要专业维修

290 整车控制系统的故障是如何分级的?

整车控制系统根据整车控制器、动力蓄电池、驱动电机、DC/DC 变换器、整车 CAN 网络等的状态,判断故障对整车的影响,以此判断故障的等级,从而采取对应的系统响应。整车控制系统故障按照对整车影响程度的不同,分为一级故障、二级故障、三级故障和四级故障,见表 7-15。

表 7-15 整车控制系统的故障等级

故障等级	故障影响	系统响应	故障示例
一级故障	致命故障,会对车辆和人员安全造成非常严重的影响	紧急断开高压电路	电机控制器直流母线过电压、动力蓄电池系统一级故障等
二级故障	严重故障,车辆无法运行	对应驱动电机系统的二级故障,将驱动电机的转矩降为零;对应动力蓄电池系统二级故障,限制动力蓄电池的放电电流小于 20A	电机控制器过电流故障、电机节点丢失故障、IGBT 故障、旋变故障、挡位信号故障等

续表

故障等级	故障影响	系统响应	故障示例
三级故障	一般故障，车辆可在低性能状态下运行	进入跛行模式，车辆以低性能运行	加速踏板信号故障
		降低驱动电机的功率	电机控制器开启驱动电机超速保护
		限功率，动力蓄电池以小于7kW的输出功率运行	SOC<1%，单体蓄电池欠电压、内部通信、硬件等三级故障
		限速，车辆以小于15km/h的速度行驶	低压系统欠电压故障、制动系统故障
四级故障	轻微故障，不影响车辆运行	四级故障属于维修提示，整车控制器不对整车限制，仅在仪表盘显示；四级能量回收故障下仅停止能量回收，不影响车辆行驶	驱动电机温度传感器异常、直流欠电压、DC/DC变换器异常等故障

291 整车控制器的常见故障有哪些？

（1）整车控制器本身故障

当整车控制器出现烧损、连接故障或电源供电故障时，整车控制系统无法工作。此时车辆无法启动，用故障诊断仪连接车载自诊断系统（On Board Diagnostics，OBD）诊断接口时，故障诊断仪无法与车辆通信。对于此类故障，应先检查OBD诊断接口是否正常；然后检查整车控制器的电源电路，查看其供电是否正常；最后检查CAN总线通信是否正常。如果以上检查均正常，则说明整车控制器本身故障，应更换整车控制器。

（2）整车控制器与挡位传感器的连接故障

整车控制器与挡位传感器的连接以获取挡位（前进挡、空挡、倒挡）信息，并据此调节变速器的挡位。当两者出现连接故障时，新能源汽车的挡位控制功能失效，将导致车辆无法启动或行驶中的车辆无法正常换挡。对于此类故障，应检查挡位传感器的输出信号及挡位传感器与整车控制器之间的信号传输电路是否正常；然后检查挡位传感器的电源电路是否正常。

（3）整车控制器与加速踏板位置传感器的连接故障

整车控制器通过加速踏板位置传感器获取加减速信息，并通过电机控制器调节驱动电机的转矩和转速，从而实现车速控制。如果整车控制器与加速踏板位置传感器出现连接故障，将导致驾驶员无法通过加速踏板控制车速，车辆进入跛行模式。对于此类故障，应先检查加速踏板位置传感器的输出信号及信号传输电路是否正常；然后检查加速踏板位置传感器的电源电路是否正常。

(4) 整车控制器与车载充电机的连接故障

当整车控制器与车载充电机的连接出现故障时，车辆无法获取连接确认信号和充电唤醒信号，充电指示灯不亮，车辆无法充电。对于此类故障，应先检查 CC 电路和 PE 电路是否正常；然后检查车载充电机的信号输出、信号传输电路和通信线路是否正常。

(5) 整车控制器与 DC/DC 变换器的连接故障

当整车控制器与 DC/DC 变换器的连接出现故障时，动力蓄电池无法为低压蓄电池充电，低压蓄电池故障指示灯点亮。对于此类故障，应检查 DC/DC 变换器及其与整车控制器的连接电路是否正常。

(6) 整车控制器与电机控制器的连接故障

整车控制器向电机控制器发送转矩需求信号，电机控制器向整车控制器反馈驱动电机的转速、温度和电机控制器的温度等信息，两者之间通过 CAN 总线进行通信。当出现整车控制器与电机控制器的连接故障时，车辆无法行驶，仪表盘无驱动电机的转速、温度等数据显示。对于此类故障，应检查电机控制器及其与整车控制器的通信线路是否正常。

(7) 整车控制器与电池管理系统的连接故障

整车控制器向电池管理系统发送电能需求信号，电池管理系统向整车控制器反馈蓄电池电量、温度、电压、电流等信息，两者之间通过 CAN 总线进行通信。当出现整车控制器与电池管理系统的连接故障时，车辆无法启动。对于此类故障，应检查电池管理系统及其与整车控制器的通信线路是否正常。部分车型的总负继电器是由整车控制器控制的，还需检查总负继电器及其连接线路是否正常。

(8) 整车控制器与高压配电箱的连接故障

高压配电箱内部一般设置快充继电器、PTC 加热器的控制器以及相关电路的熔断器等，当这些部件发生故障或高压配电箱与整车控制器出现连接故障时，车辆对应的功能将丧失。对应此类故障，应先检查相应的继电器、熔断器是否正常，然后检查高压配电箱与整车控制器的连接电路是否正常。

(9) 整车控制器与空调压缩机控制器的连接故障

整车控制器接收来自空调系统的压力开关信号、风速控制挡位信号、蒸发器温度信号、冷/暖模式选择信号等，通过压缩机控制器控制压缩机的运行。当整车控制器与压缩机控制器的连接出现故障时，压缩机无法启动，空调不工作。对于此类故障，应先检查压缩机控制器、压缩机及其连接电路是否正常；然后检查压缩机控制器与整车控制器之间的 CAN 总线连接是否正常。

（10）整车供电故障

当新能源汽车发生整车供电故障时，车辆将无法启动。对于此类故障，应先判断整车控制器是否正常工作，即检查整车控制器的电源、搭铁和唤醒电路是否正常，检查 CAN 总线网络是否正常。如果整车控制器正常工作，即可用故障诊断仪读取其存储的故障码，并据此进行相应的检查；如果整车控制器不工作，应检查整车控制器电源电路是否正常，如果正常则更换整车控制器后重新检查。

292 电动汽车充电系统的故障如何分类？

电动汽车充电系统的故障分类见表 7-16。

表 7-16　电动汽车充电系统的故障分类

故障分类	故障描述	故障名称
严重故障	直接影响人身安全级别的故障	绝缘故障
		漏电故障
		泄放回路故障
		防雷故障
蓄电池故障	可能引发蓄电池热失控风险的故障	达到单体蓄电池最高电压未停止充电
		达到蓄电池总电压未停止充电
		达到蓄电池最高允许温度未停止充电
一般故障	不涉及人身安全但需要及时维护的故障	连接器故障
		电子锁故障
		急停故障
		输入过/欠压
		输入缺相
		交流接触器故障
		直流接触器故障
		充电模块故障
		充电电流不匹配

续表

故障分类	故障描述	故障名称
一般故障	不涉及人身安全但需要及时维护的故障	输出短路
		输出过压/过流
		蓄电池反接
		充电系统过温
		充电枪过温
告警提示	设备处于告警提示状态	通信超时

当发生严重故障时，设备或者充电模块须立即停机，等待专业维护人员维修；当蓄电池出现热失控故障时，应立即停止充电，主动报警，并在充电系统后台中记录；当发生一般故障时，充电设备停止本次充电，并做好故障记录；当充电设备处于报警提示状态时，充电设备中止充电，待故障现象排除后自动恢复充电。

293 电动汽车充电系统的常见故障及处理方法有哪些？

● DC/DC 变换器未正常工作，处理方法是检查连接器是否正常连接；检查高压熔丝是否熔断；检查使能信号（触发信号）是否给出等。

● 充电桩显示车辆未连接，处理方法是检查车辆与充电桩两端枪是否反接。

● 动力蓄电池继电器未闭合，处理方法是检查连接器是否正常连接；检查充电机输出唤醒电路是否正常。

● 动力蓄电池继电器正常闭合，但充电机无输出电流，处理方法是检查车端充电枪是否连接到位；检查高压熔丝是否熔断；检查高压连接器及线缆是否正确连接。

294 如何对电动汽车慢充系统的故障进行检查？

对于电动汽车慢充系统，如果出现动力蓄电池总正、总负继电器无法闭合，则采用以下步骤进行检查。

● 检查低压蓄电池的电压，正常值应大于 11.5V；否则，应为低压蓄电池充电或更换低压蓄电池。

● 将点火开关置于 ON 挡，观察仪表显示情况，如果仪表显示正常，则检查接地（Protective Earth，PE）电路是否正常；如果有故障信息提示，则连接故障诊断仪读取故障码，然后根据故障码信息进行维修。

● 检查充电唤醒电路、电池管理系统唤醒电路、连接确认电路、控制（Control Pilot，CP）电路连接是否正常；若电路连接异常，则重新连接或更换故障线束及插接件；若电路连接正常，则进入下一步。

● 检查动力蓄电池的总正、总负继电器及其控制电路和电源电路是否正常；若继电器自身故障，则更换继电器；若电路连接异常，则重新连接或更换线束及插接件；若均正常，则进入下一步。

● 检查车载充电机的电源、唤醒电路；若电路连接异常，则重新连接或更换线束及插接件；若电路连接正常，则表明车载充电机存在故障，应维修或更换车载充电机。

对于电动汽车慢充系统，如果动力蓄电池总正、总负继电器可以正常闭合，说明慢充系统的唤醒电路、控制电路正常；此时若车辆无法充电，主要是由慢充接口、车载充电机、高压配电箱、动力蓄电池之间的高压电路等故障所致。对于此类故障，应先检查高压电路是否正常，高压配电箱内部熔断器是否正常；然后检查车载充电机、动力蓄电池内部是否正常。

295 如何对电动汽车快充系统的故障进行检查？

对于电动汽车快充系统，如果出现动力蓄电池总正、总负继电器无法闭合的故障，其主要原因有唤醒电路、PE电路、CP电路的连接故障，搭铁电路断开，快充接口、快充线束及插接件故障，整车控制器、动力蓄电池的低压控制电路故障等。对于此类故障，应检查各电路的连接是否正常，如连接异常，则重新连接或更换线束及插接件；检查高压配电箱、整车控制器、动力蓄电池及继电器是否正常，如异常，则维修或更换故障部件。

对于电动汽车快充系统，如果出现动力蓄电池总正、总负继电器正常闭合但无法充电的故障，其主要原因可能是高压配电箱快充继电器故障、高压熔断器熔断、快充线束及插接件故障、动力蓄电池系统故障等。对于此类故障，应检查高压电路是否正常，高压配电箱内部熔断器是否正常，动力蓄电池系统内部是否正常。

296 混合动力电动汽车基本故障诊断策略是怎样的？

● 理解并确认客户报修问题。基本故障诊断策略的第一步是尽可能多地了解客户对车辆故障和使用情况的描述。例如，何时出现的故障？故障的现象是什么？故障对车辆的正常行驶有什么影响？为了确认客户保修问题，必须首先熟悉车辆系统的正常工作情况。

- 确认车辆行驶状况。如果车辆正常行驶时存在该情况，则客户描述的故障情况可能属于正常现象。在与客户描述情况相同的条件下，与操作正常的类似车辆进行比较，如果其他车辆存在类似情况，那么这可能是车辆的设计原因，不属于故障。
- 对车辆进行预检。车辆预检包括对车辆进行外观全面检查；检测是否有异常的响声或异味；采集故障码信息，以便进行有效的诊断和维修。
- 执行系统化的车辆诊断与检查。通过预检获取的信息，针对故障区域进行系统化的诊断和确认，确认系统工作是否正常，并确定执行何种诊断类别。
- 查询或检索相关的案例信息。查阅已有案例信息，确定是否之前已有这样的故障维修案例，这样可以最大限度缩短后期诊断与维修的时间。
- 诊断故障类别。如果有故障码，根据故障码查出准确的故障信息，进行精准的维修；如果没有故障码，则选择合适的故障诊断程序，按照故障诊断思路和步骤进行诊断和维修。
- 维修确认。找到故障根本原因，再维修并检验修复情况；确认故障诊断码或故障已消除。
- 重新检查客户报修问题。如果未能找到问题所在，必要时重新检查，重新确认客户报修问题。

297 混合动力电动汽车常见故障灯的原因及诊断方法是怎样的？

当混合动力电动汽车出现故障时，通常在仪表上会显示出相应的故障灯提醒驾驶员，并根据车辆的实际运行情况以及结合故障类型，启动相应的故障模式。当混合动力电动汽车出现故障灯点亮时，可以遵循一看、二查、三清原则执行相应的检查，一看是指看仪表上显示的故障灯，定位故障原因；二查是指查故障码和系统状态，找到故障原因；三清是指清除故障，问题解决后，通过故障诊断仪重新清除故障码，从而消除仪表上的故障灯。

- 钥匙打到ON挡后，仪表所有灯不亮，或闪烁，或比较暗。

仪表灯不亮的原因可能是12V蓄电池的端子被拔掉或者蓄电池严重亏电；仪表灯闪烁或比较暗的原因可能是蓄电池亏电。

诊断方法：检查发动机舱 12V 蓄电池的端子是否被拔掉，若被拔掉，连接后再试；若蓄电池连接仪表灯不亮，说明 12V 蓄电池严重亏电，需更换蓄电池或者给蓄电池充电；仪表灯闪烁或比较暗，说明 12V 蓄电池亏电，需给蓄电池充电或更换蓄电池。

● 12V 蓄电池故障灯常亮。

12V 蓄电池故障灯常亮说明 12V 蓄电池亏电，产生蓄电池亏电的原因主要有：存放时间过长或者过量使用蓄电池导致 12V 蓄电池电压较低；DC/DC 变换器故障，不能给 12V 蓄电池充电；DC/DC 变换器的熔断丝熔断；连接 DC/DC 变换器至 12V 蓄电池端的线束问题。

诊断方法：首先尝试通过钥匙重复上电、断电操作能否使故障灯熄灭，如果不能熄灭，则更换蓄电池或者给蓄电池充电；如果是 DC/DC 变换器原因不能给 12V 蓄电池充电，则需要对故障进一步排查。

● 动力蓄电池故障灯常亮，整车不能启动。

动力蓄电池故障灯常亮说明动力蓄电池系统出现故障或者单体蓄电池出现故障。

诊断方法：首先尝试通过钥匙重复上电、断电操作能否熄灭故障灯，如果不能熄灭，则诊断维修人员通过故障诊断仪读取故障码，根据具体故障码参照整车维修手册进行维修。请专业人员检测高压系统部件，禁止私自操作，必须注意高压安全事项，按照维修手册中的要求进行诊断维修。

● 系统故障灯常亮或者闪烁，整车不能启动。

产生系统故障可能有以下原因：整车控制器严重故障；整车 CAN 通信存在短路/断路故障；制动真空压力传感器异常；高压系统（动力蓄电池/电机/空调压缩机/整车控制器）互锁故障；冷却风扇驱动故障；逆变器驱动/继电器驱动故障；加速踏板故障；空调压缩机或 PTC 加热器驱动故障；电机转矩监控故障；低压主继电器驱动故障等。

诊断方法：首先尝试通过钥匙重复上电、断电操作能否清除故障灯，如果不能清除故障灯，则诊断维修人员通过故障诊断仪读取故障码，根据具体故障参照整车维修手册进行维修。

● 系统故障灯和动力蓄电池故障灯不亮，动力蓄电池断开指示灯亮。

此时，高压回路不能建立，整车不能行驶，产生这种故障可能有以下原因：高压继电器盒内熔丝烧断；高压继电器（正极/负极/预充电）控制线束有问题；继电器本身损坏；预充电阻失效等。

诊断方法：此问题涉及高压系统检查和维修，非专业人员禁止操作；专业人员在检查时，严格遵守安全操作要求，利用专用仪器进行检查。

- 电驱动系统故障灯常亮。

电机系统故障或电机控制器故障使动力蓄电池断开，导致电驱动系统失效。

诊断方法：首先尝试通过钥匙重复上电、断电操作能否熄灭故障灯，如果不能熄灭，则诊断维修人员通过故障诊断仪读取故障码，根据具体故障参照整车维修手册进行维修。

298 混合动力电动汽车故障诊断前应注意哪些事项？

混合动力电动汽车故障诊断前必须查询混合动力电动汽车维修手册，并依规依序进行操作。

- 查清混合动力电动汽车高压系统包含的所有部件，包括动力蓄电池系统、驱动电机系统、电源变换器、空调压缩机、电子控制系统及高压线束等。为了保证安全，所有高压线束均采取密封或隔离措施，高压线束采用橙色加以区分，维修手册上清楚标注出所有橙色线束为高压线束。

- 维修时注意 READY 指示灯，READY 指示灯点亮，发动机可能在运转中，以此判断车辆此时是处于工作状态还是停机状态（注意，READY 指示灯熄灭后电源仍会持续 5min 供电）。在对车辆进行故障诊断之前，要确保 READY 指示灯是熄灭的，应关闭点火开关，并把车钥匙取下来。

- 维修人员在故障诊断时按规定着装，禁止佩戴首饰、手表、戒指等。维护检修时需要准备吸水毛巾或布、干粉灭火器、绝缘胶布、万用表，必须选用适用于电工作业的绝缘耐酸碱橡胶手套、绝缘鞋、护目镜等，防止电解液溢出等造成的意外伤害。

299 混合动力电动汽车故障诊断前如何禁用高压系统？

对混合动力电动汽车进行故障诊断前，必须首先禁用高压系统，具体方法如下。

- 挡位开关置于驻车（P）挡位置，驻车制动，拔下钥匙。
- 断开辅助蓄电池负极端子。
- 戴上绝缘手套，拆下动力蓄电池维修开关，将维修开关用绝缘胶布贴封起来，隔离外露区域与高压系统的接线端或连接器。
- 断开维修开关后，在开始检查前等待 5min，使用万用表检测需要维修的高压系统输入与输出线路的每一个相位电压，读数必须小于规定值，一般小于 3V。

更多详细的操作步骤和注意事项，需要参考该车维修手册高压系统对应的内容。

300 混合动力电动汽车故障诊断的基本步骤是什么？

- 初步判断故障前车辆行驶状况、故障时车辆状况及对相关信息进行分析。混合动力电动汽车在故障状态下均会进入失效保护模式，虽然不同企业设置的失效保护模式不一定相同，但主要的动力驱动系统模式却很相似。
- 采用车辆故障诊断仪诊断汽车故障时，检查并记录系统中所有的故障码，确认高压系统存在的故障码，并将故障码优先排序。目前在大多数故障诊断仪的故障码读取系统界面中，会在故障码后显示故障码出现的优先顺序，提示诊断维修人员排查故障的正确顺序。
- 检查并记录每一个系统，并检查历史记录数据。历史记录数据可以被用作故障再现试验，因为它知道在故障被检测到时车辆行驶和操作的状态。
- 在分析故障码时，需要区分与故障不关联的故障码。
- 主动测试功能应用。主动测试主要用于对混合动力电动汽车进行故障检查，并使车辆保持特定的运行状态。

诊断维修人员按照故障码优先顺序检查故障，在故障排除后清除故障码，并检查故障是否能够重现，以确定故障可靠排除。

参考文献

[1] 孙逢春，林程，等. 电动汽车工程手册：第一卷　纯电动汽车整车设计 [M]. 北京：机械工业出版社，2019.

[2] 孙逢春，何洪文，等. 电动汽车工程手册：第二卷　混合动力电动汽车整车设计 [M]. 北京：机械工业出版社，2019.

[3] 孙逢春，肖成伟，等. 电动汽车工程手册：第四卷　动力蓄电池 [M]. 北京：机械工业出版社，2019.

[4] 孙逢春，贡俊，等. 电动汽车工程手册：第五卷　驱动电机与电力电子 [M]. 北京：机械工业出版社，2019.

[5] 崔胜民. 新能源汽车概论 [M]. 3版. 北京：北京大学出版社，2020.

[6] 崔胜民. 新能源汽车技术 [M]. 3版. 北京：北京大学出版社，2020.

[7] 崔胜民. 一本书读懂新能源汽车 [M]. 北京：人民邮电出版社，2019.

[8] 崔胜民. 纯电动汽车技术解析 [M]. 北京：化学工业出版社，2021.

[9] 崔胜民. 混合动力汽车技术解析 [M]. 北京：化学工业出版社，2021.